福祉+α 2
Welfare Plus Alpha

［監修］橘木俊詔/宮本太郎

福祉政治

POLITICS OF WELFARE

宮本太郎［編著］

ミネルヴァ書房

刊行にあたって

現在、国民が何に対してもっとも不安を感じているかといえば、将来の生活に対してであろう。もう少し具体的には、将来の生活費の確保、退職後や老後の年金・介護の問題、現役世代であれば病気や失業したときのこと、さらには家族、地域、社会などにおける絆が弱くなったために、自分一人になったときに助けてくれる人がいるのかといった不安など、枚挙にいとまがない。

本シリーズはこれら国民に蔓延する不安を取り除くために、福祉という視点から議論することを目的としている。ただし福祉という言葉が有する狭い意味に限定せず、福祉をもっと幅の広い視点から考えることにする。なぜ人間が福祉ということを考えるようになったのか、なぜ福祉を必要とする時代となったのか。また、国民に福祉を提供する分野と手段としてどのようなものがあるのか、誰が福祉を提供するのか、その財源と人手を調達するにはどうしたらよいのか。さらには、福祉の提供が少ないとどのような社会になるのか、逆に福祉の提供がありすぎるとどのような弊害があるのか、福祉を効率的、公平に提供する方策のあり方はいかなるものか、といった様々な福祉に関する幅広い課題について論じることとする。

これらの課題はまさに無数にあるが、各巻では一つの課題を選択してそのテーマを徹底的に分析し、かつ議論するものである。監修者は、どのような課題に挑戦するかを選択し、そのテーマに関して一冊の本を編集するのに誰がもっともふさわしいかを指名し、その編者は、特定のテーマに関して一流であることは当然として、歴史、法律、理論、制度、政策といった幅広い視点から適切な分析のできる執筆陣を選んで執筆を依頼するとともに、その本全体の編集責任を負う。

本シリーズのもう一つの特色は、読者対象を必ずしもその分野の専門家や研究者に限定せず、幅広い読者を念頭に置いているということである。すなわち、学生、一般読者、福祉を考えてみたい人、福祉の現場に関わっている人、福祉に関する政策や法律、プロジェクトを考案・作成する機関やＮＰＯに属する人、など幅広い層を想定している。したがって、書き手は福祉のことをほとんど知らない人でも読むことができるよう配慮し、福祉の現状と問題点が明快に理解できるよう書くことを念頭に置いている。そしてそのテーマをもっと深く考えてみたいという人に対しては、これからあたるべき文献なども網羅することによって、さらなる学習への案内となるようにしている。

福祉と関係する学問分野は、社会福祉学、経済学、社会学、法学、政治学、人口論、医学、薬学、農学、工学など多岐にわたる。このシリーズの読者は、これらの専門家によって書かれたわかりやすい分析に接することによって、福祉の全容を理解することが可能になると信じている。そしてそのことから自分の福祉のこと、そして社会における福祉のあり方に関して、自己の考え方を決める際の有効な資料となることを願ってやまない。

2012年10月

橘木俊詔
宮本太郎

はしがき

なぜ福祉政治か

本書は、「福祉＋α」というシリーズの第二巻であり、「福祉政治」の理論と現実を論じることを課題としたものである。福祉政治(Politics of Welfare)とは、社会保障、福祉、雇用をめぐる政策や制度の、形成、維持、再編をめぐる政治のことである。しばらく前であれば、福祉に関する学術書シリーズの劈頭を、政治学研究者が中心となって執筆した福祉政治についての巻が飾るというのは、あまり考えられないことだったのではないか。

社会保障の現実と将来を比較論的に論じる上で、福祉政治という視角がきわめて重要なものとして浮上したのは、実はここ二〇年ほどのことである。それ以前にも、各国の社会保障制度やその歴史について の優れたモノグラフはたくさんあったが、それぞれの研究を相互にいかに関連づけて、多様な福祉国家のかたちを総合的にどう説明できるかとなると、手がかりは少なかった。

ところが、石油ショックを経て各国経済が低成長に転じアングロサクソン諸国で新自由主義が台頭した八〇年代には、これまで福祉国家としてくくられてきた各国の社会保障体制が、決して同じ軌道を進んでいないことが誰の目にも明らかになってきた。北欧、アングロサクソン諸国、大陸ヨーロッパ諸国の間にみられる社会保障の政策原理や支出規模の相違はいかなる要因によるもので、こうした相違がそれぞれの社会保障体制のゆくえにどのような分岐をもたらすのか。このことが研究者にとっては避けて通るわけにゆかない問いとして浮上した。アメリカやヨーロッパの政治学や社会学において、社会保障や福祉をめぐる政治についての研究が急増していく。

二〇世紀型の福祉国家の危機が進行し、いわばその夕暮れが迫るなかで、福祉国家の形成とその異なった軌道上の展開を説明する要因についての論争が始まったのである。まさにミネルヴァの梟は夕暮れに飛び立ったことになる。そしてこのような論争のなかで浮上したのが、福祉政治という要因であった。

社会保障体制は、たしかに経済発展の度合いなど社会経済的要因に規定される面が大きい。しかし、一定の経済的成熟度を共有する先進工業国において、なぜ社会保障体制に相違が生まれるかという点では、福祉政治こそが説明の鍵を握る。八〇年代を通して重ねられた福祉国家の多様な知見を、見事に集約してモデル化し実証的データとも関連づけたのがエスピン-アンデルセンの「三つの世界」論であった。

エスピン-アンデルセンの福祉国家類型論が打ち出されてきた議論の経緯や背景となった論争は改めて想起されてよい。彼の類型論はあまりに影響力をもったために、時に既定の整理棚のように各国をそこに当てはめることばかりが追求される傾向があったが、根本にあったのは各国で異なった政治のかたちであった。福祉国家の類型とはその帰結として生み出された制度と政策のパターンであった。

エスピン-アンデルセンが提起した福祉国家類型それ自体は、今日、次第に各国の制度と政策の実態との間でずれを広げている。グローバル化や脱工業化といった新しい環境に対して、比較的高い適合性を示してきた北欧型を含めて、これまでの制度と政策のパターンはそのままのかたちでは維持しがたくなり、社会保障改革が進められている。二〇世紀型福祉国家の多様性を生み出したものとして発見された福祉政治は、にもかかわらず、いや、だからこそいっそう重要性を増している。新しい環境と制度・政策のずれを調整し、二一世紀型の福祉国家あるいは福祉レジームを構築するのもまた福祉政治の役割だからである。

「旧い福祉政治」と「新しい福祉政治」

つまり福祉政治は、二〇世紀型福祉国家の危機が深化するなかでその多様性をかたちづくってきた要因として発見されると同時に、新しい福祉体制を生み出していく動因として注目されるようになったのである。こうした展開は、広義の社会政策研究のなかで起きたものであるが、内外の政治学のなかでも、福祉政治は次第に研究領域としての重みを増していく。それは、一つには社会保障、福祉、雇用が現実の政治の課題として重視されるようになってきたからであるが、それだけではない。福祉政治への学問的接近は、政治学の固有の方法問題を改めて提起する意味をもったのである。

教科書風に言えば、政治学とは価値の配分をめぐる権力過程にかかわる学問であるが、権力とは政治家、官僚、経営者、労働者、男性・女性といった個別のアクターにのみ帰属するものではない。こうしたアクター、とくに労働者や女性といった政策決定の現場の外にいる人々がどれだけ価値の配分に与ることができるかを決めるものとして、アクターをとりまくいくつかの条件が重要な意味をもつ。

それはまず他ならぬ社会保障や福祉の「制度」であり、こうした制度が市場と並んで価値の配分に決定的な役割を果たす。また労働者や女性が労働組合や女性団体に組織化されていれば、彼ら彼女らの影響力と獲得する価値が増大しうる。すなわち「組織」の重要性である。さらに人々の自己利益についての判断やその基礎となる価値観を方向づける「言説」もまた権力過程の不可欠の要素である。

そして福祉政治は、この「制度」「組織」「言説」がとくに密接に相互浸透した領域なのである。たとえば、エスピン-アンデルセンが依拠した権力資源論は、労働運動や宗教に関わる「言説」をてこにした労働組合や宗派組織の「組織」による影響力の動員が、社会保障、福祉、雇用の「制度」をいかに形成したか、そしてその「制度」が、様々な「組織」による影響力の動員にどのように有利に（あるいは不利に）作用したかを明らかにしようとした。

先ほど述べたように、今日福祉政治が注目されるのは、権力資源論が明らかにした二〇世紀型福祉国家の形成要因としてだけではなく、むしろ新しい福祉体制形成の動因としてである。二〇世紀型福祉国家の削減から新しい福祉体制への再編にかけての福祉政治を、「新しい福祉政治」（New Politics of Welfare）と呼ぶことがあるが、この新しい福祉政治においては、権力資源論が問題にしてきた福祉政治に比べて、「制度」「組織」「言説」のあり方が大きく異なっているのである。

社会経済の環境の変化のなかで、労働組合、宗派組織、経営者団体などの「組織」の力は減退していく。組織の内部での「言説」に代わって、メディアを通して展開される（多分に非体系的な）「言説」が人々の考え方に作用していく。他方で、社会経済の変容によって、当然ながら「制度」に求められる機能要件も根本的に変化する。とくに、二〇世紀社会に特徴的であった、相対的に安定した雇用と家族を前提にした制度から、雇用と家族の揺らぎとそこから生まれる「新しい社会的リスク」に対処する「制度」をいかに構築するかが課題となるのである。

本書の構成

本書を構成する諸論考は、言わば「旧い福祉政治」が形成した制度の経路依存性の制約のなかで、「新しい福祉政治」がどのように展開していくのか、とくに「言説」と「組織」のあり方が変化していく新しい政治のルールのもとで、異なった軌道の上を走ってきた福祉国家群のなかでいかなる「制度」の再編が模索されているかを、様々な興味深い切り口から論じている。

第1章「年金改革の政治」（伊藤武）は、「制度」のなかでももっともロックイン効果の高い、それゆえに改革の方向にかかわっても経路依存性が強い年金制度を取り上げ、ここでも各国の軌道の変更につながるような改革が進行していることを明らかにする。その背景としては、コーポラティズム的な制度のなかで年金制度を支えてきた労働組合などの「組織」を越え、集権化した政権政党組織などを軸にした政府主導の改革が（時に労組を改革に取り込みながら）進行していることを明らかにする。

第2章「ライフスタイル選択の政治学」（千田航）では、新しい福祉政治における「制度」形成の軸となっている子育て支援の家族政策が取り上げられる。この分野では、北欧の社会民主主義レジームこそが保育サービス（就学前教育）による女性の就労支援で先行しているとされてきたが、千田は北欧と並んで家族政策で注目されるフランスの例を取り上げる。そしてフランスでは、女性のライフスタイル選択の多様性に対応するという「言説」が打ち出され、選択の自由を可能にする「制度」が追求されてきたことを明らかにする。

第3章「高齢者介護政策の比較政治学」（稗田健志）では、家族政策と並んで新しい「制度」形成の焦点となる高齢者介護政策の展開について、比較分析が試みられる。高齢者介護政策のアジェンダ化の背景にある社会経済変容が明らかにされた上で、新しい「制度」の中身が紹介される。たとえばスウェーデンでは、高齢者介護の対象が介護ニーズの高い層へと「ターゲット化」され、またサービス供給の「多元化」が進められるなど、従来のレジームの特質を越えた動きが見られることが示される。他方で現金給付を重視する制度展開を行う国も含めて、こうした制度形成の背後にある要因として、政治変数の重要性が示唆される。

社会経済変容が、家族政策や高齢者介護政策の新展開につながっているわけであるが、新たな制度展開についてもう一つ注目するべきは、二〇世紀型福祉国家を支えてきた成長型経済が地球環境の危機に対応した「定常型経済」（広井良典）への移行を迫られていることである。第4章「エコロジー型福祉国家の可能性」（小野一）は、こうした事態に対応する新たな福祉国家の可能性を論じる。エコロジー型福祉国家という主題の浮上を、脱物質主義や社会民主主義の新しい展開という「言説」、そしてワークフェアやベーシックインカムという「制度」構想の展開の両面から検討し、エコロジー的課題と両立する制度のかたちについて思考実験の重要性を説く。

続く、第5章、第6章、第7章は、一連の制度改革を方向づける「言説」という観点から福祉政治の新たな展開を考察する。第5章「福祉政治と世論」（堀江孝司）は、福祉の言説政治の焦点である社会保障をめぐる「世論」の構造を分析する。堀江は先行研究にもよりつつ、人々の（一般に福祉に積極的な）「信念」の次元と、社会の現状や政策に対する認知の次元に支えられた「意見」の次元を区分して、世論を立体的にとらえる。その上で、世論は社会保障をめぐって負担を回避するものと決めつける見方と一線を画し、世論がそれ自体「学習」を重ねるものであるという興味深い視点を示す。

安定した組織基盤を欠く「新しい福祉政治」がポピュリズムに接近するか否かは、このような世論の「学習」にかかるところが大きいであろう。第6章「福祉政治と政策評価」は、世論の成熟に大きな役割を果たすと考えられる政策評価について、とくに社会保障政策の評価システムに引きつけながら論じる。本章では、府省の評価制度、事業仕分け、自治体の政策評価のシステムが、実例に基づいて詳しく検討されていく。窪田は政策評価が非難回避の政治の道具となってしまう可能性についても視野に入れつつ、政策評価制度が福祉政治の質を高めるためには、評価が社会に広く受け入れられた基準に基づき正確な測定を行うこと、そして制度が一人歩きするのではなく多様な政治アクターが加わった政策論議で活用されることが重要であると主張する。

第7章「言説政治」（加藤雅俊）は、このような「言説」の政治をとらえる理論枠組みの発展について、権力資源論などの「利益中心アプローチ」、新制度論などの「制度中心アプローチ」との対比で跡づける。そして「言説政治」のモデルには、政策アイデア、利益・選好形成のフレーミング、制度との連関などいくつかの潮流があることが明らかにされていく。加藤も指摘するように、言説の政治を、その制度的条件や人々の利益のあり方と関連させ重層的にとらえることが、今日の福祉政治論の課題といえよう。

「制度」の形成と「言説」の政治についての各章での掘り下げに続いて、第8章「ワークフェアと福祉政治」（小林勇人）は、新しい福祉体制をとらえるキーワードの一つであるワークフェアについて検討する。ワークフェアは、一方では福祉改革のあり方をめぐる「言説」・アイデアであると同時に、他方では現実に現れつつある「制度」でもある。小林は、アメリカのワークフェア改革、とくにカリフォルニア州のケースについて詳しく分析し、ワークフェアというアイデアがどのように生み出され、いかなるかたちで制度化していったかを明らかにする。公的扶助受給者に対する厳しい世論を背景に、政策評価のあり方も絡んで早急な就労を求めるかたちのワークフェアが選択されていった経緯は、ここまでの本書の議論をふまえて読むとなお興味深い。

そして、エスピン-アンデルセンのいう「三つの世界」すなわち西ヨーロッパとアメリカ以外でも、新たな福祉政治が広がる。第9章

「中東欧における福祉政治」（仙石学）は、中東欧の旧社会主義諸国における福祉政治を取り上げている。仙石は、旧社会主義という出発点を共有する中東欧の八カ国（チェコ、エストニア、ハンガリー、ラトヴィア、リトアニア、ポーランド、スロヴァキア、スロヴェニア）のなかで、社会保障の「制度」にはっきりした相違が生まれていることを示す。そしてその背景には、階層間、ジェンダー、民族という三つの対立軸での福祉政治の展開があると指摘し、その具体的な展開についてケースごとの分析を行う。「三つの世界」の枠を越えた福祉政治論は、東アジアにおける福祉政治を論じていかなければならない私たちにとっても示唆の多い議論である。

編者による総論でも論じたように、日本でも社会保障改革が政治の中心的な争点となるなか、政治そのものはいっそう流動化しつつある。本書の各章は、こうしたなかで新しい福祉政治のかたちと社会保障のビジョンを展望する上で重要な視点を数多く提供するものである。

最後になるが、本書の公刊についてはミネルヴァ書房編集部の堀川健太郎氏にたいへんお世話になった。記して感謝を表したい。

二〇一二年三月

宮本太郎

福祉+α 2 Welfare Plus Alpha POLITICS OF WELFARE

目次

はしがき

総論 福祉政治の新展開——三つの言説の対抗——……宮本太郎…1

1 福祉政治とは何か……1
2 福祉政治の分析枠組み……2
3 福祉国家再編をめぐる三つの言説……7
4 日本における展開……11
5 ライフ・ポリティクスとの融合……18

第1章 年金改革の政治——政治主導改革の可能性——……伊藤 武…21

1 現代における年金改革……21
2 年金問題の歴史と現在……22
3 年金改革への制度的・政治的障害……25
4 年金改革の展開……29
5 年金改革推進の力学……31
6 年金改革の政治的課題……33

第2章　ライフスタイル選択の政治学……千田　航…37
――家族政策の子育て支援と両立支援――
1　福祉国家と家族政策……37
2　政策目的集合と女性のライフスタイル……40
3　フランスの「自由選択」……46
4　ライフスタイル選択の政治の可能性……49

第3章　高齢者介護政策の比較政治学……稗田健志…53
――共有された構造要因と多様な政策対応――
1　本章の課題……53
2　ケアサービス需要増大の背景……54
3　先進民主主義諸国における高齢者介護政策の展開……57
4　高齢者介護政策の説明の試み……63
5　介護保障政策研究の今後の課題……65

第4章　エコロジー的福祉国家の可能性……小野　一…69
――「ゆらぎ」を超える思考実験の諸相――
1　福祉国家を取り巻く状況変化……69
2　福祉国家・経済成長・エコロジー……73
3　福祉改革の諸相……77

4 ベーシック・インカムとエコロジカル福祉……80
5 現代福祉国家の展望……82

第5章 福祉政治と世論——学習する世論と世論に働きかける政治——……堀江孝司……85
1 「福祉と世論」というテーマ……85
2 福祉世論の構造……87
3 学習する世論……91
4 福祉世論をめぐる政治……102
5 「非難回避」を超えて……106

第6章 福祉政治と政策評価——限界と可能性——……窪田好男……111
1 政策評価による福祉政治・福祉政策の改善は可能か……111
2 福祉政治と福祉政策……113
3 国における評価と福祉政治・福祉政策……118
4 自治体評価と福祉政治・福祉政策……124
5 政策評価による福祉政治・福祉政策の改善は可能か……127

第7章 比較福祉国家論における言説政治の位置——政治学的分析の視角——……加藤雅俊……133
1 比較福祉国家論の現状……133

2 比較福祉国家分析におけるアイデア・利益・制度……135
3 アイデア的要因への注目としての言説政治……141
4 福祉国家の政治学的分析に向けて……146

第8章 ワークフェアと福祉政治……小林勇人……151
――カリフォルニア州の福祉改革の分析――
1 再編期福祉国家の福祉改革……151
2 アメリカの福祉改革の背景と分析視角……154
3 カリフォルニア州の福祉改革……157
4 福祉実験と福祉政治……163

第9章 ポスト社会主義国における福祉政治……仙石　学……169
――「社会主義型福祉世界」から「多様な福祉世界の並存」へ――
1 なぜ「ポスト社会主義国の福祉政治」なのか……169
2 社会主義型福祉から多様な福祉枠組へ……170
3 中東欧福祉政治の「三つの軸」……175
4 福祉政治の五つのパターン……178
5 今後の可能性……182

文献案内　185
索　引

総論

福祉政治の新展開
――三つの言説の対抗――

宮本太郎

福祉政治は、それぞれの福祉国家の形成期、旧来の形を維持しつつ支出を抑制する削減期を経て、制度の抜本的改革が不可避となる再編期に入っている。形成期にあっては各集団による戦略的な資源動員が、削減期では制度の粘着力と受益者集団の抵抗が福祉政治を方向づけたが、再編期にあっては改革を方向づける言説やアイデアの役割が大きくなる。本章では、日本における再編期に相当する一九九〇年代半ば以降の福祉政治を主に考察する。とくに、ワークフェア、アクティベーション、ベーシックインカムという三つの言説がいかに登場し対抗しあっているかを検討する。

1 福祉政治とは何か

福祉政治は、社会保障と雇用をめぐる環境

の変化に対応し、制度の形成、維持、再編を目指す政治である。日本においても今日、社会保障と雇用が政治の重要な主題となっている。そこで焦点となっているのは、もはや欧米の福祉国家にどこまで接近するか、ではない。ヨーロッパやアメリカにおいても、二〇世紀半ばに形成された福祉国家のかたちが大きく変容している。欧米でも日本でも、新し

い環境に適合した制度形成と再編が求められているのである。

背景にあるのは、これまで先進国の人々の生活保障を担ってきた二〇世紀型福祉国家とそれを支えてきた国際的、国内的な社会関係の変容である。二〇世紀型福祉国家は、資源や資本の国際移動を制御してきたブレトン・ウッズ体制や先進国と新興国の経済関係、さらには各国のジェンダー関係など、グローバルに編成された社会関係に埋め込まれていた。そして、男性稼ぎ主の雇用を安定させ、彼が家族を養うことを前提に制度が設計されていた。北欧のいわゆる社会民主主義レジームでは相対的に早い時期からこのかたちからの脱却が試みられてきたものの、多くの国では男性稼ぎ主の安定雇用とその勤労所得による家族の扶養が福祉国家の前提となってきた。

ところが今日、このかたちが根本から崩れ、これまでの福祉国家のあり方の抜本転換が迫られている。まず、グローバルな社会関係変容に伴い、労働市場から安定した長期的雇用が急激に減少している。それに代わって、相対的に低賃金で雇用条件の不安定なサービス雇用の比重が増大する。他方でサービス産業を中心に女性の就労が拡大し、家族や子育てのかたちも大きく変わる。

雇用についてであれ、家族をめぐってであれ、社会保障の前提となっていた関係が解体してしまったことになる。安定した雇用と家族を与件とした「旧い社会的リスク」を超えた、就労や子育てに関わる「新しい社会的リスク」が台頭している。こうした事態に対応しつつ、雇用と家族をいかにつなぎなおすか、そのための政策と制度をどのように設計するかという点こそが、今日の福祉政治の主題である。

以下ではまず、福祉政治の展開を三つのステージに分けて振り返った後（第1節）、雇用と社会保障の連携についてのいくつかのオプションを整理し（第2節）、日本における福祉政治の展開を叙述する（第3節）。

2　福祉政治の分析枠組み

福祉国家形成の政治と福祉国家削減の政治

二〇世紀型福祉国家が解体しつつあるなか、福祉政治はどのような分析枠組みでとらえられるべきであろうか。欧米の福祉国家の形成期の政治を分析する上で有効であったのは、「福祉国家形成の政治」モデルとでもいうべき権力資源論であった。二〇世紀前半から中盤にかけての福祉国家の形成期に、労働組合運動、キリスト教民主主義勢力など、いかなる政治勢力が中心になり、どのようにその権力資源を動員したかが、福祉政治において重要な意味をもっていた。ここで権力資源とは、労働組合や宗派組織の組織力と、それを背景とした政党の議席や閣僚ポストの占有率などであった。

こうした「福祉国家形成の政治」において、労働組合運動とその政党が大きな影響力をもった社会民主主義レジーム、キリスト教民主主義政党の影響力が支えた保守主義レジーム、さらに福祉国家形成の主導勢力を欠いた自由主義レジームが形成されてきたというエスピン－アンデルセンの議論についてはよく知られているとおりである（Esping-Andersen 1990）。

この権力資源論については、政治理論のその後の展開のなかで、アクターの利益表出のための戦略を重視した合理的選択制度論やマクロな歴史的制度の説明力を重視した歴史的制度論と対置されることもあった。しかし、権力資源論を基礎とした「福祉国家形成の政治」モデルは、福祉国家の形成過程において、アクターの資源動員の戦略がいかに歴史的制度の設計にむすびついたかを分析しようとするものでもあった。

こうした視角は、権力資源論の提唱者ともいうべきヴォルター・コルピの議論に明確に窺える。コルピによれば、権力資源論はある政治的決定をアクターの権力の大小から因果的に説明するのではなく、そこに現れた戦略的意図から説明しようとするものである（Korpi 1985）。その際に、コルピが重視するのはアクターが長期的利益の確保という視点からおこなう制度形成であり、これをコルピは権力資源の「投資」と呼ぶ（Korpi 1983）。

このような視点から分析すると、一見すると労働組合運動の利益とむすびつかないように見える制度形成が、実は長期的にはその権力資源を増幅させていくフィードバック効果をもったことなどが見えてくる。たとえば、スウェーデンにおいて社会民主主義レジームの定着を決定づけたのは、一九五九年に導入された付加年金制度であった。この改革では、年金の給付を現役時代の所得に強く比例させる所得比例型の仕組みが強化された。これはホワイトカラー層に対して所得の低い現業部門労働者の利益と反するように見えたが、結果として現業部門労働者とホワイトカラー層の政治連合を実現し、その後の労働組合運動の権力資源を安定させることになったのである（宮本 1999）。権力資源をいかなる戦略的判断に基づく、どのような制度形成に「投資」したかが、この「福祉国家形成の政治」のポイントとなった。

だが、一九九〇年代の半ばからは、新制度論的な「福祉国家削減の政治」モデルがこれに代わって影響力を拡げた。福祉国家の拡大よりも削減が焦点となった八〇年代以降の福祉政治においては、権力資源論が重視した労働運動と社会民主主義勢力、キリスト教民主主義勢力に代わって、福祉制度をめぐる受益者団体が重要性を増す。さらに、福祉国家の制度がいったん確立してしまえば、そこにはポール・ピアソンの言う「制度的膠着」（institutional stickness）が現れる。

つまり、制度はいったん成立すると、これを変更することには、制度を設計し導入するコスト、その運用について学習するコスト、他のアクターと利害調整をするコストなどがかかるために、その変更が容易でなくなるというロックイン効果が生じる（Pierson 2001: 414-415）。こうした制度的膠着が受益者集団の既得権と連動して福祉国家の削減を困難にする。それゆえに政治もまた、受益者団体の抵抗を配慮した「非難回避の政治」（Weaver 1986, 新川 2005）という性格を強める。

　ピアソンによれば、このような条件のもと一九八〇年代においては、アメリカやイギリスのように新自由主義的な改革がすすめられたところを含めて、福祉国家の削減は大きくは進行しなかった。他方で、コルピとヨアキム・パルメによれば、社会保障支出の総額だけではなく、たとえば従前の所得に対する各種給付の代替率など社会保障の実質的な面を見るならば、依然として、労働運動やその政治代表の影響力が福祉削減の動向と強く相関している。にもかかわらず、諸集団の権力が制度を形成する局面から、むしろ福祉国家の制度が諸集団の利益や政治戦略を決める局面に入ったということは間違いない。ゆえに分析枠組みも、権力資源論に代えて新制度論的な視点が重要性を増したとされる（Pierson 1994）。

福祉国家再編の政治

　しかしながら、とくに一九九〇年代末以降の各国の福祉政治をめぐって、この「福祉国家削減の政治」モデルに対してもその限界を指摘する議論が現れている。ヘメリクとケーシュベルゲンは、ピアソンらの研究は九〇年代までのデータに依拠したものとなっているのに対して、福祉国家の中核的なプログラムをめぐる制度改革が九〇年代の終わりから本格化していると指摘する（Hemerijck and Kersbergen 1999: 172）。イエンセンとセントマーチンによれば、新たな変化の特徴は、各国の福祉政策にある種の収斂現象が現れているということである。レジームの如何を問わず、各国では女性の就労を促進し少子化に対処する保育サービスや、若年層あるいは長期失業者を労働市場へつなげていく再訓練などが強化されつつある。とくにアングロサクソン諸国では、こうした変化は福祉の部分的な拡大と見ることもできる（Jenson and Saint-Martin 2002）。

　つまり、九〇年代末からの福祉政治は、単に既存の制度の削減と呼ぶことができない、より抜本的な再編過程に入りつつあるのである。女性と若年層の就労や子育てへの支援が各国共通の課題となるのは、雇用と家族の揺らぎが既存の制度の対応力を超えた「新しい社会的リスク」を生み出しているからである。その一方で、加齢や疾病など「旧い社会的リスク」に対する制度との調整も不可避となっている（Bonoli 2006）。そして、一般に制度論が不得手とされる制度自体の改革が焦点となりつつある。

　加えて、これまで成員のインタレストをまとめ上げ政治過程に表出してきた、労働組合や政党などの組織力がしだいに弱体化し、それに代わってマスメディアが人々が何を自分のインタレストと考えるかに大きく影響するようになる。その結果、制度改革をめぐってマスメディアをとおして流布される様々なアイデアと言説の役割が決定的なものとなっていく。

　こうした福祉政治の再転換に対応して、新制度論の流れのなかでは様々な制度転換論が提起されるようになった（宮本 2008）。同時に、政策転換におけるアイデアや言説の役割をとらえようとする理論が再評価され、あるいは打ち出されていった。たとえば、政治を権力と表裏一体となった問題解決プロセスだとするヒュー・ヘクロらの社会的学習論（Heclo 1974）、政策体系のパラダイム転換を分析しようとするピーター・ホールらのアイデアの政治論（Hall 1993）、政策アイデアの伝播を重視した政策トランスファー論（Dolowitz and Marsh 1996）、政治に影響力をもつ言説のあり方を制度との関連でとらえようとするシュミットらの言説制度論（Schmidt 2000）などである。こうしてアイデアや言説を説明変数として制度改革の政治の動態に向かう「福祉国家再編の政治」モデルとも呼べる流れが現れているのである。

ただし、アイデアや言説の政治は、それがいかなる制度条件のもとで提起されるかで内容が変わってくる。まず、制度改革において いかなるアイデアと言説が浮上するかは、当該福祉国家のレジームのあり方によって変わってくる。後にも述べるように、自由主義レジームにおいては給付の水準を削減する考え方が前面に出やすいのに対して、社会民主主義レジームではその水準を維持する方法が問われる。

また、政治制度の性格によって、アイデアや言説が表出されるそのかたちが異なってくる。シュミットは言説のあり方を、政治家、専門家などの政治的アクターが政策ネットワークのなかで取り交わす「調整的言説」（coordinative discourse）と、こうしたアクターが一般公衆を対象にスピンドクターなどの介在も経て展開する「コミュニケーション的言説」（communicative discourse）に区分した（Schmidt 2002）。権力が政権与党リーダーに集中する傾向のある小選挙区制の制度のもとでは、コミュニケーション的言説が前面に出る傾向がある。これに対して、政治エリート間で権力が分散される傾向がある比例代表制のもとでは、調整的言説の役割が相対的に大きくなる（Schmidt 2000: 232-233; Schmidt 2002）。

もちろんアイデアや言説は「福祉国家形成の政治」における権力資源動員においても重要であったし、さらに言えばおよそ政治と名のつく人間の営為はアイデアや言説抜きでは成り立たない。しかし、「福祉国家再編の政治」においては、かつてのように労働組合や政党がそれぞれ社会主義やキリスト教民主主義のような体系的な世界観を抱きながら、構成員や支持者のインタレストを定義し代表するというかたちが崩れている。組織されたイデオロギーや利益に代わって、たとえば「郵政民営化」「新しい公共」「子ども手当」といったより技術的な政策アイデアが、マスメディアがつくりだす大きな言説空間で交錯する。後でも触れるように、「子ども手当」という政策アイデアに、保守主義から社会民主主義に至る多様な勢力が「相乗り」するような事態も生じる。

こうした福祉政治の三つのステージを対応する理論とともにまとめておくと表総-1のようになろう。ただし言説の政治の前提としての制度形成、制度形成の与件としての権力資源動員というように、三つのステージはそれぞれまったく入れ替わるというより、折り重なって構成されていると考えるべきである。

表総－1　福祉政治の３つのステージ

	福祉国家形成の政治	福祉国家削減の政治	福祉国家再編の政治
時　期	1940〜69年	1970〜89年	1990年〜
内　容	政治的動員と制度形成	受益者団体の圧力のなかでのプログラム削減	制度再編
手　法	福祉国家再編の政治	受益者団体の圧力のなかでのプログラム削減	調整的言説，コミュニケーション的言説
理論枠組	権力資源動員論	新制度論	社会的学習論　アイデアの政治論　言説政治論　政策トランスファー論　制度転換論

出典：筆者作成。

日本における福祉国家形成の政治

さて、以上のような福祉政治の分析枠組みは、基本的に欧米諸国の経験を基礎に構築されたものである。これを日本などの東アジアの国々に適用するためには、「福祉国家形成の政治」のスタートラインが欧米諸国とは異なっていることに留意する必要がある。

日本は形式的には一九六一年に国民皆保険皆年金を達成した。大多数の先進国がまだ皆保険を実現する前のことで、背景には時の岸信介首相の福祉国家志向のナショナリズムがあった。ニコラス・バーに倣って、福祉レジームの制度を社会保険など当事者の拠出に支えられた「貯金箱機能」と税財源による困窮層の公的扶助などの「ロビンフッド機能」に区分すると、一九五〇年に改正された生活保護制度（公的扶助）と併せて、日本では貯金箱機能とロビンフッド機能がいち早く整ったことになる（Barr 2001）。しかし、ＩＬＯ基準による社会保障給付の規模を見ると、一九六〇年の日本における社会保障給付は対国民所得で四・八％にすぎず、同年の西ドイツが一八・五％、フランスが一六・三％、イギリスが一二・三％であったことを考えればその給付規模はたいへん小さかった。

それではその後の経済成長によって、貯金箱機能とロビンフッド機能は順調に拡大していったのであろうか。実はここから先、日本の福祉国家は欧米型の発展とは少し異なったかたちをとっていく。岸を継いだ池田勇人首相は、社会保障よりも雇用に力点を置く経済成長路線に転換した。池田は日本の後発資本主義国としての条件を考えれば、福祉国家路線からは離脱してまずパイを大きくすることを徹底しなければならないと考えたのである。その後一九六〇年代をとおして、日本では福祉レジームの拡充より、男性稼ぎ主の雇用を徹底して安定させる日本型の雇用レジームの仕組みが優先して整えられていく。

雇用レジームの柱になったのは、日本的経営と地方に公共事業を展開する「土建国家」であった。戦後大企業では労働組合運動の権力資源動員が高まったが、日本的経営の長期的雇用慣行と企業内福利厚生というかたちで吸収され制度化された。通商産業省（現在の経済産業省）の護送船団方式の行政指導や企業集団内での株式の相互持ち合いの仕組みなどが長期的雇用慣行を可能にした。

また野党勢力に支えられた革新自治体の叢生に危機感を抱いた田中角栄首相は、巨額の公共事業や零細な流通業などに対する保護・規制政策で地元の雇用を安定させていった。欧米の保守主義レジームにおいて、キリスト教民主主義勢力が労働組合運動の権力資源動員に妥協し、その利益を吸収しつつ福祉レジームを形成していったのと同様に、日本では、労働組合運動や野党勢力の権力資源動員に対応し、その支持層の利益を部分的に取り入れながら日本型の雇用レジーム形成されていったのである。

このようなかたちで、日本では経済成長を優先しその果実を雇用の安定に振り向けることに力が注がれた。完全雇用を重視するという点では、日本はスウェーデンなど北欧の社会民主主義レジームに似ていた。しかし、そのためのアプローチは対照的であった。積極的労働市場政策と保育サービスなどの支援型の公共サービスを組み合わせ、流動的な労働市場における完全雇用を目指したスウェーデンに対して、日本は非流動的な労働市場において、「倒産しない企業」が男性稼ぎ主を解雇しないことで失業を抑制した。

雇用レジームを優先する政策の帰結として、日本の福祉レジームの量的拡充は遅れ、社会的支出のGDPが一〇％を超えて欧米の福祉国家群の末尾についたのは一九七三年の「福祉元年」のことであった。この年に拡大したのは、物価上昇率に連動させた老齢年金と無償化された高齢者医療など、現役世代の安定雇用を補完する高齢世代向けの保障であった。貯金箱機能は規模としては抑制され、男性稼ぎ主が退職した後の支出に集中することになった。公共事業などによる雇用確保が地方の低生産性部門にまで及んだことによって、生活保護の利用人口は近年に至るまで一％以下で、ロビンフッド機能も拡大しなかった。

そして、「福祉国家形成の政治」が欧米の基準で言えば「福祉国家削減の政治」の時期にまでずれこみ、「福祉元年」の翌年に石油ショックが起きたことで、福祉レジームの拡大は持続しなかった。しかし、雇用レジームは成長促進の政策手段から福祉レジームを代替しつつ社会的安定を実現し政治的支持を獲得する政策手段に「制度転用」されていく。そして、新自由主義的な改革を進めたとされる中曽根政権のもとでも、雇用レジームは維持されていくのである。

3　福祉国家再編をめぐる三つの言説

福祉国家の再編とは何か

さて、日本における「福祉国家再編の政治」の展開を見る前に、福祉国家再編の政治学的な意味について若干の整理をして分析枠組みを補強しておきたい。

福祉国家の再編は、資本制社会の権力の再編でもあり、それゆえにそれを政治学的にとらえる意義は大きい。福祉国家は、市場、家族、政府、非営利組織という四つのセクターが組み合わされて構成される。この組み合わせの独自のかたちがレジームと呼ばれる。市場が前面に出た自由主義レジーム、家族の役割が大きい保守主義レジーム、政府が市場と家族を制御する機能を担う社会民主主義レジームといった具合である。日本型レジームは、政府が市場における男性稼ぎ主の雇用を擁護してそこに家族がつながるというかたちをとっていた。

レジームを構成する要素として非営利セクターも重要である。エスピン－アンデルセンはそのレジーム論に非営利組織を位置づけなかったが、実際には非営利組織は、自由主義レジームでは市場を補完して、また保守主義レジームでは宗教コミュニティに見合った多様なサービスを供給するためなど、レジームの特性に沿ったかたちでそこに組み込まれていた。

エスピン－アンデルセンは、レジームごとのセクターの組み合わせで、資本の権力からの「脱商品化」、家父長制権力からの「脱家族化」の度合いが異なると考えた。政府は脱商品化、脱家族化をすすめるための手段となるが、他方でそれ自体が裁量的強制力の主体となることを考えると、分権化と非営利組織の活用による政府権力からの「脱集権化」も重要な課題となる。

「脱商品化」「脱家族化」「脱集権化」は、雇用からも家族からも国家からも離脱した浮遊する個人を創出することを目指すものではない。仮に一定の所得が確保されても、あらゆる社会関係から孤立した抽象的な「自由」は人々の福利には結びつきにくい。人々の福利は具体的な人間関係のなかでの承認関係によって高まるのである。したがって、「脱商品化」「脱家族化」「脱集権化」は、レジームの構成のなかで市場、家族、政府からの自由を確保しつつ、主体的に就労し、家族を形成し、能動的市民として統治に関わる条件づくりを目指すものなのである。

福祉国家再編の政治のなかで、再編の方向をめぐって様々なアイデアと言説が現れているが、それは市場、家族、政府、非営利組織の新しい組み合わせについての議論である場合がほとんどである。たとえば、本章がこれから問題にしようとする「ワークフェア」「ベーシックインカム」「アクティベーション」という言説は、主には市場における雇用関係と所得保障の再編に関わるものである。「男女共同参画」「ワークライフバランス」といったアイデアは家族と市場の関係をめぐる言説であり、また「新しい公共」「新公共管理」といったアイデアは公共サービス供給における非営利組織、営利組織の役割をめぐるアイデアである。

ここにあげた言葉は主には政策エリート間での調整的言説に関わる言葉といってよいが、ときにこうした言説がブレークダウンされてマスメディアをとおしてコミュニケーション的言説に転化していく。そして、福祉国家再編の方向性を決める大きな役割を果たすことになる。

三つの再編言説

こうした福祉国家再編の複数の領域のなかで、以下ではとくに福祉国家と市場、雇用の関係をめぐって、その再編の方向を示す三つ

表総-2　3つの再編言説

再編戦略	雇用と社会保障	機能再編	労働市場
ワークフェア	雇用で社会保障を置き換えるかたちで連携強化	貯金箱機能の縮小　ロビンフッド機能に就労強制機能	規制緩和による吸収力強化　ロー ロード・アプローチ
アクティベーション	社会保障による就労支援を強めて連携強化	ロビンフッド機能の支援化による貯金箱機能の維持	賃金，処遇で労働市場の誘因強化　ハイロード・アプローチ
ベーシックインカム	雇用と社会保障の切り離し	ロビンフッド機能と貯金箱機能の制度的統合	

出典：筆者作成。

の言説に注目する。この三つの言説とは、ワークフェア、アクティベーション、ベーシックインカムである。二〇世紀型福祉国家の各レジームは、これまで多かれ少なかれ男性稼ぎ主の安定雇用を与件として設計されてきたが、それが根本から揺らいでいる。この三つの言説は、雇用と社会保障をどのように結び直すのかについて異なった選択肢を提示するものである。

この三つの考え方は、これまではより狭義に、公的扶助や失業保険制度の再構築をめぐる議論で問題とされることが多かった。しかし実際には、この三つの考え方は先に用いたバーの表現で言えば、福祉国家のロビンフッド機能のみならず貯金場機能のあり方にまで関わるものである。以下、簡単に三つのアイデアの特徴をまとめよう。

ワークフェア

ワークフェアは、雇用と社会保障を、政府支出を削減する方向で連携させる考え方である。具体的には、社会保障の給付条件として就労あるいは就労に向けた努力義務を課し、また社会保障の受給期間に限定を付し、さらには給付を労働市場における個人のパフォーマンスとより強く連携させていくのがワークフェアの特質である（宮本 2004）。

ワークフェアの系譜は、一九八〇年代にアメリカでロナルド・レーガン大統領によっておこなわれたＡＦＤＣ（母子世帯に対する生活保護制度）改革や、同じく一九八〇年代にイギリスでマーガレット・サッチャー首相によってすすめられた求職者保険改革など、アングロサクソン諸国の福祉改革において浮上した。すなわちもともとは、社会保障が選別主義的なロビンフッド機能に傾斜した自由主義レジームにおいて、長期失業の増大などによってその負荷が高まったことに対する処方箋として現れたアイデアであった。ロビンフッド機能への支出が増大し、納税者の批判が高まったことに対して、ロビンフッド機能において就労に向けた強制の要素を強めることで対処しようとしたのである。以上のような出発点から、一般にワークフェアは、後に触れるアクティベーションともども、公的扶助や失業保険の改革に関わる考え方とされることが多い。だが同時に、こうした議論の射程は、実際には社会保障制度全体の設計に及ぶものである。

男性稼ぎ主の安定した雇用が縮小するなかで、社会保険の存立基盤が揺らぐ。これに対してイギリスやアメリカでは、近年、年金保険を私的保険に移行させたり個人勘定型に転換する改革が重ねられてきた。イギリスで二〇〇一年に導入されたステークホルダー年金やアメリカでジョージ・ブッシュ大統領が二〇〇五年に打ち出した個人年金勘定の構想は、公的な貯金箱機能を縮小しつつ年金の柔軟性を確保しようとする試みであった。すなわちワークフェアは、社会保障に対して市場原理を全面的に浸透させようとする流れの一環なのである。

アクティベーション

アクティベーションは、ワークフェアと同じように雇用と社会保障をこれまで以上に強く連携させつつも、ロビンフッド機能の懲罰的性格を強めるのではなく、受給者に対する支援機能を強めて人々を水平的な連帯の担い手に高めようとする。具体的には公共職業訓練や保育サービスなどで人々の経済的自立性を確保しようとする。この考え方の原型は、スウェーデンのような社会民主主義レジームの改革路線に見出すことができる（宮本 2009）。

加えてワークフェアが労働市場そのものの改革に関心を寄せないのに対して、労働市場における処遇や組織のあり方からも雇用の吸引力を高めようとする。アクティベーションのアプローチで先行したスウェーデンで、同一労働同一賃金の考え方のもとで賃金の底上げが図られたり、連帯的労働政策の名のもとに労働組織改革が取り組まれ、アッセンブリーラインを廃した自動車工場（ボルボイズム）が生み出されたりしたのはそのためである。つまり、雇用そのものが就労インセンティブを高める条件を備えることが大事になる。イギリス労働党の「第三の道」路線は、ワークフェア的な面を併せもった改革路線であったが、それでも一九九九年にイギリスで初めての最低賃金を導入した。

この考え方は、雇用の質を高めることで、新興国と異なった市場戦略を追求するいわゆるハイロード・アプローチにつながる。つまり高付加価値生産へのシフトで、競争優位を保とうとするアプローチである。これに対してワークフェアは、「底辺への競争」というローロード・アプローチにむすびつきやすい。

さらにアクティベーションは、貯金箱機能による水平的再分配を前面に掲げようとする点でもワークフェアと異なる。すべての人々が労働市場とつながり、社会保険に加入する条件を確保した上で、貯金箱機能については柔軟性を高め、職域を超えた一元化をすすめてこれを維持していこうとするのである。

ベーシックインカム

社会保障を雇用と制度的に切り離し、無条件の一律給付を打ち出すのがベーシックインカムである。ベーシックインカムは、これまでの社会保障制度とは異なり、保険事故などの条件をつけることなく、すべての市民に定期的に行われる均一給付を指す。また所得調査つきの公的扶助もここに吸収しようとする。その意味ではベーシックインカムは、最終的にはロビンフッド機能と貯金箱機能という分岐そのものを解消し、両者を一つの制度に統合しようとする試みである。

ヨーロッパでは、経済成長に依存せずに生活を成り立たせることを求める環境政党のスローガンになることが多いが（Miljöpartiet de Gröna 2001）、その原理が経済効率と相容れないというわけではない。所得制限をつけない給付は、公的扶助につきまといがちなスティグマを取り去ると同時に、勤労所得の上昇によって失われない給付でもある。したがって、ベーシックインカムの導入が、人々を就労から遠ざけるのではなく、逆に雇用を拡大すると主張する議論もある（Fitzpatrick 1999）。

留意するべきは、ベーシックインカムは、その給付水準によっては新自由主義的な改革の一環として構想されることもある、ということである。アメリカの保守系知識人のチャールズ・マレイは、現役世代に対する社会保障の全廃を唱えていたが、新たにワークフェア的な含意のあるベーシックインカムを提唱している。それは、既存の社会保障制度を全廃する代わりに二一歳以上のすべてのアメリカ人に年間一万ドルを給付する、というものである。勤労所得が一定額を超えたところでこのベーシックインカムに課税される。その結果、社会保障支出は全体として抑制されることになる。そして一万ドルという給付水準は、生活を維持するにはおよそ不十分で、就労を強く促すことになる（Murray 2006）。

また、アメリカでジェームス・トービンらが提唱した負の所得税は、所得のないものに一定額の給付を行い、勤労所得が増大するに従ってそこから減額しつつ手取り収入の総額は増大するようなかたちをとるもので、ベーシックインカムの要素とアクティベーションの要素をむすびつけようとしたものと言える（Tobin 1966）。この考え方は、アメリカで一九七四年に導入された勤労所得税額控除（EITC）に継承されていく。

4　日本における展開

再編言説の源流

雇用と社会保障の再編に関する三つの言説は、広義に解釈すれば、日本の「福祉国家再編の政治」においても重要な役割を果たしてきた。とくに一九九〇年代の半ばから、日本型レジームの解体が本格化すると、新自由主義的なワークフェア言説とリベラルなアクティベーション言説が制度再編をめぐる政治過程に現れ、これにベーシックインカム的な議論も絡んで、複雑な対抗関係が展開することになった。

だがこれに先だって、レジームの再編が本格化する以前、すでに一九八〇年代からの「福祉国家削減の政治」においてワークフェアとアクティベーションの先駆けともいうべき流れが現れており、その後の二つの言説の源流を形づくったことにも注目しておきたい。

まず、一九八二年に成立した中曽根康弘内閣のもとで、欧米のレーガン政権、サッチャー政権の影響も受けながら推進されたいわゆる中曽根行政改革は、一般に日本における新自由主義の出現とみなされ、その点でワークフェア改革の先駆けということができる。もちろん、後の橋本龍太郎政権、小泉純一郎政権と比べると、中曽根政権のもとでの改革がどこまで新自由主義的であったかは議論の余地がある。たしかに、電電公社、国鉄、専売公社の民営化や、財政赤字縮小のための行政改革の推進、社会保障に関わる高率補助金の引き下げ、年金改革による給付引き下げなどは、新自由主義的傾向をもった政策であった。行政改革の中枢となった第二次臨時行政調査会の一連の答申は「個人の自立・自助の精神」を唱え、生活保護についてもその受給の適正化を求めた。しかしながら、日本における生活保障の核心部分であった日本的経営や土建国家のシステムについては、この時期に抜本的改革はなされなかった。

むしろ大企業労使は、この時期には大企業の雇用を守ることを目指して、スクラムを組んで行政改革を推進する立場に立った。他方で、中曽根政権のもとでは国の予算に占める公共事業費は抑制されたが、それを補った地方の単独事業や財政投融資の枠による公共事業が増大した。その点では、この時期の福祉政治は、日本型レジームの基盤には手をつけない「半・新自由主義」とでもいうべき特徴をもっていた。

他方で、日本におけるアクティベーション型の政策の系譜も、その源流を辿ると一九八〇年代の半ばにまで立ち戻ることになる。中曽根政権のもとで、研究者や当時の厚生省の一部で、新自由主義的な行政改革に対抗しつつ、社会保障や福祉の刷新を図る流れが現れた。

たとえば、一九八六年五月の社会福祉基本構想懇談会の報告書「社会福祉改革の基本構想」にまとめられた考え方などが、この潮流の源流と見ることができる。この潮流は、救貧的選別主義から脱却し、社会保障の重点を「貨幣的ニード」に対応した現金給付から、「非貨幣的ニード」に対するサービス供給へ移動させ、これを地域社会中心に展開しようとするものであった。その対象は、「貧富に関わりなく、ニードに応じて誰もが必要なサービスを受けられる体制」を目指す「普遍主義的福祉」であった（三浦 1995: 247-258）。

この潮流は、一九八〇年代の終わりから九〇年代の初めにかけての日本社会の変化のなかで、その正当性を高めていく。八〇年代の終わりには老人問題が社会問題として重く受け止められ、また、一九八九年には日本の合計特殊出生率が低下するいわゆる一・五七ショックが少子化問題への関心を拡げ、高齢化と少子化に対応する公共サービス強化が唱えられるようになった。さらに一九八九年に消費税が導入されて、その使途として社会保障の充実が問われるようになったこと、一九九四年に非自民連立政権が成立したことも追い風となった。

一九九四年には、「二一世紀福祉ビジョン」が発表され、一九八九年にまとめられた「ゴールドプラン」（高齢者保健福祉推進一〇カ年戦略）をさらに発展させる「新ゴールドプラン」、子育て支援の方策を整備する「エンゼルプラン」を策定することが提起された。また、「新ゴールドプラン」と連携して、「国民誰もが、身近に、必要な介護サービスがスムーズに手に入れられる」介護システムを構築していく必要がある、と述べられた。この介護保険は二〇〇〇年からスタートすることになる。介護保険は、介護者の就労持続や、高齢者自身の自立と参加を重視する点でアクティベーション的な色彩を有していた。「エンゼルプラン」が目指した保育サービスの拡充も、女性の就労を支援しながら少子化の克服を実現しようとした点で、アクティベーション的であった。

日本型レジームの解体とワークフェア改革

その後一九九〇年代半ばから日本型レジームの解体が本格化し、福祉政治も「福祉国家再編の政治」の様相を強めていく。阪神淡路大震災の年であった一九九五年が一つの転換点となった。この年、日経連がレポート「新時代の日本的経営」を発表し、もはやすべての従業員にこれまでのような終身雇用と企業内福利厚生を保障することはできないことを宣言した。また、GDP比で見た日本の公共事業投資が急速な減少に転じていくのも一九九五年の前後からであった。この年、非正規雇用が初めて一〇〇〇万人を突破した。さらに家族のかたちの変化も顕著になり、同年単独世帯が一〇〇〇万世帯を超える。

こうした背景のもとで、レジームの再編の方向について様々な言説が現れ、福祉政治の新たな展開にむすびついていった。とくに一九九六年に短期間の非自民連立政権の後で成立した橋本龍太郎内閣から、「構造改革」をキーワードとした新自由主義的な言説が拡がっていった。このキーワードは二〇〇一年には小泉内閣に継承され、小泉首相の政治手法と相まって、政策エリート間の調整的言説というよりメディアを介して市民社会に浸透する「コミュニケーション的言説」という性格を帯びていく。

「構造改革」は、一九八〇年代の「行政改革」と異なり日本の生活保障の主柱であった雇用レジームそのものに切り込む改革を意味していた。すなわち、中曽根政権以来の「半・新自由主義」が公共事業を納税者から見えにくいかたちで肥大化させてきた仕組みを解体することを目指したのであり、具体的には二〇〇一年の財政投融資改革、二〇〇二年から二〇〇五年にかけての地方財政に関わる「三位一体」の改革、道路公団民営化（二〇〇五年）をはじめとする特殊法人改革などをすすめた。

また、社会保険制度の再分配機能の縮小につながる一連の改革もすすめられた。医療保険制度および老人保健制度の改革において外来、入院それぞれの自己負担が増大し、被保険者や高齢者の窓口負担が二割から三割に達した。年金については支給開始年齢の六五歳への引き上げが男性は二〇〇一年から、女性は男性より五年遅れて開始され、併せて高齢者の就労意欲を高めるため、六〇歳から六四歳までの在職老齢年金の調整が図られた。二〇〇四年の年金改革は、拠出建ての制度への転換によって、事実上将来の給付水準の抑制を図った。

だが、ワークフェア改革の中心は、やはり雇用や公的扶助に関わる改革である。二〇〇〇年に入ってからは、就労と社会保障を連携させる改革が各分野で進行したが、二〇〇二年からは社会保障支出の自然増分を毎年二二〇〇億円ずつ削減することが決められるなど厳しい支出抑制路線のもとでは、就労と社会保障の連携は必然的にワークフェア的な含意を伴うものとなった。

二〇〇二年には、児童扶養手当法が改正され、「児童扶養手当の支給を受けた母は、自ら進んでその自立を図」らなければならないという第二条が付加され、また支給が五年以上にわたるときにその手当の一部を給付しないと定められた。この改革は、アメリカにおけるワークフェア改革の象徴ともいうべき一九九六年のAFDC（ひとり親世帯の公的扶助）改革に倣ったものであった。同じく二〇〇二年には、「ホームレスの自立の支援等に関する特別措置法」が制定され、国の総合的施策とホームレス自身の自立の努力を求めた。

やがて、若年層における失業の増大など、構造改革の負の帰結が目立つようになると、部分的にアクティベーション的な言説も取り込みながら政策が展開されるようになった。二〇〇三年には、経済産業省、厚生労働省、文部科学省、内閣府の協議のもと、「若者自立・挑戦プラン」が策定され、都道府県の所管による若者の就労支援機関「ジョブカフェ」が始動した。ただし、たとえば「若者自立・挑戦プラン」の三省一府による「趣旨説明」でも、「若年者の働く意欲を喚起しつつ、全てのやる気のある若年者の職業的自立を促進し、もって若年失業者等の増加傾向を転換させる」（傍点引用者）ことを目的とするなど、問題は若者の側にあるという認識が濃厚に示されていた。これはワークフェア的発想の特質でもある。

二〇〇三年の夏には、社会保障審議会福祉部会に「生活保護制度の在り方に関する専門委員会」が設置された。同委員会は翌年末、「利用しやすく自立しやすい」制度への転換を謳い「地域社会への参加や労働市場への『再挑戦』を可能とするための『バネ』としての働きを持たせる」ことを求めた報告書を提出した。この報告書にはアクティベーション的な発想も見られるが、同報告書で提起された生活保護「自立支援プログラム」が二〇〇四年から導入されると、プログラムが稼働能力のある一部の層だけを対象とした「クリームスキミング」になっている、あるいは受給者に保護の停止を迫る手段となっているといった評価も現れるようになった。

さらに二〇〇五年の総選挙を経た特別国会では、郵政改革法案と併せて障害者自立支援法が成立し、翌年から施行された。同法もまた障がい者に対しての就労支援を謳い、就労移行支援の事業を整備することなどを決めた。しかしながら、同法はこれに先行した支援費制度が掘り起こした支援ニーズに一割の応益負担で対処しようとするものであり、たとえば比較的工賃が高い事業所で働くことができる障がい者にとってもその所得よりも負担が上回る状況が生じた。こうしたなかで同法に対しては当事者団体などの強い反発が拡がった。

構造改革路線を継承した安倍晋三内閣のころからは、格差や貧困の拡大がメディアなどで伝えられるようになり、これに対処するための「再チャレンジ支援」推進も唱えられるようになった。たとえば二〇〇七年二月から開始された「成長力底上げ戦略」のもとでは、①「能力発揮社会」を目指す人材能力戦略、②「福祉から就労へ」という基本的考え方のもとでの、障がい者の工賃引き上げも含めた就労支援戦略、③賃金の底上げの機会に恵まれない中小企業を支援する中小企業底上げ戦略の「三本の矢」を掲げた。この段階では、賃金水準の引き上げなど労働市場の吸引力も問題にされ始めたという点で、ワークフェア言説に対してアクティベーション言説もその比重を高めつつあった。

「小沢型ベーシックインカム」と子ども手当

新自由主義を基礎としたワークフェア改革の進展のなかで、日本における格差や貧困の拡大がしだいに問題とされるようになっていく。すでに一九九〇年代末には橘木俊詔の著書『日本の経済格差』（一九九八年）などをきっかけに日本における所得格差についての議論が始まっていたが、格差社会をめぐる言説が一般に拡がったのは、小泉構造改革の進行に伴ってである。

とくに、小泉政権が二〇〇五年の総選挙で大勝した後、二〇〇六年一月に内閣府が「経済的格差の動向」と題した関係閣僚会議資料を公開し、格差を高齢化の進行に伴う「見かけ上」の格差拡大としたこと、さらに二月の参議院予算委員会で小泉首相が格差拡大に否定的な見解を表明しつつ、併せて「格差が出ることを悪いとは思わない」と答弁したことなどがきっかけとなり、反発も拡がった。日本のジニ係数が拡大しており、また相対的貧困率がアメリカやアイルランドに次ぐ水準に達したことなどが伝えられ、格差社会についての本が高い売れ行きを見せるようになる。小泉政権のもとでの、地方分権改革の進行のなかで、個人間の所得格差のみならず、地域間の経済格差も問題とされるようになった。

こうしたなかで野党第一党の民主党は、小沢一郎代表のもとで「生活第一」を掲げて構造改革路線に反対する立場を明確に打ち出す。民主党は、これまで新自由主義的な改革路線において橋本政権や小泉政権と競い合うところすらあった。しかし、二〇〇七年の国会討論において、小沢代表が六兆円規模の予算による子ども手当（児童手当）を打ち出すなど、生活保障を重視する姿勢を明確にする。もともと子ども手当は、後にも触れるように二〇〇五年の民主党マニフェストで打ち出されたもので、保育サービスの拡充などアクティベーション的な政策のなかに位置づけられていた。日本の児童手当は、一九七二年に導入されて二〇〇六年には小学校修了前まで引き上げられていたものの、所得制限があり、三歳未満まで一万円で三歳から五〇〇〇円（第一子、第二子）と給付額も抑制されていた。民主党の二〇〇五年マニフェストはこれを保育サービスの強化と合わせて月額一万六〇〇〇円（所得制限なし）にすることを明らかにしていたが、小沢はこれを一挙に二万六〇〇〇円に増額して提起する。

「生活第一」を唱えた民主党は、二〇〇七年の参議院選挙において地方の一人区を中心に圧勝する。民主党はさらに二〇〇九年の総選挙に向けたマニフェストのなかで、ヨーロッパと比較しても高水準の児童手当を実現する子ども手当、求職者に対する月額一〇万円の給付、月額七万円の最低保障年金など、家計への現金給付に力点を置いた、非裁量的かつ直接的な生活保障政策を打ち出す。これは広い意味では、ベーシックインカム的な改革路線であった（篠原 2009）。

なぜ現金給付が前面に打ち出されたのであろうか。それは民主党が国民の強い行政不信に依拠した官僚制批判を繰り返してきたことと関わっている。こうした官僚制の影響力こそ自民党政権の負の遺産であり、民主党政権が打ち破るべきものとされてきたのである。反官僚制の主張を堅持しながら、小沢が「生活第一」を打ち出すためには、かつての自民党政権のような業界保護でもなく、アクティベーション型の公共サービスでもなく、官僚制や公共サービスを経由せずに国民に直接届く現金給付がもっとも手っ取り早い手段であった。

同時に、社会民主主義、保守主義、新自由主義が併存する民主党の党内事情からしても、ベーシックインカム型の政策は、党内の合意を得やすいものであった。社会民主主義派は生活保障の強化という点で、保守派は在宅育児などこれまでの家族のかたちを維持するという点で、また新自由主義派は官僚制を肥大させない最低所得保障という点で、現金給付中心のマニフェストを支持した。ちなみに小沢自身による子ども手当は、保守主義的な性格を伴ったものであった。小沢は二〇〇七年の衆議院代表質問において、子ども手当を、老親の介護をする家族に対する現金給付である「同居手当」とむすびつけて提起したのである。

その後二〇〇九年に、民主党は歴史的な政権交代を実現する。しかし、子ども手当などベーシックインカム的な政策を実行するための財源確保は、厳しい財政危機のなかで困難をきわめる。民主党はマニフェストで掲げた政策の財源として、歳出削減や特別会計のいわゆる「埋蔵金」の活用などで四年間で一六・八兆円を確保するとしていたが、公共事業費の削減以外は財源の確保はすすまず、前政権から継承された「緊急人材育成・就職支援基金事業」を大幅に削減することになった。また、保育サービス拡充への税源確保の見通しも得られなかった。このように公共サービスが犠牲になったことに加えて、子ども手当の財源として年少扶養控除などの廃止も決まった。しかし、それでも二万六〇〇〇円の給付を実現する財源は確保しきれず、野党からは「ばらまき」批判も強まった。二〇一一年に、東日本大震災が起き、復興財源の確保を迫られた民主党政権は、最終的に子ども手当を軸としたマニフェストの見直しにすすまざるを得なくなる。

求職者支援制度における月一〇万円の給付のみが実現したが、子ども手当はその後の野党との折衝をとおして三歳未満児は一万五〇〇〇円、三歳以降は一万円で中学卒業までで所得制限もある児童手当となった。七万円の最低保障年金も、現状では財源のめどがたっていない。ベーシックインカム型の保障への転換は、大きな壁に直面している。

菅内閣とアクティベーション

それでは、一九九〇年代の前半にいったん動き始めた普遍主義的でアクティベーション的な要素をもった福祉改革の流れはどうなったのであろうか。二〇〇〇年代半ばから格差や貧困の拡がりや無縁社会の出現が問題とされるなかで、自民党政権の末期においても、福田康夫内閣のもとでの「社会保障国民会議」が子ども子育て支援など現役世代支援を含めた社会保障の機能強化を打ち出した。また、麻生太郎内閣のもとでの「安心社会実現会議」は、これまでの日本を支えてきた社会保障と雇用の関係が崩れたなか、とくに若者と女性の就労支援を強めるなど「雇用を軸とした安心社会」の形成を急がなければならないことを主張した。

これに対して民主党は、いったんは既述のとおりベーシックインカム型のマニフェストを打ち出し、政権交代を実現した。しかし鳩山由起夫内閣のもとでも、政労使が参加するネオ・コーポラティズム型の協議機関「雇用戦略対話」がスタートし、二〇二〇年までの就労率などの目標を定め、さらに労働政策審議会に点検評価部会が設置されてその進捗を点検していくことになった。また、労働市場の吸引力を強める手だてとしても、名目三％成長というかなり厳しい条件をつけた上ではあったが、一〇〇〇円の最低賃金を目指すことが労使合意された。加えて政府税調においては、就労インセンティブを維持する貧困対策として給付つき税額控除の検討も開始された。

そして二〇一〇年六月に鳩山内閣が総辞職し、日本型の「第三の道」を掲げた菅直人内閣に移行したことで、アクティベーション型の政策志向は強まった。「強い経済」「強い財政」のためにも、雇用を拡大する「強い社会保障」を実現するという菅内閣の目標には、明らかにアクティベーション型の発想が見られた。

内閣府においては、就労に困難を抱える長期失業者などの就労を実現するために、「パーソナルサポーター」を育成し、地域における様々な支援事業を連携させていくプロジェクトが開始された。菅首相も所信表明演説でこのプロジェクトを内閣の目玉政策の一つとして言及した。これまでも中央・地方の政府が「ジョブサポーター」や「就労支援員」などを非常勤職として定めたことはあったが、パーソナルサポーターは常勤職として構想されている。

また二〇一〇年六月に閣議決定された「新成長戦略」においては、「北欧の「積極的労働市場政策」の視点を踏まえ、生活保障とともに、失業をリスクに終わらせることなく、新たな職業能力や技術を身につけるチャンスに変える社会」すなわち「トランポリン型社会」を構築していくことが掲げられた。幼保一元化をすすめた上での保育の多様化と量的拡大で、女性雇用の拡大と人的投資を同時追求していくことも、成長戦略の一環として組み込まれた。

さらに二〇一〇年の一〇月には、税と社会保障の一体改革が着手され、政府・与党社会保障改革検討本部が設置された。同本部には「社会保障改革に関する有識者検討会」が置かれて、一二月には社会保障改革の基本的な方向を示した報告書「安心と活力への社会保障ビジョン」を政府に提出した。このビジョンは、自民党政権時の「社会保障国民会議」「安心社会実現会議」の議論を継承しつつ、日本型レジームの解体に対応した社会保障改革の道筋を示した。すなわち同報告書は、高齢世代の所得保障と医療に集中する傾向があった日本の社会保障を、「全世代対応」の「参加保障」に転換することを提起した。とくに子ども・子育て支援と現役世代の就労支援を重視し、こうした支援型の公共サービスを、分権的でかつNPOも含めた多元的な供給体制によって広く供給していくべきとした。この報告書は、明らかにアクティベーションの観点に立った社会保障改革の展望を示すものであった。

この報告書を基礎として、二〇一一年三月には菅首相を議長とする「社会保障改革に関する集中検討会議」がスタートし、六月の終わりには政府と与党の間で社会保障改革の成案をまとめた。ここでは、二〇一〇年代半ばに消費税を一〇%にまで増税すると同時に、子ども・子育て支援など現役世代支援を含めて約三・八兆円分の社会保障の給付増をおこなうことを明らかにした。

この成案は、財政健全化を目指す財務当局の論理と、社会保障の機能強化を図る論理が均衡を保ったものであった。その後の東日本大震災によって、社会保障のアクティベーション的改革に充当されるはずであった財源に制約が生じたことが強調されるようになり、社会保障の機能強化をめぐる言説にはブレーキがかかることになった。アクティベーション型の言説が、財源の制約と効率化の要請のなかで、ワークフェア型の言説に再度接近していく可能性も高まっている。

5 ライフ・ポリティクスとの融合

前節でも述べたように、福祉国家再編をめぐる言説は、これまで見てきた「脱商品化」に関わる雇用と社会保障の連携をめぐる言説に加えて、「脱家族化」をめぐる家族政策についての言説、「新しい公共」など「脱集権化」についての言説が重要になる。

とくにこれから日本の福祉政治に大きな影響を及ぼしていくと考えられるのは、家族とジェンダー分業のあり方をめぐる言説である。ジグムント・バウマンの言う強い意味での「個人化」が進展するなかで、家族のかたちが新たに問い直される（Bauman 1999)。そこでは逆に、「伝統的」な家族関係やジェンダー関係の復活を求める潮流も生み出され、その一部は児童手当などベーシックインカム型の言説とむすびついていく。アメリカで拡がっていた同性婚や妊娠中絶をめぐる政治対立はその先駆であった。

こうした政治をアンソニー・ギデンズは

「ライフ・ポリティクス」と呼んでいる。ギデンズによれば、ライフ・ポリティクスとはこれまでの伝統や慣習が拘束力を失うなかで、再分配よりもライフスタイルの再構築に重点が移った政治である。それは、伝統や慣習から自由になるための権力や資源の再分配をめぐる「解放のポリティクス」と対照されるべきものとされる（Giddens 1991; Giddens 1994）。

だが、このギデンズの二分法はいささか形式的にすぎる。家族をめぐる政治は、アクティベーションかワークフェアかといった社会経済をめぐる政治と簡単には切り離すことができない。ワークフェアであれアクティベーションであれ、いずれもこれまでの家族のかたちが大きく変わることを前提とした政策展開であり、またその実現が家族の変容を加速する。

小さな政府をすすめるワークフェアが、伝統的な家族主義の再興と組み合わされると、いわゆる新保守主義の流れが生まれる。家族内の扶養関係が、政府の役割の縮小を補うものとして位置づけられるのである。他方で、ワークフェアがより個人主義的な家族像とむすびつくと当該政策は新自由主義的な性格を強める。家族や親密圏についてどのようなかたちが打ち出されるかと連動して、ワークフェア、アクティベーション、ベーシックインカムが含意する社会のかたちが異なってくる。ここに「新しい公共」をめぐる議論も重なり、二一世紀の福祉政治は新しい多元的な対立軸を提示しつつある。

【参考文献】

Barr, Nicholas, *The Welfare State as Piggy Bank: Information, Risk, Uncertainity, and the Role of the State*, Oxford University Press, 2001.（菅沼隆監訳『福祉の経済学——21世紀の年金・医療・失業・介護』光生館、二〇〇七年）

Bauman, Zygmunt, *In Search of Politics*, Polity Press, 1999.（中道寿一訳『政治の発見』日本経済評論社、二〇〇二年。）

Bonoli, Giuliano, "New Social Risks and the Politics of post-Industrial Social Policies", K. Armingeon and G. Bonoli (eds), *The Politics of post-Industrial welfare States: Adapting post-War Social Policies to New Social Risks*, Routledge, 2006.

Dolowitz, David and Marsh, David, "Who Learns What from Whom: a Review of the Policy Transfer Literature", *Political Studies*, Vol. 44, 1996.

Esping-Andersen, Gøsta, *The Three Worlds of Welfare Capitalism*, Polity Press, 1990.（岡沢憲芙・宮本太郎監訳『福祉資本主義の三つの世界——比較福祉国家の理論と動態』ミネルヴァ書房、二〇〇一年。）

Fitzpatrick, Tony, *Freedom and Security: An Introduction to the Basic Income Debate*, Macmillan Press, 1999.（武川正吾・菊地英明訳『自由と保障——ベーシックインカム論争』勁草書房、二〇〇五年。）

Giddens, Anthony, *Modernity and Self-Identity in the Late Modern Age*, Polity Press, 1991.（秋吉美都・安藤太郎・筒井淳也訳『モダニティと自己アイデンティティ——後期近代における自己と社会』ハーベスト社、二〇〇五年。）

——, *Beyond Left and Right: The Future of Radical Politics*, Polity Press, 1994.（今枝法之・干川剛史訳『第三の道とその批判』晃洋書房、二〇〇二年。）

Hall, Peter, "Policy Paradigm, Social Learning, and the State: The Case of Economic Policymaking in Britain", *Comparative*

Politics, Vol. 25, No. 3, 1993.
Heclo, Hugh, *Modern Social Politics in Britain and Sweden: From Relief to Income Maintenance*, Yale University Press, 1974.
Hemerijck, Anton and Van Kersbergen, Kees, "Negotiated Policy Change: Towards a Theory of Tightly Coupled Welfare States", in D. Braun and A. Busch (eds.), *Public Policy and Political Ideas*, Edward Elgar, 1999.
Jenson, Jane and Saint-Martin, Denis, "Building Blocks for a New Welfare Architecture: From Ford to Lego?", a Paper delivered at the Annual Meeting of the American Political Science Association, Boston, August 2002.
Korpi, Walter, *The Democratic Class Struggle*, Routledge & Kegan Paul, 1983.
———, "Power Resources Approach vs. Action and Conflict: On Causal and Intentional Explanations in the Study of Power", *Sociological Theory*, No. 3, 1985.
Korpi, Walter and Palme, Joakim, "New Politics and Class Politics in the Context of Austerity and Globalization: Welfare State Regress in 18 Countries 1975–95", *American Political Science Review*, Vol. 97, No. 3, 2003.
Miljöpartiet de Gröna, Stark grundtryggheten–och bygg ut jarnvagarna!, Pressmeddelande 2001-2-28.
Murray, Charles, *In Our Hands: A Plan to Replace the Welfare State*, The AEI Press, 2006.
Pierson, Paul, *Dismantling the Welfare State?: Reagan, Thatcher and the Politics of Retrenchment*, Cambridge University Press, 1994.
———, "Coping with Permanent Austerity: Welfare State Restructuring in Affluent Democracies", P. Pierson (ed.), *The New Politics of the Welfare State*, Oxford University Press, 2001.
Schmidt, V. A., "Values and Discourse in the Politics of Adjustment", F. W. Scharpf and V. A. Schmidt (eds.), *Welfare and Work in the Open Economy, Vol. 1, From Vulnerability to Competitiveness*, Oxford University Press, 2000.
———, "Does Poltics Matter in the Politics of Welfare State Adjustment?", *Comparative Political Studies*, Vol. 35, No. 2, 2002.
Tobin, James, "The Case for Income Guarantee", *The Public Interest*, Vol. 4, 1966.
Weir, Margaret and Skocpol, Theda, "State Structures and the Possibilities for "Keynesian" Responses to the Great Depression in Sweden, Britain, and the United States", P. B. Evans, D. Rueschemeyer and T. Skocpol (eds.), *Bringing the State Back In*, Cambridge University Press, 1985.
Weaver, R. K., "Politics of Blame Avoidance", *Journal of Public Policy*, Vol. 6, No. 4, 1986.
篠原一「政治システムの転換と歴史的展望」『世界』臨時増刊七九九号、二〇〇九年。
新川敏光「日本の年金改革政治　非難回避の成功と限界」新川敏光・ジュリアーノ・ボノーリ編著『年金改革の比較政治学――経路依存性と非難回避』ミネルヴァ書房、二〇〇五年。
宮本太郎『福祉国家という戦略――スウェーデンモデルの政治経済学』法律文化社、一九九九年。
———「ワークフェア改革とその対案　新しい連携へ？」『海外社会保障研究』第一四七号、二〇〇四年。
———『福祉政治――日本の生活保障とデモクラシー』有斐閣、二〇〇八年。
———『生活保障――排除しない社会へ』岩波新書、二〇〇九年。
三浦文夫『増補改訂　社会福祉政策研究　福祉政策と福祉改革』全国社会福祉協議会、一九九五年。

第1章

年金改革の政治
——政治主導改革の可能性——

伊藤　武

最大の社会保障プログラムである年金制度は高齢化などで危機を迎えているが、制度設計上の問題や固定化した政治的社会的利害のために本格的な改革は難しいとされてきた。福祉国家「縮減」論のこのような予期に反して、実際には近年大規模な改革が実施されてきた。制度の経路依存性を超えるような年金改革は、既存の政策決定を抜け出したアプローチによって可能となり、今世紀には政府主導の改革が目立っている。

1　現代における年金改革

現代の福祉改革において、年金改革は最重要の争点であると言っても過言ではない。先進国において、年金は社会保障支出のおよそ三〇～五〇%、ＧＤＰの一〇%程度と圧倒的比重を占め、労働コストや投資、消費にも大きな影響を及ぼす。また年金制度は、拠出や受給権の付与、退職年齢などさまざまな点で、家族やジェンダーなど社会のあり方も左右する。さらに公的年金への財政支援などの点で国家の公的役割としてもきわめて大きい。

したがって、年金改革は、多くの人々の利害に関わる政治問題とならざるを得ない。年金制度をめぐる利害は、若年世代・現役世代・高齢者世代などの世代間、職種や業種間、経営者と労働者、公的部門と民間部門など種々に分化・錯綜している。長年にわたり発展してきた年金の歴史を反映して、それらの利害の制度化は進み、政党や労組・利益団体なども強固に結びついている。年金改革は、制度の技術的な修正の問題に留まらず、福祉制度全体、さらには既存の政策決定制度のあり方そのものに関わる問題である。政治が希少資源の配分をめぐる争いであるならば、現代の年金改革は、まさに中心的な政治的争点と言える。

本章では、現代の先進国における年金改革について、政治的な観点から見た改革の問題状況、実際の改革の展開、改革の政治力学、改革の可能性と限界を考察する。主な考察対象は、先進国の公的年金制度、とくに老齢年金の改革である。ほとんどの先進国では、年金制度において公的年金が圧倒的比重を占めており、年金改革では主に公的年金の負担削減と団体年金や民間年金への移行が争点となっている。公的年金のなかでも老齢年金は、退職後の所得保障の核であり、規模も圧倒的に大きいからである。

以下では、第一に、年金制度はどれほど重要な政治問題なのか、第二に、なぜ年金制度は変わりにくく、年金改革は困難であると言われるのか、第三に、それにもかかわらず生じている年金改革はいかなる性質を有するか、第四に、なぜそのような年金改革は可能となったのか、を順に論じる。日本の事例も含めた公的年金の改革を比較して考えてみることで、各国を横断した問題と各国特有の問題を切り分け、年金改革をめぐる困難と可能性をよりよく理解できるだろう。

2 年金問題の歴史と現在

年金制度の歴史と構造

年金は、社会保障の根幹である。そもそも年金はいかに成立したのであろうか。年金制度は、一般的に思い浮かべる老齢年金のほかにも、労災や疾病など多くの制度が存在する。歴史的に見れば、年金は労働者の労働市場に関するリスク（いわゆる「旧い社会的リスク」）保障として、労災保険が最初に浮上した。その次に同じく労働者のリスク保障として疾病保険が広がった。疾病保険一九世紀末以降にドイツ帝国で登場したものが歴史的起源の一つとして名高い（リッター 2004）。老齢年金は、労働者が労働市場退出後のリスク保障のために存在する。第二次世界大戦以降、福祉国家拡大への政治的要求の高まり、高齢化の進行を反映して、年金制度の主柱に成長した。

普及のペースや制度の充実度は、各国間の政治条件や経済社会構造によって大きく異なった。多くの国で、年金制度は労使いずれかあるいは双方の拠出による社会保険方式で立ち上げられた。そのため労働市場リスクから遠いとみなされた社会集団への普及には、時間を要した。年金や農民層、中小商工業者、主婦層などに制度の網が行き渡ったのは、ようやく一九七〇年代頃のことであり、給付条件などの格差を残したままであった。他方、年金が貧困者への最低限所得保障とみなされた国では、国家の租税を財源に普遍主義的な基礎年金が設けられた。

このような年金制度の形成期の特徴は、そ

の後一九八〇年代以降から顕著になる年金問題の性質、そして年金改革のあり方に決定的な影響を与えた。

福祉国家黄金期における年金制度の構造

年金制度は、医療や公的扶助などと比較して、社会保障全体のなかでも大きな比重を占めている。退職後の所得保障としては、民間貯蓄も重要であるが、年金、とくに公的年金がもっとも重要な生活の基礎を提供している（OECD 2011: 105）。

年金制度は、国ごとに、さらにはその内部でも非常に複雑な構造をしているが、制度の提供主体の観点から区分すると、いわゆる三つの柱から構成される。第一の柱（公的年金）、第二の柱（団体年金）、第三の柱（個人年金）である。第二次世界大戦後の経済成長によって福祉国家が「黄金の三十年」を迎えた時、ヨーロッパ大陸諸国や日本などの国では、公的年金が圧倒的な比重を占める「単柱型」、英米などアングロサクソン諸国は団体年金や個人年金の比重も高い「多柱型」の構造をしていた（図1－1を参照）。

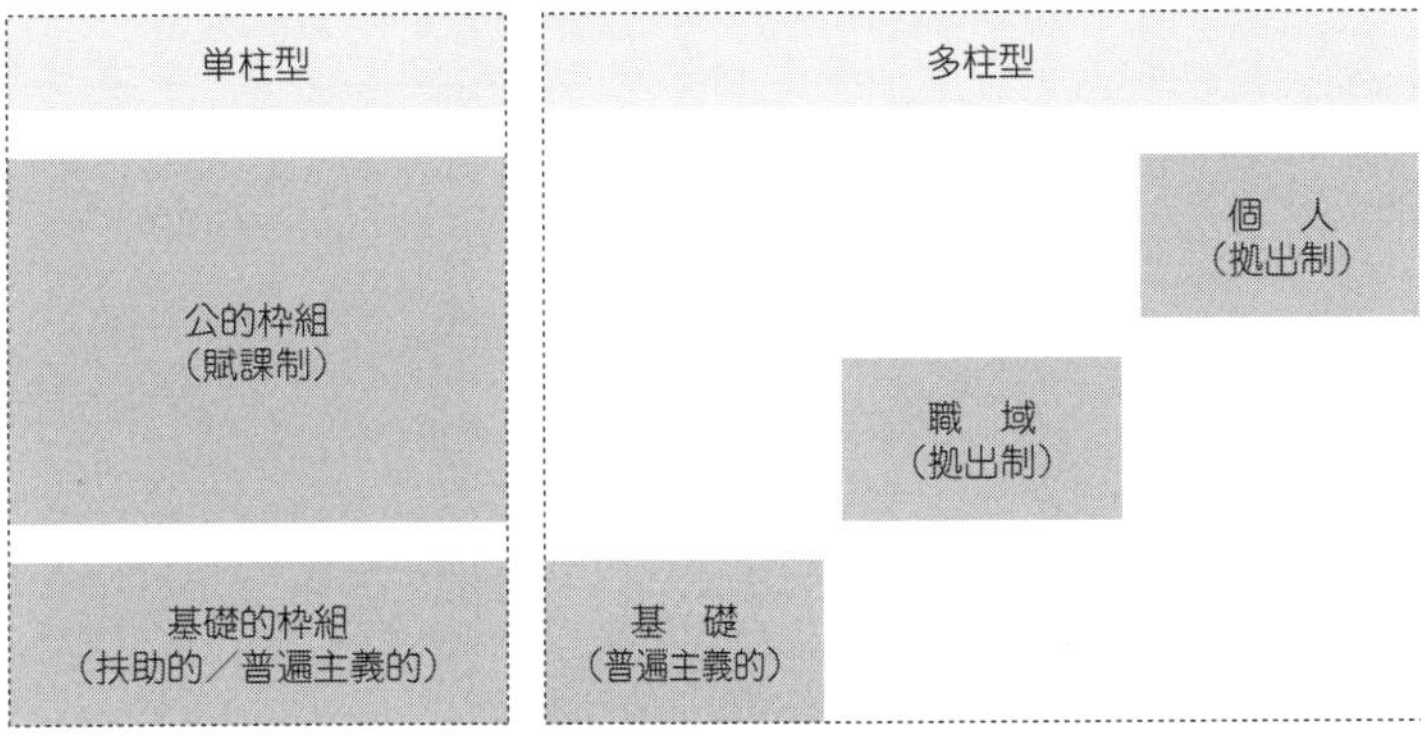

図1－1　高齢者保護の制度枠組（1970年代半ば）

出典：伊藤（2006），Ferrera（2006）を修正。

年金制度に関する単柱型・多柱型の類型は、福祉国家の制度構造と密接に関わっているが、既存の福祉国家類型論などと整合しない面も多い。福祉国家の類型論としては、エスピン－アンデルセンの三類型（社会民主主義、自由主義、保守主義の三つの福祉レジーム）が有名である（エスピン－アンデルセン 2001）。多柱型は、イギリスなどのように民間の市場イニシアチブを重視した結果個人年金が発展している自由主義レジームと親和性が高い一方、単柱型は平等主義・普遍主義が強いとされる社会民主主義レジーム（スウェーデンなど）と職能集団ごとの格差が大きいとされる保守主義レジーム（大陸ヨーロッパ諸国など）の双方に該当する。

単柱型・多柱型の区分により適合するのは、普遍主義的か職能ごとの制度化かの差異に注目したベヴァリッジ型・ビスマルク型の類型区分であり、前者が多柱型、後者が単柱型におおよそ対応する（表1－1を参照）。

前述のような職種ごとの社会保険か、国家財政による最低限保障かという年金制度形成の歴史を踏まえた類型が、この区分である。イギリスなどベヴァリッジ型の年金制度では、普遍主義の反映として最低限の基礎年金を基本として、さらに賦課方式の補足年金の導入が進められた。これに対して、ビスマルク型

表1-1　高齢者保護モデルの歴史的原形

	ビスマルク型	ベヴァリッジ型
目　的	所得維持	貧困防止
給　付	所得比例	固定総額
資　格	拠出金支払	市民権（必要性）
対　象	労働者	全国民（高齢貧困者）
財　源	拠出金	一般財政

出典：伊藤（2006），Femeei（2006）を修正

では、職能集団別の原理を反映して、各種社会保険に基づく制度を当初から構築し、二〇世紀後半には主婦層など従来対象とされていない集団へ給付を拡張しながら発展した。

福祉国家「縮減」時代の年金問題

少子高齢化が進展し、低成長時代を迎えた一九九〇年代初頭までに、公的年金制度は各国で危機に陥っていた。公的年金の受給者は増加し、退職後の所得保障として重み著しく増していた。同時に年金財政は逼迫し、給付削減・保険料引き上げなど財政面や、公的年金以外の補足年金（第二・第三の柱）の促進など抜本的な改革が求められるに至っていた。

福祉国家縮減（retrenchment）の時代（Pierson 2001）を迎えた先進国でも、年金問題の文脈は、年金制度の類型によって相違していた。ベヴァリッジ型の年金制度では、もともと低い給付水準が、一九八〇年代以降の新自由主義的改革の潮流でさらに引き下げていた。たとえば、イギリスでは、所得代替率は三〇％台と際だって低く、報酬比例の付加年金部分は一九七〇年代と導入が遅いことや私的年金加入による適用除外制度が認められていたことから比重が軽く、定額給付の基礎年金中心の給付であった。さらにサッチャー、メイジャー両保守党政権期に、先行して公的年金のスリム化が行われた（藤森 2007: 31）。ベヴァリッジ型の年金制度は、一九九〇年代、年金財政の点では相対的に良好な状況にあったものの、その結果一九九〇年代には、受給者の貧困問題が先鋭化するとともに、思惑通りに発展していない補足年金のさらなる拡大が課題となっていた。

ビスマルク型の年金制度は、高水準の所得代替率などに起因する給付水準の高さによる福祉財政悪化の問題を抱えるに至った。ビスマルク型の場合は、企業と被保険者双方の社会保険料支出に年金収入が依存しているため、重い保険料負担は企業コストと雇用抑制圧力の増大を招いている。賦課制（pay-as-you-go: PAYG）の制度による世代間扶養の軋みなど、財政制度設計の問題も深刻である。職能間の給付条件など相違が大きい制度間格差の是正も必要になっている。

日本の年金制度も所得代替率は標準的なビスマルク型諸国に及ばないが、職能別に賦課制の社会保険料に基づく点で、この類型に属す。この相違を強調する立場の論者は、日本を「準ビスマルク型」諸国と分類している（新川・ボノーリ 2004）。日本でも、企業の保険料負担の軽減、非正規雇用増大による非加入者増加、制度間格差の是正などの問題が深刻化していた（駒村 2007）。

以上現代の年金問題をめぐる状況からいえるのは、第一に、少子高齢化、グローバル化

などによって、年金財政が収入面・給付面の双方で持続可能性を問われる事態にあること、第二に、その状況はベヴァリッジ型・ビスマルク型と年金制度のタイプによって状況が相当程度異なること、第三に、年金問題は、一義的には年金制度そのものの問題であるものの、公的扶助・医療など他の社会保障、さらには労働市場問題など経済政策全般との関係を考慮に入れずには理解できないと見るべきである。

「生活保障」と年金問題

言い換えれば、年金問題は、社会保障の根幹問題であると同時に、雇用保障を大きく左右することで、生活保障のあり方自体を根幹から揺るがす問題である（宮本 2009）。公的年金は、多くの国で社会保障プログラム中最大のコストを費やして維持されている。その改革は、高齢化時代に必要な福祉サービス供給に決定的な影響を与える。たとえば、公的年金制度への依存度が高い単柱型のビスマルク型諸国、かつ保守主義レジーム諸国、南欧諸国では、（家族主義レジーム）では、公的年金に圧倒的資源を投入しているために、ケア・サービス供給の不足が深刻な問題となっている。他方、公的年金の制度設計は、雇用と労働市場問題ときわめて深く関係している。ビスマルク型諸国の労使拠出による社会保険に基づく公的年金制度は、高い企業負担のために正規雇用の拡大に重い足枷をはめ、「雇用なき福祉」（Welfare without work）を招いていると言われる。対照的に、ベヴァリッジ型の諸国で企業の年金負担が軽いことが、柔軟性の高い労働市場を可能にする条件である一方、それは「働くための福祉」（Welfare to work）として福祉水準切り下げと貧困を深刻化させている（伊藤 2011）。

年金問題は、社会保障プログラムの間、雇用保障との間に、現在難しいネガティブ・フィードバックが作用していること、それもとくにビスマルク型年金制度を採用する諸国で深刻であることを示している。年金問題が、他の社会保障問題、そして雇用保障の問題の間に有する政策リンケージを考察することが、年金問題の理解、そして改革の方向性の考察には不可欠である。

3　年金改革への制度的・政治的障害

年金改革への制約

先進各国では、高齢化と社会保障費の増大、雇用への悪影響など深刻な年金制度の問題を踏まえて、一九九〇年代早々には年金改革が重要な政治争点化してきた。処方箋としては、拠出引き上げと給付抑制による年金財政の改善、貧困層向けの基礎年金の充実、さらに職種間格差の大きいビスマルク型諸国では各種年金制度の一元化と格差是正、負担と給付の連動性強化などが提示された。

しかし、今世紀に入るまでおよそ一〇年間、例外的な国を除き、制度設計自体を変更するような大規模改革は実現しなかった。年金制度の持続可能性が問われる状況に陥っていたにもかかわらず、改革が実現しなかったのはなぜであろうか。それは、年金改革が、年金制度の設計、および社会保障・雇用保障の制度、さらには背景にある政治制度との関係で、改革に向けた政策転換を困難にする制度的障害を有していたからである。

ベヴァリッジ型・ビスマルク型と共通した困難は、年金制度が財政面でも利害関係者の面でも非常に大規模な社会保障プログラムであるため、政策変更のコストが大きいことである。ただし、財政規模の点を見ると、ベヴァリッジ型諸国では年金支出がＧＤＰの七％程度を占めるのに対して、ビスマルク型では一〇％程度と差は大きい（新川・ボノーリ 2004）。さらに、イギリス、オランダなどベヴァリッジ型の諸国は、一九八〇年代以降いち早く改革に取り組んでいる。これに対してビスマルク型の諸国は、一九九〇年代後半になるまで改革は微温的なものに留まっていた。実際ビスマルク型の年金改革は、「凍結した光景」（frozen landscape）（エスピン＝アンデルセン 2001）とさえ言われたのである。

ビスマルク型年金制度と賦課制問題

年金改革停滞の問題を考えるには、とくにビスマルク型の制度設計に注目する必要がある。ビスマルク型年金制度の基本的特徴は、賦課制の社会保険に基づく年金収入、所得比例の高い所得代替率の給付、職種間格差など制度分化である（伊藤 2006: Ito 2009）。

まず賦課制の社会保険について、「社会保険国家」（Palier and Martin 2008）であるビスマルク型の年金制度を採る国では、高齢化や経済停滞で年金制度の存続可能性そのものが危機に陥ると予期されても、抜本的対策を採るのが難しい制度である。第一に、賦課制とは、現役世代の保険料拠出によって年金受給世代の給付を賄う世代間扶養のシステムである。少子高齢化が進んだ現代では、拠出と給付の比率の点で恵まれた年金受給世代と、著しい給付条件悪化が避けられない現役世代の間で、年金制度をめぐる深刻な対立が生じている。

第二に、保険料収入は経済実績に左右されやすい。経済成長期には拠出制よりも財源を豊かにできるために、従来拠出制を採用していた国のなかで賦課制を採用する国もあった。しかし、一九七〇年代の石油危機を景気とした低成長時代に入ると、賦課制は正反対に負の圧力をもたらす。景気停滞期には、保険料収入は伸び悩まざるを得ないばかりか、保険料を拠出する企業のコストを増大させ、雇用にも悪影響を与えてしまった。

第三に、経済実績に連動しやすい拠出制への転換は難しい。拠出負担と給付の連動性強化が謳われる現代の年金制度にとってとりわけ深刻な問題は、制度的に、現役世代が現行受給者の年金財源と自らの将来の年金財源の双方を負担しなければならない「二重払い」の矛盾である。

経済も人口も伸び悩み高齢化が進む現代では、このように賦課制の社会保険に基づく制度設計は、収入面で行き詰まりに陥らざるを得ないのである。

ビスマルク型諸国における年金給付削減

給付面について、ビスマルク型では、現役時代の所得に比例した確定給付が基本である。しかし、現代では従来の寛大な給付を維持するのは困難になっている。まず、低成長期に所得が伸び悩む現在、従来の高成長期に寛大な条件で約束した給付を行うのは財政上容易ではない。ただし、受給者の保険料拠出を基盤とする制度であるために、現実には世代間扶養のシステムであるものの、給付そのものは受給者の権利として認識されている。そのため受給権を侵すような給付削減に対しては、きわめて強い反対が予期される。租税ベースの拠出制と比べて削減しにくい。

次に、賦課制の年金制度は、男性正規雇用者の所得を軸とした家計支持を図る、いわゆる「男性稼得者（male breadwinner）モデル」を前提とするため、増大する非正規雇用への対応、失業者・主婦層・学生など「周辺」を包摂できていないことである。伸び悩み不安定化を示す男性正規雇用者の収入に依存した年金財政は、年金収入面で危機を招くのはもちろん、給付面でも非対象者の増大と貧困の悪化の恐れがある。対策として、保険料収入に比例しない基礎年金が導入されているが、給付水準の低さ、国家財政による補塡に起因した財政への圧迫など解決すべき障害は多い。

一九七〇年代以降の低成長時代において、賦課制の給付制度は、早期退職への誘因提供によって労働市場からの退出を促進し、失業率低下を狙う労働市場政策と密接に関係していた。現代では、むしろ退職年齢引き上げや女性の就職などアクティヴェーションによって雇用拡大・保険料収入の基盤拡大を図ろうする姿勢に転換した。しかし、重い社会保険料負担が足枷になり、雇用は容易に増えない悪循環に陥っている。さらに、公的年金を偏重する単柱型の社会保障プログラムの問題を是正すべく、介護など公的扶助に資源を移行させようという動きもあるが、上述のように年金給付への依存があまりに大きいために、再配分は進んでいない。

ビスマルク型年金の運営と政治社会的利害

年金支出・給付面に加えて、ビスマルク型年金の改革を難しくするのが、年金制度に深く組み込まれた政治社会的利害である（Palier 2010）。

第一に、社会保険の運営には、フランスのように労使が関与する場合が少なくない。社会パートナーの運営参加は、もともと社会保険制度が国家が運営に関与するか否かに寄らず、労使拠出による社会的リスク保障のために発展してきた歴史を反映している。とくに給付削減で打撃を受ける労働組合は切り下げに強く反対し、運営への関与を通じて効果的に阻止できると考える。

第二に、ビスマルク型の年金制度では、職種（職能）ごとに制度が分化して形成・発展してきたために、給付・資格条件などで格差が大きい。このような分立した年金制度は非効率だとされ、制度統一（一元化）が課題となっている。しかしながら、一元化は容易ではない。まず個別制度の調整は容易ではないし、とくに優遇されている年金部門の反対は強い。とくに公共部門の年金制度は、組織化が進んだ公共部門労組と結びついており、政治的理由も併せると削減は難しい。一元化は、優遇部門の切り下げが避けられず、合意調達も難しいという高い障壁を越えなければならない。

第三に、ビスマルク型かベヴァリッジ型かを問わず、高齢化は高齢者の票の政治的重要性を高めており、年金制度改革はその重みを考慮せざるを得ない。給付削減、退職年齢引き下げ、拠出制への転換などの負担を招く重要な政策変更は、現行の年金受給者世代では回避されて、現役世代、さらには若年世代に導入される傾向が強い。そのため改革は、時代の経過を待たねばならず、漸進的にならざるを得ない。ただし、ビスマルク型の諸国では、労働組合組織率が全体に高く、なかにはイタリアのように組合組織で年金受給者の組織化が意図的に進み、強い影響力を有している国もある。

したがって、ビスマルク型は年金制度設計に加えて、医療や公的扶助など他の社会保障制度や労働市場制度などとの関係も作用して「改革硬化症」(reform sclerosis)を招くのである(Ito 2009)。「準ビスマルク型」とされる日本などでも、程度の差はあれ、改革が困難な状況は同様である(新川・ボノーリ 2004)。

ビスマルク型年金制度では、賦課制に基づく世代間扶養は、ロックインされており、二重払い問題の例に見られるように経路依存性を断ち切るのは著しく困難であり、単柱型の公的年金比率が高いために、第二・第三の柱を育成する誘因に欠けている。また、男性稼得者モデルに立脚した制度設計は、労働市場政策(早期退職勧奨・失業率抑制・女性の労働市場進出・正規雇用の手厚い保護策)、公的扶助(サービス供給よりも家庭をターゲットとして現金給付重視)など雇用保障・社会保障の制度設計と密接に結びついている。

こうした「制度的補完性」(institutional complementarities)の存在は、年金制度に絞った変更を難しくしている。さらに、職種別に分化し、条件の相違する制度が併存している年金構造は、一元化に向けた合意調達コストを高めている。一元化に向けて合意したとしても、すでに有利な年金制度を有する集団にとって改革は条件切り下げを意味するため、合意を阻む誘因すら存在する。いわゆる集合行為のジレンマは、年金改革を、いわば「共同決定の罠」(joint decision trap)として、非決定や最低限の微修正など「最小公分母」(lowest common denominator)程度に抑える可能性がある。

ベヴァリッジ型は、ビスマルク型と比較すると、改革への障害は大きくない。先述のように、公的年金の規模は小さく、多柱化も進んでいる。このようなビスマルク型とベヴァリッジ型の年金改革をめぐる状況を理解するには、さらに政治経済制度全体の文脈に注目して年金改革の条件を考える必要性である。

福祉国家の「新しい政治」の作用

年金改革はなぜ困難であるのか、年金制度はなぜ変わりにくいのかという問題は、年金改革をめぐる政治力学の問題でもある。この点について、ピアソンは、現代における福祉国家の危機の時代は、従来の福祉国家黄金期と異なる「縮減」(retrenchment)であり、そこでは「新しい政治」が作用するとした(Pierson 2001)。高度に発達した福祉国家は、様々な福祉プログラムとそれにつながる既得権益が結合して制度化が進んだ。したがって、大胆な政策変更には強固な反対が予期され、政府の改革路線は困難な課題を解決して政策実績を訴える「信頼獲得の政治」（politics of credit-claiming）よりも、既得権からの批判を喚起しないように配慮した微温的な「避難回避の政治」（politics of blame-avoidance）に止まらざるを得ない（新川・ボノーリ 2004）。

ビスマルク型年金制度の改革に関する政策決定メカニズムから見た障害は、政治経済体制の構造的問題に埋め込まれている。分化した年金制度設計、社会保険運営における労使参画などは、政治経済体制として見れば「資本主義の多様性」論における「調整型市場経済」（Coordinated Market Economy）に属する（ホール／ソスキス 2007）。またデモクラシーの類型として見ると、合意指向型民主主義（レイプハルト 2005）に対応する。いずれにしても、年金改革という重要な政策決定において、重要な利害関係者が分散した「拒否点」（veto points）が多く、大規模な政策変更が難しい点で共通している。唯一可能な改革は、漸進的変更に留まるとされている。

現代の年金改革も、「新しい福祉国家の政治」の文脈に埋め込まれている。最大規模の福祉プログラムである公的年金制度は、縮減の最大の対象となると同時に、維持を求める多くの既存利害に包囲されている。とくにビスマルク型年金制度が抱える困難は、このような利害配置の制度的文脈を象徴している。ビスマルク型諸国では、賦課制の社会保険制度が、国家による労働問題対応のための公共政策として労働市場政策や他の社会政策と相補的に発展を遂げてきた。同時に、社会保険は、「権力資源動員論（power resource approach）」が指摘したように、労働者やそれ以外の勢力による政治的経済的民主化の一環として拡充を遂げた。公的年金制度は、まさに統治制度とデモクラシーをつなぐ不可欠の要素となっているために、容易に変えられないのである。

4　年金改革の展開

年金制度の問題は深刻であり、年金改革は現実にも理論的にも難しい。しかし、一九八〇年代以降徐々に一部の国から大規模な改革が始まり、その後一段と改革の範囲は拡がっている。とくに「凍結した光景」とすら呼ばれたビスマルク型年金制度も、一九九〇年代半ば以降のスウェーデン・イタリアを走りに、フランスやドイツなど主要国に拡がりつつある。年金改革をめぐる現実的・理論的予期に逆らうかたちの改革は、いかなる過程を辿って生まれ、なぜ可能となったのであろうか。まず、現代の年金改革の展開を見てゆこう。

ベヴァリッジ型年金制度の先行改革

ベヴァリッジ型諸国は、いち早く高齢化や経済成長の鈍化など年金制度の危機に対応して改革に乗り出した。代表例としてイギリスを取り上げると、戦後労働党政権下において、「基礎年金」（被用者・自営業双方の強制加入）

と「報酬比例年金」（SERPS：被用者のみ）の二階建て構造をとる公的年金制度が成立した。一九八〇年代、サッチャー保守党政権のもとでは、年金財政の停滞に加えて、「小さな政府」を目指す新自由主義的イデオロギーに基づき、公的年金など福祉プログラムが削減対象となった。具体的には報酬比例年金の適用除外制度の条件を、企業年金だけでなく個人年金まで拡げた。

このような改革が可能になった背景としては、基礎年金に対する報酬比例の付加年金は一九七〇年代にようやく導入されたもので利害関係の制度化は初期段階であったこと（藤森 2007）、企業年金加入による適用除外という政策モデルがすでに存在しており、市場イニシアチブを重視する場合それを個人年金に拡張すれば足りたことなどである。この点は、より強い制度的アイデンティティーを獲得している国民医療制度（NHS）改革が、同時期に失敗したことと比較すると興味深い。

改革の流れは、メイジャー保守党政権、ブレア政権労働党でも進んだ。ブレア政権は、加入料の高さに起因した私的年金未加入者問題、基礎年金の給付水準の低さに伴う貧困問題に取り組んだ。中高所得者を新設のステイクホルダー年金へと誘導するなど、低所得者向けの公的な基礎年金と、それ以外の層向けの私的年金との色分けをはっきりしている。さらに個人勘定を設けて強制的に私的年金に加入を促すようにしている。オランダでも、所得比例拠出・均一給付の老齢年金制度に、雇用者拠出の付加年金が加わった従来の制度が、確定給付から確定拠出への変更、非正規雇用への拡大などの改革を経験している。

以上から、ベヴァリッジ型の年金制度における改革は、比較的早期に着手されたこと、最低所得保障としての基礎年金の確保と付加年金・私的年金の区別という基本的性格を再強化する方向で制度修正が行われたこと、政府主導での展開が目立ったことが特徴である。

ビスマルク型年金制度の先行改革

ベヴァリッジ型の諸国と比べると、ビスマルク型諸国の年金改革は遅れた。一九九〇年代に入ると、少子高齢化の進展、景気停滞、財政赤字の深刻化や、ユーロ導入の接近を受けて、各国では、年金についても保険料引き上げや給付抑制を通じて財政改善を図る漸進的改革は導入された。しかし、賦課制からの転換や一元化など、大規模な制度改正は着手されなかった。

一九九〇年代、例外的に制度の根幹に関わる改革に乗り出したのが、スウェーデンとイタリアであった。スウェーデンは、均一の基礎年金、所得比例の付加年金（ATP）などの公的年金に加えて、職域年金からなる制度を有していた。前二者はいずれも賦課制で雇用者からの拠出で賄われており、企業の重い負担を軽減することが必要だと認識された。イタリアの場合は、職能ごとに細分化され、きわめて高い所得代替率を誇る賦課制の公的年金制度が存在し、財政赤字の膨張や国際競争力喪失の原因であると批判されていた。その結果両国では、大幅な給付削減に加えて、労使負担への転換（スウェーデン）、制度の一元性強化（とくにイタリア）、名目上の個人勘定導入による確定拠出原則への転換など、きわめて大規模な改革が導入された。ただし、両国とも新制度導入までに相当程度の経過措置を認めたほか、賦課制の原則自体は転換していないなどの制約を抱えている。

興味深いのは、改革内容もさることながら、まず、その実施方法である。戦後、スウェーデンは伝統的に労使協調、イタリアは政党間交渉が政策決定で重要な役割を果たしてきた。しかし、今回の年金改革では、スウェーデンが少数の政党指導者による交渉、イタリアが政労使三者協調と、あらたなアプローチで政策革新を達成したことである。さらに、両国がビスマルク型年金制度の諸国でありながら、福祉レジーム論では、ビスマルク型で典型的な保守主義レジームではなく、社民型（スウェーデン）・南欧型（イタリア：家族主義型とも言われる）（伊藤 2010）という周辺事例であることも、年金制度と他の社会保障制度・雇用保障制度とのリンケージ（制度的補完性）の強固さを占う点で重要である。

ビスマルク型諸国への改革波及

ビスマルク型の諸国の「改革停滞」は、今世紀に入ると、むしろ「改革の季節」を迎えたかのようである。主要な「一般制度」だけでなく多数の特別制度からなる公的年金に分立していたフランスは、一九九〇年代の公共部門の年金改革挫折の後、シラク大統領、ラファラン首相の保守政権のもとで、公共部門も含んだ一元化などの改革を実施した。その改革方法は、フランス政府にしばしば見られるユニラテラリズム（一方的）アプローチではなく、主要労組との対話を重視した点で特徴的であった。同じく工業部門労働者やホワイトカラー、農業部門などに分裂した社会保険に立脚していたドイツでも、一九九〇年代の財政健全化へ向けた措置に加えて、シュレーダーの赤緑連合政権下で、大幅な給付抑制、物価スライド抑制、任意加入の拠出制補足年金（リースター年金）導入など大幅な改革が導入され、つづくメルケル政権でも支給開始年齢引き上げなどが行われた。この際とくにシュレーダー政権は、二〇〇一年改革の停滞を踏まえて、ドイツに伝統的な労使の社会パートナーとの協調から、政府主導の委員会による改革実施へとアプローチを転換したことが特徴的であった。

一九九〇年代以降、ビスマルク型年金制度改革を見ると、賦課制の基本は変えぬまま、財政的改善（給付抑制、保険料収入増加、退職・受給開始年齢引き上げ）のような技術的改革に加えて、名目的個人勘定導入など確定拠出への転換、制度的一元化などの大規模改革に着手した。経過措置や政治的妥協などの留保はあるものの、従来の経路依存性を踏み越える改革であったと言えるだろう。同じくビスマルク型の公的年金制度を採用した日本が、二〇〇四年小泉政権下において導入した年金改革も、同じような課題とアプローチを採用していたのである。

5　年金改革推進の力学

非難回避戦略から信頼獲得戦略へ

多くの困難を抱えた年金改革が限界を抱え

つつも実現したのはなぜであろうか。とりわけビスマルク型諸国が凍結から抜け出た改革は、いかなる要因によって可能となったのであろうか。従来福祉国家の新しい政治では、公的年金のような発達した福祉国家プログラムの「縮減」は強い批判を伴うため、政府は非難回避戦略に基づく漸進的修正に留まらざるを得ないということであった。しかし、本章の考察は、このような見方に修正が必要であることを示している。

まずベヴァリッジ型年金制度の場合、一九八〇年代のイギリスの福祉改革において、年金改革は大きな削減を伴う信用獲得戦略の機会としてとらえられる（Pierson 1996）。またビスマルク型の諸国でも、スウェーデンやイタリアにおける名目個人勘定の導入や新制度への移行期間など非難回避戦略も適用されていた一方で、強い反対を押さえて行われた一連の大規模改革はむしろ信用獲得戦略と理解できる。このような戦略の組み合わせ変更は、福祉国家が縮減から「再編」（Realignment ／ Recalibration）の時代を迎えたことの例証である（宮本 2008）。

大規模な年金改革を可能にしたのは、福祉国家再編の見方によれば、既存の年金制度のロックインを破るような新しい改革言説（ディスコース）の浮上である。確かに、サッチャー時代のイギリスや、スウェーデン、イタリア、ドイツ、フランスなどでも、年金制度の抜本的改革が不可欠であるとの言説は作用していた。日本の二〇〇三年参議院選挙などが年金選挙と呼ばれたように、年金改革が選挙のアジェンダ設定を独占するほどの重みを有するようになったのも、改革言説の浸透を例証している。

改革言説から制度への回帰

改革言説は年金改革に影響を与えたのは確かである。ただし年金制度危機をめぐる言説はそれ以前から存在しており、なぜ改革言説が十分拡がらなかったのか、特定のタイミングで制度の大幅変更が可能となったのかをさらに考える必要がある。言説が具体的政策に反映されるには、政策決定のあり方に注目する必要がある。従来の年金改革をめぐる議論で支配的だったのは、保険料負担の削減に強い利害を有する経営者や大きな打撃を受ける組織労働の合意は不可欠であるため、改革は政労使三者協調が不可欠であるというものであった（新川・ボノーリ 2004）。トリパルティズムは、改革言説が共有されるように促すと期待される。イタリアの一九九〇年代半ばの改革は、このような見方を裏付ける。

しかし、ビスマルク型の場合、スウェーデンの一九九〇年代の改革は少数の政党指導者間の合意で突破されたのをはじめとして、今世紀のドイツ、フランス、イタリアの改革は、いずれも労使協調より政治主導が前面に出ていた。政府による一方的アプローチが、一九九〇年代の改革で採用された労使の利益団体を含めた合意志向の改革アプローチと質的に異なる点は、既存の年金改革の議論で看過されがちである（Ito 2009）。

政府主導の年金改革となったのは、第一に、一方で、首相や内閣の政策立案機能拡充など執行権強化に向けた制度改革、他方で政党組織弱体化と指導部への集権化など「大統領主義」（presidentialism）を促すような政党組織の改革が合致して、政府指導者への集権化が進んだ新しい制度環境が存在していたからである。第二に、年金改革は党派に関係なく不人気な政策であるため、改革をめぐっては政権対福祉連合の対立軸が形成されざるを得ない。第三に、年金制度は、労使など社会経済的（職能的）亀裂に基づいて成立した制度である。そのため、既存の利害を超えた改革をするには、利益代表（議会外の職能代表）の領域ではなく、政党政治（領域代表）から改革への支持を調達し、正当化する必要がある。これらの政策決定の制度的環境変化が、年金改革を後押ししたのである。

年金改革を通じた福祉改革

本章のテーマは年金改革の考察であるが、年金改革にとって公的扶助など他の社会保障や労働市場政策など雇用保障とのリンケージをいかに調整するか、制度的補完性による制約を超えた改革をどのように達成できるかが課題であった。

社会保障全体のなかでは、年金も含めた家計への直接的所得移転が財政的制約から拡充が難しいなかで、高齢化社会を迎えてとくに福祉サービスを充実させることが共通の処方箋として浮上している。この点でベヴァリッジ型年金制度の場合は、公的年金が社会保障費に占める比率は高くなく、公的扶助や医療サービスとの直接的関係は強くない。年金改革は、決定的な障害にならない。むしろ公的年金に、最低限所得保障の含意をもたせてゆく点が重要である。

ビスマルク型の場合には、公的年金への偏りが著しいため、本来ならば公的年金を削減して、サービス拡充に廻すことが望ましいとも言われた。しかし、企業負担削減を通じた雇用保障改善などは模索されているものの、現実に大規模な福祉プログラム間の資源再配分は起こっていない。むしろ、公的年金制度の存続可能性を高めることによって、家計によるケア労働の調達のための金銭的コスト調達を進めるなど、制度的境界を維持しながら「転用」を進めることによって乗り切ろうとしている。もしくは、日本やドイツのように、介護保険という新制度を創設することによって、制度間の資源再配分のハードルを回避した国も見られる。

年金改革の規模に違いはあれ、変わりにくい年金制度の改革は、変わりにくさを織り込んだ上で、年金制度を通じた他の福祉改革・雇用改革への支援へと歩み出している。

6　年金改革の政治的課題

以上検討してきたように、現代の先進国において、年金問題は、最大の福祉問題・経済問題であると同時に、政治問題でもある。変わりにくい年金制度の改革は、福祉国家縮減の時代にあって、ベヴァリッジ型の諸国はもちろん、改革硬化症と言われたビスマルク型年金諸国でも、大きな障害に突き当たり、しばしば漸進的修正に止まった。しかし、とりわけ一九九〇年代以降、大規模な年金改革が徐々に実施され、凍結の季節は終わり、新しい制度の芽生えの季節を迎えている。具体的には、給付の抑制、拠出と給付の連動性強化、制度的一元化の推進などによって、年金制度の存続可能性を確保する試みが続いている。

現実的理論的予想を裏切るかたちで大規模改革が実現したのは、既存制度の経路依存性を破るような言説や、制度環境自体の変化であった。いずれにせよ、既存の利害に深く組み込まれ、隣接する社会保障や雇用制度にロックインされた公的年金制度の改革は、福祉政策に関する従来の基本的な政策決定方式を覆して、労使協調であれ、政府主導であれ、あらたなアプローチを導入できるかどうかにかかっていた。経済的苦境や年金制度の危機だけでは、改革は現実のものとならなかった。その意味で、年金改革は、年金制度のみに留まらない、政治経済体制（福祉レジーム、資本主義の多様性、デモクラシーの類型）の構造を踏まえた政治的選択なのである。

現代の福祉改革の議論において、年金改革はしばしば旧い社会的リスクの問題として扱われる。介護など新しい社会的リスクの問題に比べて、現実的重要性と比べると注目は十分ではなかった。しかし、本章の考察からは、そのような限定が適切でないことは自明である。老後の所得保障が重要である以上、年金改革の議論を抜きに、新しいリスクに関わる福祉改革の議論はできない。そして、社会保障・雇用保障とのリンケージを考える上で、もっとも多くの資源を投下する年金制度とそれが象徴する政治経済体制の決定構造に関する問題は避けて通れない。

年金改革は、福祉改革の中核的課題であり、経済改革の問題であり、政治改革の問題であり続けるであろう。

【参考文献】

Esping-Andersen, Gøsta, *The Three Worlds of Welfare Capitalism*, Polity Press, 1990.（エスピン‐アンデルセン／岡沢憲芙・宮本太郎監訳『福祉資本主義の三つの世界――比較福祉国家の理論と動態』ミネルヴァ書房、二〇〇一年。）

Ferrera, Maurizio, *Le Politiche Sociali*, Bologna：Il Mulino, 2006.

Hall, Peter A. and David Soskice (eds.), *Varieties of Capitalism：The Institutional Foudations of Comparative Advantage*, Oxford：Oxford University Prees, 2001.（ホール・ソスキス／遠山弘徳・安孫子誠男・山田鋭夫・宇仁宏幸・藤田菜々子訳『資本主義の多様性――比較優位の制度的基礎』ナカニシヤ出版、二〇〇七年。）

Ito, Takeshi, "Competing for the exits: Recasting Bismarckian pension reforms in Europe and Japan", *paper presented at the 2009 Annual Meeting of American Political Science Association.*

Lijphart, Arend, *Patterns of Democracy：Government Forms and Performance in Thirty-Six Countries*, New Haven：Yale University Press, 1999.（アーレント・レイプハルト／粕谷祐子訳『民主主義対民主主義――多数決型とコンセンサス型の36ヶ国比較研究』勁草書房、二〇〇五年。）

OECD, 2005, Peusuou s at a Glauce,（OECD編、栗林世監訳『図表でみる世界の年金――公的年金制度の国際比較』明石書店、二〇〇七年。）

OECD, *Pensions at a Glance 2011: Retirement-Income Systems in OECD and G20 Countries*, 2011.（http://www.oecd.org/els/social/pensions/PAG).

Palier, Bruno and Martin, Claude (eds.) *Re-*

forming the Bismarckian Welfare Systems, Blackwell Publishing, 2008.

Palier, Bruno (ed.), *A Long Goodbye to Bismarck?: The Politics of Welfare State Reform in Continental Europe*, Amsterdam: Amsterdam University Press, 2010.

Paul (ed.), *The New Politics of the Welfare State*, Oxford University Press, 2001.

伊藤武「現代イタリアにおける年金改革の政治――『ビスマルク型』年金改革の比較と『協調』の変容」『専修法学論集』九八号、二〇〇六年。

――――「イタリア年金改革の課題と力学」『生活経済政策』一二三、二〇〇七年。

――――「イタリア福祉レジームの変容」新川敏光編著『福祉レジームの収斂と分岐――脱商品化と脱家族化の多様性』ミネルヴァ書房、二〇一一年。

小野正昭「スウェーデン労働者の老後所得保障」『生活経済政策』一二三、二〇〇七年。

勝又幸子「年金制度と給付の国際比較」『季刊家計経済研究』六〇、二〇〇三年。

駒村康平「わが国の二〇〇九年年金改革への見通しと課題」『生活経済政策』一二三、二〇〇七年。

新川敏光・ジュリアーノ・ボノーリ編『年金改革の比較政治学――経路依存性と非難回避』、ミネルヴァ書房、二〇〇四年。

藤本健太郎「ドイツの年金制度と最近の動向」『生活経済政策』一二三、二〇〇七年。

藤森克彦「イギリスの年金制度と最近の動向」『生活経済政策』一二三、二〇〇七年。

宮本太郎『福祉政治――日本の生活保障とデモクラシー』有斐閣、二〇〇八年。

――――『生活保障――排除しない社会へ』岩波新書、二〇〇九年。

第2章 ライフスタイル選択の政治学
——家族政策の子育て支援と両立支援——

千田　航

女性が家庭内に留まることが自明ではなくなり、女性のライフスタイルは多様になっている。本章では、こうした女性のライフスタイルの多様化や女性の労働市場参加への対応を家族政策から考察する。また、フランスの事例から検討していくことで、家族政策の組み合わせにより想定される女性のライフスタイル・家族像が福祉国家にとって重要であると指摘できるだろう。本章ではこれをライフスタイル選択の政治として見出し、その可能性を探ってみたい。

1　福祉国家と家族政策

福祉国家と家族

第二次世界大戦後、福祉国家は「男性は稼ぎ手／女性はケアの担い手」という性別役割分業を前提としてきた。男性は労働市場から賃金を得ることで家族を支えるのに対し、女性は家庭内に留まり育児などを通じて家族を支えることが求められた。こうした関係はイギリスの福祉国家構想として出されたベヴァリッジ・プランにおいても明確に示されており、他の国でも同じような制度設計が行われてきた（深澤 2003: 3-9）。日本でも高度経済成長期に整備された社会保障制度によって、女性は専業主婦か夫に扶養される範囲内でのパートタイム就労かで「内助」に努めるよう誘導され、結果的には「会社人間」と「内助の功」のカップルが優遇された（大沢 2002: 71）。

しかし、「男性は稼ぎ手／女性はケアの担い手」という前提は次第に維持できなくなっていった。その大きな要因のひとつは女性の労働市場参加の高まりである。ＯＥＣＤ加盟国の女性の労働力率は、一九七〇年から二〇〇八年までに、四六・六％から六一・六％へと一五ポイントも上昇した（OECD StatExtracts）。女性の労働市場参加の高まりは、女性が労働市場で報酬を得る可能性と共に家庭内に留まる機会費用が高まったことを意味したと言える（Iversen and Rosenbluth 2010: 81）。すなわち、専業主婦として家庭内で働いて得られる評価が、女性の労働市場参加の高まりと共に労働市場で働く女性の賃金としての評価と比べられるようになってきたため、専業主婦の労働が安価な労働力であると次第に明らかになってきたと推測できるのである。

女性の労働市場参加のみならず、家族形態の多様化や第三次産業への雇用のシフト、少子高齢化など、一九七〇年代後半から生じた社会経済的変化によって、福祉国家は「新しい社会的リスク」に直面している。具体的には、仕事と家族が調和しないリスク、ひとり親になるリスク、子どもや高齢者等の身内を抱えるリスク、低熟練の技術しか持てないリスク、十分に社会保障が適用されないリスクが挙げられる（Bonoli 2005: 433-435）。

特に大陸ヨーロッパや日本では、強固な男性稼ぎ手モデルとして家族や男性の雇用を中心とした生活保障が行われていた結果、新しい社会的リスクへ柔軟に対応することが難しく、社会保障制度や雇用、家族がそれぞれ困難な状況に陥っていると言えるだろう。

こうした新しい社会的リスクに直面しやすい人々は、子育ての時期や技術を取得する時期にある若年層に多い。そのため新しい社会的リスクへの対応として、若年層への給付を手厚くしていくことが必要になってくる。家族政策は主に子育てを行っている若年層への給付が中心であり、子どもを身内に抱えるリスクやひとり親になるリスクをカバーしうる政策領域である。家族がその役割を徐々に縮小させていくなかで、家族を再び福祉国家と結びつけるためには家族政策の役割が重要になってくるのである。

以下では、こうした問題関心に沿って、家族政策の役割と女性のライフスタイルへの政策的対応を検討する。本章では家族政策を政策目的から子育て支援と両立支援に分類し、その整理に基づいて、女性のライフスタイルに合わせた家族政策の展開を論じていく。そこで見えてくるのは、家族政策のなかにあるライフスタイル選択をめぐる緊張関係である。

家族政策の多義性

まず家族政策について整理しておこう。家族政策はそれを用いる人によって扱う範囲が異なる。家族政策を家族に関連する政策として広く定義すると、家族手当や育児休業だけではなく、私法上の婚姻制度や中絶や避妊をめぐる政治を含めた家族の再生産に関わる政策としてとらえることもできる。しかし、本章では福祉国家との関連から家族分野への再分配に焦点を当て、個人単位や世帯単位での課税方式や配偶者控除といった家族に影響を与える税制、現金給付としての家族手当と出産・育児休業給付、現物給付としての施設サービス給付（デイケアやホームヘルプサービス）、これらを家族政策として扱う。

このように家族政策の範囲を限定したうえで、家族政策が多義的であることを指摘しておく必要がある。家族政策は、子どもがいる家庭に対する経済的負担の軽減や、保育所や育児休業給付の充実による仕事と家庭の調和の実現、ひとり親家庭への支援を中心とした貧困対策による社会的包摂、出産や子育てにインセンティブを与えることによる少子化対策、家族が本来的にもつ社会的機能の維持保全、といった様々な役割が期待されていると言える。家族政策は、これらの役割の一つに特化して形成されるというよりは、いくつかの役割を複合的に内包して形成されると考えられるだろう。

家族政策の多義的な役割がどのような関係にあり、それぞれが家族政策に及ぼす影響を考えていく必要がある。しかし、その多義性ゆえに家族政策の基本的な特徴を十分に把握できない事態が起こりうるため、本章では家族政策の政策目的として子育て支援と両立支援という二つを析出し、この二つの支援を軸に家族政策の特徴について見ていきたい。

社会投資戦略と仕事と家庭の調和

子育て支援と両立支援という二つの政策目的を析出するにあたって、近年福祉国家研究において議論されている二つの潮流を見ておきたい。

第一に、社会投資戦略である。社会投資戦略は、人的資本に投資することによって福祉国家の再編を目指す戦略だと言える。

ギデンズは『第三の道』のなかで社会投資国家の重要性について述べた。ギデンズは対等な家族関係の重要性を説いた後、これからの福祉国家について、戦後福祉国家の枠組みの外にある様々な要因の働きを活用することによってウェルフェアを高めることが必要であるとする。そしてそのためには、生計費を直接支給するような福祉国家ではなく、できる限り人的資本に投資する社会投資国家を構想しなければならないとした。ギデンズは、社会投資国家の文脈で重要なものとして家族に優しい職場づくりを挙げ、施設サービス給付や家族手当などのチャイルドケアだけでなく、在宅勤務や長期休暇などの勤務形態の多様化が仕事と家庭の両立に役立つとしている（ギデンズ 1999：195-210）。

エスピン－アンデルセンは、社会的排除や貧困の問題を解決するためには、子どもへの社会投資が必要であり、子どものいる家族への所得保障の重要性が増していくとする（Esping-Andersen 2003：66）。また、女性のためには、女性の就労支援、男性のライフスタイルの女性化、国家―市場―各種団体との新しい役割分担が重要であるとした（エスピン－アンデルセン 2008；2011）。子どもの社会投資については、個人への投資が将来は社会全体の投資になることを指摘している。

第二に、ワーク・ライフ・バランスや仕事と家庭の調和と言われる議論である。この議論はフェミニストを中心に提起され、男性と女性が仕事と家庭生活のどちらかに偏った選択を強いられるのではなく、多様な働き方や生き方の選択が可能になるよう福祉国家の再編を目指すものであると言えるだろう。

たとえば、ルイスは、社会経済的変化に対してチャイルドケアの充実や子どものシティズンシップの獲得といった子どもを中心とした社会政策での対応が必要だと指摘する（Lewis 2006）。ここからルイスの関心は、フランスやドイツ、オランダ、イギリスで展開されるチャイルドケア、育児休業、労働時間の短縮といった仕事と家庭の調和支援策の改革へと向けられる（Lewis et al. 2008）。また、ゴーニックとメイヤーズは「二重稼ぎ手／二重ケア担い手社会」の形成を理想であるとし、この形成のためには育児休業とそれに伴う給付、労働時間の規制、幼児教育とケアに関心を寄せる（Gornick and Meyers 2009: 21-26）。ストラティガキは、ＥＵレベルでの「調和」という単語が、当初はジェンダー平等政策として扱われていたものの、次第に雇用の柔軟化と絡んで雇用政策のなかで取り扱われるようになり、雇用政策と結びついて仕事と家庭の調和として再定義されるプロセスを分析している（Stratigaki 2004）。ストラティガキの議論はジェンダー平等を超えて仕事と家庭の調和が広がっていることを示していると言える。

ここで挙げた社会投資戦略と仕事と家庭の調和の議論からは、いずれも福祉国家の再編期において家族政策を中心とした政策対応の必要性を示しており、政策対応の対象として子どもと女性に関心を寄せていることが見て取れる。本章では、これらの議論を背景として、家族政策を整理していく。

2　政策目的集合と女性のライフスタイル

子育て支援と両立支援

本章では、家族政策をその役割から整理するのではなく、家族政策の対象に着目し、子どもを支援することを中心に考える子育て支援と、女性を支援することを中心に考える両立支援という二つの政策目的から家族政策を整理してみたい。

前節で挙げた社会投資戦略と仕事と家庭の調和という二つの議論との関係では、子育て支援は、家族政策が家族や子どもに対する人的資本への投資を行うことを政策目的とするのに対し、両立支援は女性に対する人的資本への投資に加え、女性の労働市場への参加を前提とした仕事と家庭の調和の側面を強調することを政策目的とする。

このように家族政策の対象から子育て支援と両立支援として政策目的を整理した場合、その関係を示した家族政策の政策目的集合のイメージは図２－１のようになる。この政策目的集合は政党などのアクターが施策を打ち出す際の考え方を示したものである。

この政策目的集合をもとに整理した場合、たとえば、使途を限定しない家族手当は、子どもの養育に使うことができるために子どもを支援する子育て支援の側面をもつ一方で、保育所などを利用するために手当を使うことで女性は労働市場への参加を維持することができるという両立支援の側面をもっていると言える。

また、施設サービス給付を取り上げた場合、幼稚園などの就学前教育は教育を通じて子ども人的資本への投資を行うことが考えられるため、子育て支援として考えられる。また、保育所は、子どもへの人的資本への投資を含むだけではなく、女性の労働市場への参加に対しても子どもを預かることで支援する体制が整備されており、両方の側面をもつだろう。これらに対して、保育ママやベビーシッターを個人で雇う場合、保育の質を担保することが幼稚園や保育所に比べて難しく、子どもへの教育よりも女性の労働市場への参加を維持することがより優先されると考えられ、両立支援として考えられるだろう。

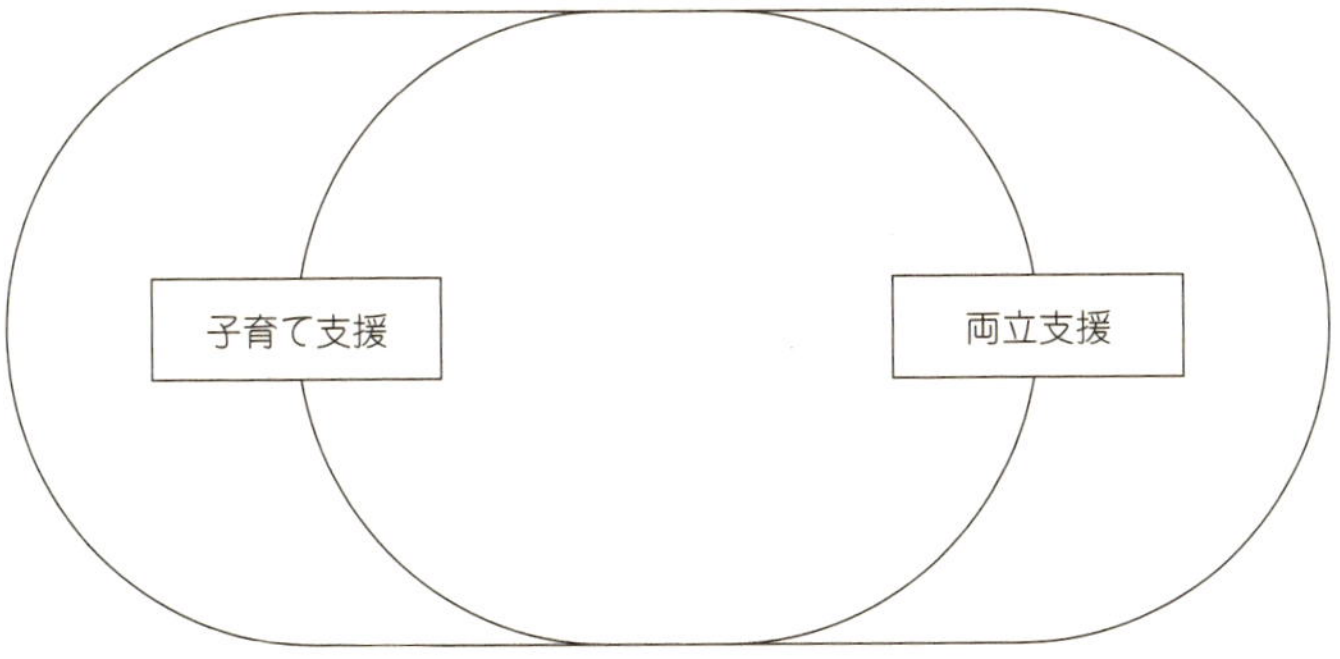

図2-1　家族政策の政策集合イメージ

出典：筆者作成。

ただし、こうした区別であったとしても、幼稚園の預かり保育などによって子どもが幼稚園で預けられる時間が拡大した場合などは両立支援の側面を含むと考えられる。そのため、具体的な施策の実態に沿って整理していく必要がある。

育児休業給付の例をとっても、どの集合に対応するのかを明確に区別できない場合がある。育児休業給付では、育児休業中の女性は労働市場に参加しておらず、受給期間や金額によっては両立支援の側面がない可能性もある。ただし、日本の育児休業給付において、育児休業復帰後に支給される育児休業者職場復帰給付金は労働市場の参加を前提としているため、給付額は少ないものの両立支援の側面をもっていると言えるだろう。

以上のようにあくまでもこの政策目的集合は理念型として家族政策を整理したに過ぎず、明確に区別できない場合もあるが、こうした整理を行うことによって見えてくることは少なからずあるだろう。

女性のライフスタイルの選好

子育て支援と両立支援という二つの政策目的から整理した場合、女性のライフスタイルとの関係が指摘できる。

ハキムは、女性のライフスタイルの選好を家庭中心型、環境順応型、仕事中心型の三つの理念型としてとらえ、女性の選好や優先順位の多様性が女性の間で対立する利益を生むとした（Hakim 2000: 6-9）。第一に、家庭中心型は人生を通して家族生活と子どもを最優

表2－1　21世紀における女性のライフスタイル選好の分類

家庭中心型（Home-centred）	環境順応型（Adative）	仕事中心型（Work-centred）
女性の20％（10～30％で変動）	女性の60％（40～80％で変動）	女性の20％（10～30％で変動）
人生を通して家族生活と子どもを最も優先。	仕事と家庭の両立を望む女性や非正規雇用女性を含む最も多様な女性グループ。	人生を通して雇用や政治やスポーツなどの同程度の公的領域での活動を最も優先。子どものいない女性はこのグループに集中。
就労を好まない。	就労したい。しかし完全には就労に結びつかない。	就労や同程度の活動に結びついている。
男性稼ぎ手から提供（intellectual dowry）される社会保障の受給資格。	就労にもとづく社会保障の受給資格。	雇用などによる訓練や受給資格のなかで多額の投資。
社会政策や家族政策に敏感。	すべての政策にとても敏感。	雇用政策に敏感。

出典：Hakim（2000）p. 6.

先に考え、基本的に就労を好まないライフスタイルを選好する。第二に、環境順応型は、仕事と家庭の調和を望む女性や非正規で雇用される女性を含むもっとも多様なグループである。このグループは、家庭中心型とは異なり就労したいという意識はもっているが、このグループの女性全員が完全には就労に結びつかず、社会保障の受給資格も就労した際の条件に基づいて獲得することになる。第三に、仕事中心型は、人生をとおして仕事に就いていることをもっとも優先する（表2－1）。

こうしたハキムの議論をもとにして、女性のライフスタイルと家族政策の関係について整理するとどのようなことが言えるだろうか。

子育て支援のみを政策目的とする家族政策を展開した場合、家庭中心型の女性に対して意味のある政策となり、仕事中心型の女性に対してはほとんど関心のない政策になる。この場合には、表2－1で示したように、仕事中心型の女性は雇用政策や労働市場政策といった家族政策の外部にある政策に敏感になるだろう。

他方で、施設サービス給付など両立支援のみを政策目的とする家族政策を展開した場合、仕事中心型の女性にとっては、子育てをしながら労働市場で活躍し続けることができるため、家族政策が意味をもつものになるだろう。

子育て支援と両立支援が重なり合う場合、特に家族手当の場合は、現金給付という性格上、特定の使用目的に限定する以外の家族手当の使い方は受給資格者による。したがって、家庭中心型、環境適応型、仕事中心型のいずれのライフスタイルの選好にも中立的な施策であると言える。

なお、ハキムは仕事中心型の女性グループに子どものいない女性を含めているが、本章で取り上げる家族政策は子どもがいる家族のみを取り上げるため、子どものいない女性は含まれない。また、ハキムはそれぞれのグループで関心をもつ政策が異なると考えているが、本章では家族政策が女性のライフスタイルそれぞれに影響を及ぼすと考える。

以上、女性のライフスタイルと家族政策の関係を整理してきた（図2－2）。ここで重要なことは、子育て支援と両立支援の両方の側面をもつ家族政策を打ち出した場合、一般的には子どもをもつすべての女性のライフスタイルにとってそれぞれに意味のある施策になるということである。これは、所得制限なしにすべての人を対象とする普遍的な給付が行われるということであり、税財源による社会保障の根拠ともなりうる。

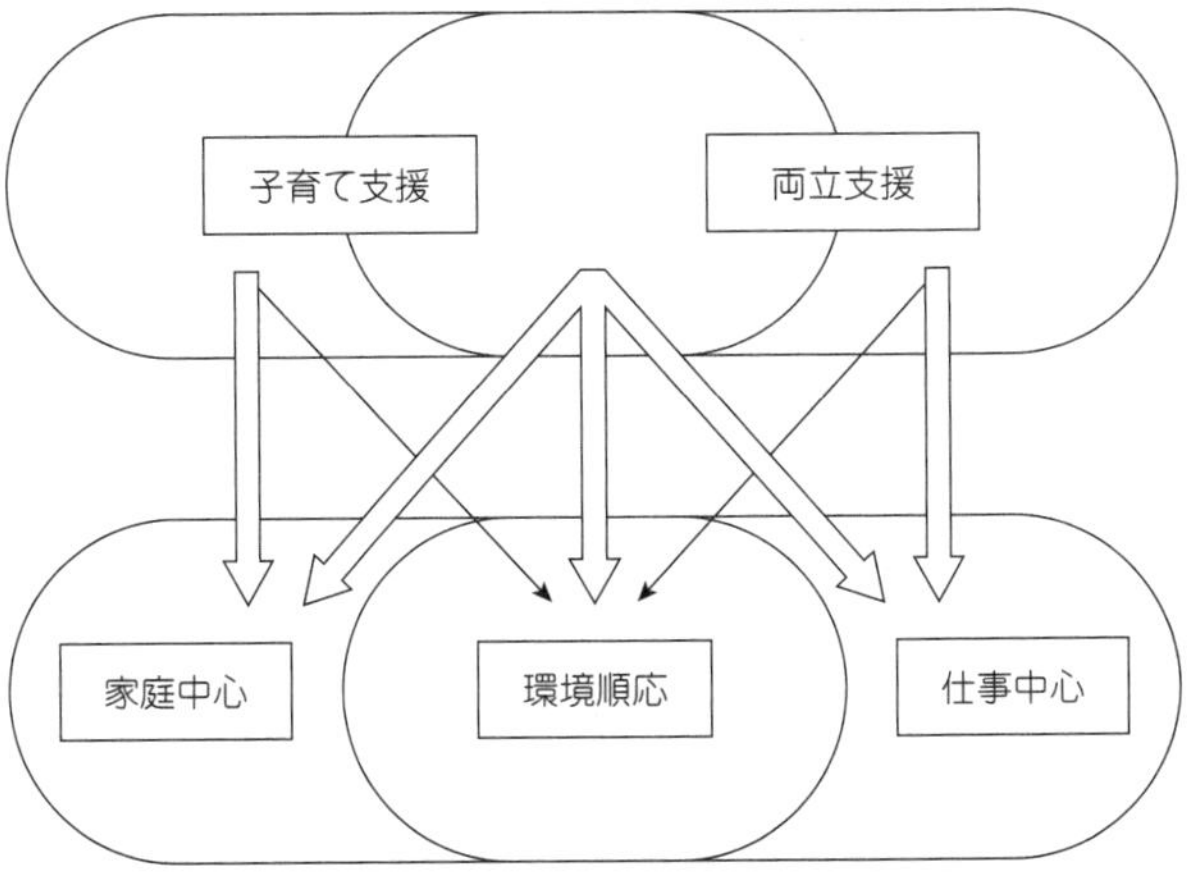

図2-2　女性のライフスタイル選択と家族政策

出典：筆者作成。

たとえば、フランスでは一九九一年に一般社会拠出金（contribution social généralisée）が導入された。これは社会保障のための目的税という位置づけをもっており、社会保険が社会保障の中心であったフランスでは異例の導入であった。この一般社会拠出金は成立時には全額家族給付部門へ投入されることになった。これは使用者しか拠出していない家族給付部門の使用者の負担を減らすだけではなく、保険料が家族や健康のリスクといった国民連帯や市民連帯に属する支出のために使われるのに向いていないという政治的な議論があったからとされる（バルビエ、テレ 2006: 45）。

日本でも二〇一〇年に子ども手当が導入され、それまでの児童手当から受給対象年齢拡大や所得制限の撤廃、支給額の増額が行われた。「社会全体で子育てする国にします」とマニフェストに掲げて政権交代を成し遂げた民主党としては、仕事中心型の女性や家庭中心型の女性に的を絞った家族政策ではなく、社会全体で幅広い合意が得られる給付先が必要であったと考えられる。そのためには、配偶者控除や施設サービス給付よりも先に、子育て支援とも両立支援とも重なり合い、それぞれの家庭で使途を決めることができる子ども手当の導入が優先されたと言える。

ジェンダー平等と家族政策

ライフスタイルや家族形態の多様化に伴って、子育て支援と両立支援の重なり合う中立的な家族政策の展開は多様なアクターの支援を得られやすいだろう。しかし、家族政策において重要な視点であるジェンダー平等との関係では複雑な一面を指摘できる。

一九九〇年代の福祉国家と家族の議論は女性・ジェンダーの問題を中心に扱ってきたと言える。ここで言うジェンダー平等政策は幅広く考えられ、男女雇用機会均等法や男女共同参画社会基本法などを含め、労働市場のみならず政治参加や家庭内での男女平等を志向する政策であると言える。このなかには、男女平等の実現だけではなく、家族の再生産に関わる政策やセクシュアル・ハラスメント、ドメスティック・バイオレンスを防止する政策など女性差別の撤廃も含まれる。

両立支援の家族政策は育児休業給付や施設サービス給付が代表的なものであり、女性の労働市場への参加を前提とするため、ジェンダー平等政策と重なり合う。しかし他方で、子育て支援はジェンダー平等とは逆行する可能性がある。

フランス第三共和政期の専業主婦手当は、女性が家庭内で子育てを行う場合に支給される手当であるため、女性の労働市場への参加を求めず、家族主義的あるいは出産奨励的な側面が強い家族政策である。これは女性の労働市場への参加を阻害する家族政策としてとらえられる。

現在、このような明示的に女性の労働市場への参加を阻害する家族政策は見られなくなっているが、子育て支援と両立支援の重なり合う部分の家族政策であっても、女性を労働市場から退出させる効果をもつ場合が考えられる。たとえば、フランスには育児親手当という家族手当が存在していた。育児親手当は使途を限定しない現金給付であるため、子育て支援と両立支援の両方の側面をもつ家族政策であった。一九九五年、フランスではこの育児親手当の受給資格が第三子以降から第二子以降に引き下げられた。その結果、三歳未満の子どもを二人以上もつ女性の労働力率は一九九四年から一九九七年までの間に六九％から五三％へと一六ポイントも減少した（Afsa 1998: 37）。

フランスの育児親手当の例は、ある施策が、家庭中心型、環境適応型、仕事中心型のいずれに対しても現金給付によって提供され、普遍主義的給付を実現する一方で、女性のライフスタイル選好の段階で、労働市場や雇用の状況、性別役割分業の強さなど社会経済的状況によっては女性を労働市場から退出させる可能性があることを示している。

ライフスタイル選択の政治へ

ここまで子育て支援と両立支援という二つの政策目的から家族政策を整理し、女性のライフスタイルとの関係やジェンダー平等との関係を見てきた。

女性のライフスタイルの多様化や女性の労働市場参加に対していかなる家族政策を展開させていくのかは、新しい社会的リスクが登場してきている福祉国家の再編期にとって重要な課題である。そのなかで、各国は女性のライフスタイル選択の保障や、女性の労働市場参加の保障といった課題に対応しなければならないだろう。

「男性は稼ぎ手／女性はケアの担い手」という性別役割分業が維持できないことに対して、福祉国家の主な対応は、「成人労働者モデル」と呼ばれる、すべての成人が労働市場に参加する福祉国家を目指すことであった（Lewis 2001）。あるいは、社会政策を男性稼ぎ手モデルから個人モデルへと転換させることであった（Sainsbery 1994）。

福祉国家の特徴に差異はあるものの、アメリカやスウェーデンなどでは女性の労働市場参加に対して積極的な対応が行われ、早い時期から成人労働者モデルや個人モデルへの転換が見られた。この場合、女性は労働市場でフルタイムで働くことによって福祉国家の再編に寄与することが考えられてきた。他方で、大陸ヨーロッパでは、男性稼ぎ手への依存と労働市場の硬直性から十分な対応が行われてこなかったと言える。そのため、大陸ヨーロッパは福祉国家の再編期に対応が困難な国としてとらえられてきた（エスピン－アンデルセン 2003：107-140）。

しかし、大陸ヨーロッパでも福祉国家の再編に向けて改革が進んでいる。モレルは、フランス、ベルギー、オランダという大陸ヨーロッパのケア政策を比較するなかで、一九九〇年代半ばから各国が労働時間の削減や仕事と家庭の両立支援のための時間政策、ケア政策を拡大させ、国家としての新たな役割を担おうとする共通の流れがあるとし、これを「補完性から『自由選択』へ」と表現した(Morel 2007：634-635)。

ただし、大陸ヨーロッパが「自由選択」へ向かう道筋は各国ごとに多様である。オランダやドイツでは家族政策よりも労働市場を中心とした時間政策に重点を置き、仕事と家庭の調和の実現に向けた取り組みが見られる一方で（田中 2006；水島 2011）、ベルギーやフランスでは「自由選択」の名のもとに民間デイケアの活用が行われ、家族手当や税額控除を中心とした家族政策の展開が見られた（Morel 2007：624-630）。このように大陸ヨーロッパのなかでも異なる方向性が見られ、こうした変化を説明していく必要がある。

モレルが指摘する「自由選択」は、女性の労働市場参加について、それを奨励するものの、女性がどのように就労するのかは拘束しないことを示している。つまり、アメリカやスウェーデンなどは女性の就労をフルタイムで働くことを想定している一方で、「自由選択」を選ぶ国は女性のライフスタイルに合わせて、フルタイムもパートタイムも選べるように支援していることを示している。このような「自由選択」は、子育て支援と両立支援の重なり合う部分を手厚く支援するように考えられる。

こうした女性のライフスタイルに沿った「自由選択」の提供以外に、女性の労働市場参加に伴って、ジェンダー平等との関係を家族政策に反映させることも重要な課題である。そのため、子育て支援と両立支援の重なり合う施策と両立支援のみの施策でどのようなバランスをもった家族政策を展開していくのか、あるいは子育て支援のみの施策も取り入れた幅広い家族政策を展開していくのか、といった女性のライフスタイル選択をめぐって、福祉国家が想定するライフスタイル・家族像を政治的に決定することが求められていると指摘できる。こうした文脈では、「自由選択」のようにあえてライフスタイルの選択を狭めないようにすることも戦略としてあり得るし、徹底したジェンダー平等を達成するために仕事中心型のライフスタイルに特化する戦略もあり得る。こうしたライフスタイル選択の政治とも言える家族政策の展開が今後の福祉国家の再編期の方向を定める一つの視角になってくるだろう。

その一方で、モレルは「自由選択」の登場によって、大陸ヨーロッパが抱えていた労働市場の硬直性の問題を雇用の柔軟化と安価労働力によって解決する道を開いたとし、この結果、ケア政策によって低所得の女性が長期の育児休業の使用や労働市場からの撤退を奨励され、民間チャイルドケア利用促進に関する多様な手段の提供が高所得の女性を増大させていくという、大陸ヨーロッパの階層化の強化の傾向も指摘する（Morel 2007: 620, 635）。これは「自由選択」によってパートタイム労働の選択も可能にする雇用の柔軟化からもたらされる問題であり、結果的に安価な労働力として労働市場に参加することを促されるのであれば、必ずしも「自由選択」が理想的な福祉国家再編の解決策ではないことを示している。こうした危うさをもちながら、フランスは新しい福祉国家の道を模索していると言えるだろう。

以下では、ライフスタイル選択の政治について、女性のライフスタイルの多様性を支援する「自由選択」という考えを初めて示したフランスの家族政策から概観することで、その可能性を考えてみたい。

3　フランスの「自由選択」

「自由選択」の選択

フランスで「自由選択」（libre choix）への提言が具体的に取り上げられ始めたのは一九八〇年代後半からであった（Hantrais 1993: 126）。ただし、一九七〇年代後半には、ジスカール・デスタンが認定保育ママ制度の創設などの施策を打ち出した際に「自由選択」の発想が示され始めていた。また、ミッテランは一九八一年に「多様性」という言葉で「自由選択」を示していた（Jenson and Sineau 2001: 107-110）。

フランスの「自由選択」は、一九六〇年代からのフェミニズム運動の興隆や女性の労働市場参加が高まりから、女性の社会参加に対して関心が集まったことを背景としていた。ただし、一九七〇年代から八〇年代のフランスでは、パートタイム労働という選択肢が限られていることや、短い出産休暇や三歳までの限定的な家族政策の提供によって、女性のライフスタイルがフルタイムでの就労か専業主婦かという二極化していた（Morgan 2006: 125）。実際、一九六〇年のフランスでの女性就業者に占めるパートタイム労働者の比率は七・三％しかなく、他の大陸諸国と比較しても低かった（三富 1992: 151）。また、三富によれば、第二次世界大戦後から一九七〇年代半ばにかけて農業労働者や外国人労働者が労働市場に参入したため、女性のパートタイム労働の需要がなかったことや、一九六八年に週四〇時間制の復帰によって男性が家事労働へ参加するようになったこと、パートタイム労働の賃金では保育費用が賄えないことなどが女性のフルタイム労働の選択を志向させたという（三富 1992: 150-173）。ハキムのライフスタイル選好の議論に沿えば、フランスでは環境順応型が少なく、家族中心型と仕事中心型の両極のライフスタイル選好が存在しており、そのなかで家族政策を展開する必要があったと考えられる。こうした状況にあって、家族政策はどちらにも偏りのない多様な施策を展開する必要があり、「自由選択」は、フルタイムでの就労を促進する意味ではなく、女性のライフスタイルに合わせて家族政策を利用可能にするための対応策として用いられるようになっていったと言えるだろう。結果として、「自由選択」は、家族内に留まるか労働市場に参加するかの選択は女性に委ね、国家はどちらの選択にも不利にならない家族政策を提供することにしたのである。その一方で、こうした妥協とも言える「自由選択」の選択は、偶然にも、福祉国家への対応が困難と考えられていた大陸ヨーロッパに一つの可能性を提示したとも言える。

　このように「自由選択」は労働市場の状況も踏まえて女性のライフスタイル選択の多様性を保障する対応策として登場してきたと言える。

フランス「自由選択」の現状

　フランスでは第二次世界大戦前から全就労者を対象にした家族手当が実施され、戦後もこの家族手当を維持、発展させてきた。第二次世界大戦前の家族手当は人口減少の問題があり、出産奨励策としての家族政策の側面が強く、こうした家族政策の傾向も維持されてきた。

　しかし、「自由選択」の提言が出始めてからは、両立支援の側面も見られるようになった。具体的な施策としては、一九八七年に在宅養育手当が創設され、手当の支給によってベビーシッターなどの在宅保育者を雇用する際の社会保険料の肩代わりを行った。一九九一年には、認定保育ママ雇用家庭保育補助により保育ママを雇用する家庭の労働者とその労働者を雇う使用者双方の社会保険料を肩代わりする制度ができた。

　現在、フランスでは子育て支援と両立支援の両方の側面をもつ家族給付が手厚く、現金給付によって女性はライフスタイルに合わせた家族政策の利用が可能になっている。二〇歳未満の子どもが二人以上いる場合に所得制限なしに支給される家族手当は、子どもが一人増えるごとに一定額が加算され続け、子どもが大きくなるとさらに加算される仕組みになっている。また、所得制限はあるものの、第一子から基礎手当と言われる手当が支給されている。フランスでは使途を限定せず普遍的な給付を手厚く行っている。言い換えると、フランスの家族手当は、普遍的な給付という一階建て部分の手当が手厚く存在し、女性のライフスタイル選択を狭めないようにしていると言える。

　直近の制度改正は二〇〇四年に第一子向けを中心とした家族給付が統合・再編され、乳幼児受け入れ給付が導入されたことであった。この議論のなかでは、主に保育ママや保育所の拡充について議論が集中したが、それでもこうした普遍的な給付が手厚く継続されたのは、当初から、女性が子どもを育てる際に働くか働かないかの「自由選択」を保障することが目的になっていたことが挙げられる(Ministère délégué à la famille 2003: 165)。改革をする上でも、フランスの「自由選択」の前提は経路依存的に反映されていたと言える。

　フランスでは、こうした一階建て部分としての普遍的な給付を用意した上で、子育て支援や両立支援の多様な側面をもつ二階建て部分の家族給付を提供する。

他国の育児休業給付に相当する就業自由選択補足手当は、二〇〇四年の改革によって第一子から支給されるようになり支給対象が拡大された。就業自由選択補足手当の受給にあたっては、労働時間を減らしてパートタイム労働を行いながら手当を受給する一部支給の給付額が引き上げられた。また、保育方法自由選択補足手当は、保育ママや民間のベビーシッターなどを雇用する場合の社会保険料を肩代わりする制度であり、従来の制度よりも給付額が多くなる傾向が見られた（宮本 2010: 248-250）。就業自由選択補足手当は、パートタイム労働を行いながら受給できるものの、全面的に労働市場から退出して受給することができるため、子育て支援と両立支援の双方の側面をもっている施策を二階建て部分として用意したと言える。一方で、保育方法自由選択補足手当は、労働市場への参加を前提として保育ママや民間のベビーシッターの利用から手当を受給できるため両立支援の側面をもつ施策であると言える。

乳幼児受け入れ給付導入の背景には、乳幼児の受け入れ方法の多様化に対して、実際の制度が真に自由な選択を整備していないことや、税収の落ち込みや地方での様々な補助がシステムの不透明さや不公平感を増大させることがあった（Périvier 2003: 6）。乳幼児の受け入れ方法の多様化へ対応するため、乳幼児受け入れ給付は、就業自由選択補足手当の一部支給の給付額を引き上げることや、保育方法自由選択補足手当の給付額を結果的に多くすることによって、パートタイムでの就労を促進したり、労働市場への早期復帰を促したりする面を含んでいる（Morel 2007: 626）。こうした施策からは、両立支援の政策目的が強く押し出されている一方で、パートタイム労働による雇用の柔軟化や安価労働力としての期待が見て取れるだろう。

施設サービス給付の面では、二〇〇六年一一月に策定された「乳幼児計画（plan petite enfant）」では、二〇〇七年からの五年間で、保育ママを六万人増やす以外に、保育所の定員を年一万二〇〇〇人増やすことを目標としているなど、家族給付に限らず子育て支援と両立支援の双方の側面や両立支援の側面が見られる。

二〇〇〇年代以降のフランスの家族政策は、まず普遍的に給付を一階建て部分として、女性のライフスタイルにかかわらず手厚く支援し、その上で、オプションとして就業自由選択補足手当や保育方法自由選択補足手当といった子育て支援と両立支援の重なる部分や両立支援の部分を二階建て部分の給付として用意している。ただし、就学前教育の手厚さは変わっておらず、女性のライフスタイルに対して、依然として多様な家族政策を用意していることも指摘できる。こうした多様なライフスタイルに対して国家が広く支援する仕組みがフランスの「自由選択」の特徴であると言える。

ジェンダー平等と「自由選択」

ジェンダー平等との関係で言えば、家庭中心型の女性のライフスタイル選択にも寛容であるため、フランスが女性のライフスタイルの選好とジェンダー平等の関係を完全に克服したわけではない。近年の両立支援への移行がどのように影響を与えるのかは見ていく必要がある。

たとえば、乳幼児受け入れ給付の導入によって、就業自由選択補足手当が第一子から支給できるようになったが、第一子のみの家族の受給期間は六カ月に限定された。第二子以降が生まれた場合に就業自由選択補足手当は末子が三歳になるまで受給できることを考えると、第一子のみの家族への支給は短期間だと言える。

これについては、財政状況の問題もあるだろうが、フランス労働総同盟（CGT）の提案が採用されたことが興味深い。作業部会ではCGTから就業を阻害する給付に対して反対する意見が示された（Ministère délégué à la famille 2003: 189）。また、別の発言機会では、保育所の増設や出産休暇期間の延長を要望するほかに、第一子のみの家族への就業自由選択補足手当の受給期間として一年のうち六カ月が考えられることが示され、結果的にはこうしたCGTの意見が乳幼児受け入れ給付に反映された（Ministère délégué à la famille 2003: 203）。

CGTが第一子のみの家族への就業自由選択補足手当の期間を三年ではなく六カ月とした背景には、前節のジェンダー平等と家族政策の議論で述べた、一九九五年の育児親手当の改革があった。一九九五年の育児親手当の改革によって、三歳未満の子どもを二人以上もつ女性の労働力率が減少した事実があり、CGTは議論のなかでこの問題を取り上げ、第一子のみの家族への支給が第一子の出産以降女性を労働市場から退出させる誘因になることを避けたかったと考えられる。

このようにジェンダー平等との関係では単純に家族給付の拡大に向かうのではなく、女性の労働市場参加との関係で議論が行われており、ライフスタイルの多様化と女性の労働市場参加とのバランスを考慮しながら家族政策が展開していることがわかる。こうした議論も各国のライフスタイル選択の政治を進めていくことになるだろう。

4　ライフスタイル選択の政治の可能性

女性の労働市場参加を促進する両立支援は家族政策にとって重要な要素になってきており、家族政策とジェンダー平等政策がリンクする政策領域になってきている。その一方で、子どもへの社会投資戦略を実現するために子育て支援としての家族政策の側面も現に存在している。こうした子育て支援と両立支援の二つの側面がどのような関係にあるのかを家族政策の特徴や改革過程から追っていく必要がある。

本章では、フランスの「自由選択」を事例として、女性のライフスタイル選択を制限しない手厚い家族手当を提供した上で、両立支援への移行を含みながらオプションとしてライフスタイルに合わせた多様な手当や施設サービスを提供するという、家族政策における一つのライフスタイル選択の政治が見て取れた。また、就業自由選択補足手当の議論からは、女性のライフスタイルの多様化や労働市場参加への家族政策の対応が、福祉国家の採用するライフスタイル・家族像を描き出す議論の土台を提供していると言える。こうしたライフスタイル選択の政治が各国でどのように展開されていくのかは福祉国家と家族の関係を考える上で重要になると言える。

また、本章では簡単にしか触れることができなかったが、以上の議論は家族政策のみを見ていくのではなく、パートタイム労働などの労働市場政策や雇用政策、ジェンダー平等政策といった福祉国家のなかでも重要な政策との関連で家族政策の位置づけを見ていかなければならず、家族政策はそれ自体の性質と共に、他の政策領域との連関によって、福祉国家のなかの家族政策の位置づけを理解できるようになるだろう。

【参考文献】

Afsa, Cédric, "L'allocation parentale d'éducation: entre politique et politique pour l'emploi," *Insee Première*, No. 569, 1998.

Barbier, Jean-Claude et Theret, Bruno, *Le nouveau system français de protection sociale*, La Découverte, 2004.（バルビエ、ジャン・クロード、テレ／中原隆幸ら訳『フランスの社会保障システム――社会保護の生成と発展』ナカニシヤ出版、二〇〇六年。）

Bonoli, Giuliano, "The Politics of the New Social Politics: Providing Coverage against New Social Risks in Mature Welfare States", *Policy & Politics*, Vol. 33, No. 3, 2005, 431-449.

Esping Andersen, Gøsta, "Welfare States without Work: the Impasse of Labour Shedding and Familialism in Cantinental European Social Policy," G. Esping-Andersen (ed.), *Welfare States in Transition: National Adaptations in Grobal Economies*, SAGE, pp. 66-87.（エスピン‐アンデルセン「労働なき福祉国家――大陸ヨーロッパ社会政策における労働削減政策と家族主義の袋小路」エスピン‐アンデルセン編、埋橋孝文監訳『転換期の福祉国家――グローバル経済下の適応戦略』早稲田大学出版部、二〇〇三年、一〇七～一四〇頁。）

Esping-Andersen, Gøsta et al., *Why we need a New Welfare State*, Oxford University Press, 2003.

Esping-Andersen, Gøsta, avec Brano Palier, *Trois leçons sur l' État-providence*, Seuil et la République des Idées, 2008.（エスピン‐アンデルセン／京極髙宣監修、林昌宏訳、B・パリエ解説『アンデルセン、福祉を語る――女性・子ども・高齢者』NTT出版、二〇〇八年。）

Esping-Andersen, Gøsta, *The Incomplete Revolution: Adapting to wemen's New Roles*, Polity Press, 2009.（エスピン‐アンデルセン／大沢真理監訳『平等と効率の福祉革命――新しい女性の役割』岩波書店、二〇一一年。）

Giddens, Anthony, *The Third Way: the Renewal of Social Democracy*, Polity Press, 1998.（ギデンズ、アンソニー、佐和隆光訳『第三の道――効率と公正の新たな同盟』日本経済新聞社、一九九九年。）

Gornick, Janet and Meyers, Marcia, "Institutions that Support Gender Equality in Parenthood and Employment", J. C. Gornick and Marcia K. Meyers (eds.), *Gender Equality: Transforming Family Divisions of Labor*, Verso, 2009, 3-64.

Hakim, Catherine, *Work-Lifestyle Choices in the 21th Century: Preference Theory*, Oxford University Press, 2000.

Hantrais, Linda, "Women, Work and Welfare in France", J. Lewis (ed.), *Women and Social Policies in Europe*, Edward Elgar, 1993, 116-137.

Iversen, Torben and Rosenbluth, Frances, *Women, Work, and Politics: The Political Economy of Gender Inequality*, Yale University Press, 2010.

Jenson, Jane and Sineau, Mariette, "France: Reconciling Republican Equality with 'Freedom of Choice', Childcare, and Welfare State Redesign", J. Jenson and M. Sineau (eds.), *Who Cares? :Women's Work,* University of Toronto Press, 2001, 88-117.

Lewis, Jane, "The Decline of the Male Breadwinner Model: Implications for Work and Care", *Social Politics*, Vol. 8, No. 2, 2001, 152-169.

——— "Introduction", J. Lewis (ed.), *Children, Changing Families and Welfare states*, Edward Elgar, 2006, 1-24.

Lewis et al., "Patterns of Devlopment in Work/Family Reconciliation Policies in France, Germany, the Netherlands, and the UK in the 2000s", *Social Politics*, Vol. 15, No. 3, 2008, 261-286.

Ministère délégué à la famille, *Rapport du group de travail : Prestation d'accueil du jeune enfant*, La Documentation française, 2003.

Morel, Nathalie, "From Subsidiarity to 'Free Choice': Child- and Elder-care Policy Reforms in France, Belgium, Germany and the Netherlands", *Social Policy & Administration*, Vol. 41, No. 6, 2007, 618-637.

Morgan, Kimberly, *Working Mothers and the Welfare State: Religion and the Politics of Work-Family Policies in Western Europe and the United States*, Stanford University Press, 2006.

Périvier, Hélène, "La garde des jeunes enfants: affaires de femmes ou affaire d'état?" *Lettre de l'OFCE*, No. 228, 2003.

Sainsbury, Diane, "Women's and Men's Social Rights: Gendering Dimensions of Welfare States", in D. Sainsbury (ed.), *Gendering Welfare States*, SAGE, 1994, 150-169.

Stratigaki, Maria, "The Cooptation of Gender Concepts in EU Policies: The Case of 'Reconciliation of Work and Family'", *Social Politics*, Vol. 11, No. 1, 2004, 30-56.

大沢真理『男女共同参画社会をつくる』日本放送出版協会、二〇〇二年。

田中洋子「労働と時間を再編成する――ドイツにおける雇用労働相対化の試み」『思想』第九八三号、一〇〇～一一六頁、二〇〇六年。

富永健一『社会変動の中の福祉国家』中公新書、二〇〇一年。

深澤和子『福祉国家とジェンダー・ポリティックス』東信堂、二〇〇三年。

水島治郎「ワーク・ライフ・バランス――『健康で豊かな生活のための時間』を目指して」齋藤純一・宮本太郎・近藤康史編『社会保障と福祉国家のゆくえ』ナカニシヤ出版、一八三～二〇五頁、二〇一一年。

三富紀敬『欧米女性のライフサイクルとパートタイム』ミネルヴァ書房、一九九二年。

宮本悟「フランスにおける乳幼児向け家族給付の拡充――乳幼児受入れ給付ＰＡＪＥの導入」『経済学論纂』第五〇巻第一・二合併号、二〇一〇年、二三七～二五二頁。

第3章 高齢者介護政策の比較政治学
——共有された構造要因と多様な政策対応——

稗田健志

近年、高齢者のケアの問題が顕在化し、先進工業諸国では様々な制度改革が行われている。本章は、そうした改革の背景となっている人口動態の変化や社会変動、実際の高齢者介護制度改革の内容、介護保障政策の各国間の共通性や多様性を説明する社会学的・政治学的枠組みなどを紹介する。

1 本章の課題

本章の課題は、高齢者介護政策をめぐる政治を分析することにある。周知のとおり、少子高齢化の進展、労働力の女性化、家族関係の変容などの影響により、要介護高齢者のケアを何らかのかたちで保障することが多くの先進工業諸国において喫緊の課題となっている。現代福祉国家は新たに登場してきた「要介護状態」という社会的リスクに対してどのように対処しているのか、それを知ることは社会科学の一つの課題と言えよう。また、そうした「要介護状態」というリスクへの対処の仕方が福祉国家の間で異なっているとすれば、その要因を探ることも課題となる。

本章では、「高齢者の介護」というかつてはほとんどの国で「家族」という私的領域で対処されていた問題が、社会的問題として公的に取り組まれる必要性が増している理由を、さまざまなデータを用いて示す。次に、現代福祉国家がこの政策課題にどのように対処しているのか、主に欧州の事例を紹介する。最後に、「高齢者介護政策」の展開・変容の説明を試みるいくつかの仮説を紹介し、本章を終えたい。

2 ケアサービス需要増大の背景

人口動態要因

言うまでもないことだが、近年の高齢者介護政策の展開は、人口の高齢化により、ケアを必要とする高齢者が増加しており、しかも今後とも増加傾向が続くという人口動態を反映したものである。まず、この事実を確認しておこう。

表3－1は先進工業諸国における六五歳以上と八五歳以上の人口の比率の推移を示したものである。二〇五〇年の予測値で六五歳以上がほぼ四〇％、八五歳以上が一〇％以上という日本の高齢化率のずば抜けた高さが目を引く。とはいえ、他の国々もおしなべて高齢化率を上げていることが分かるだろう。高齢者の介護需要を考える上ではいわゆる「後期高齢者」の人口を考える必要があるが、デンマーク、オランダ、スウェーデンといった高齢化のスピードの緩やかな国を除けば、ほとんどの国で八五歳以上人口比率が二〇〇五年比で見て二〇三〇年にはほぼ二倍、二〇五〇年にはほぼ三倍という勢いで推移すると予測されているのである。

高齢者人口が増えたとしても、長寿化を反映して「元気なお年寄り」が増えるとすれば、介護需要は増えないと主張する向きもあるかもしれない。こうした

表3－1　先進工業諸国における高齢化率の実績と予測値

	65歳以上比率（％）				85歳以上比率（％）			
	1980年	2005年	2030年	2050年	1980年	2005年	2030年	2050年
オーストラリア	9.6	13.1	22.2	25.7	0.7	1.5	3.2	5.7
オーストリア	15.4	16.2	23.4	27.4	0.9	1.6	3.4	5.8
ベルギー	14.3	17.3	24.1	26.5	1.0	1.7	3.1	5.8
カナダ	9.4	13.1	23.0	24.9	0.8	1.5	2.7	5.1
デンマーク	14.4	14.9	21.3	22.2	1.1	1.8	2.5	3.7
フィンランド	12.0	15.9	26.0	27.1	0.6	1.6	3.2	5.5
フランス	13.9	16.6	25.1	29.2	1.1	1.9	3.8	7.6
ドイツ	15.6	18.8	26.3	29.6	0.9	1.7	3.9	6.5
ギリシャ	13.1	18.3	24.8	32.5	0.9	1.3	2.9	4.9
アイルランド	10.7	11.2	18.5	26.3	0.7	1.1	2.2	4.4
イタリア	13.1	19.7	27.3	33.7	0.8	2.1	4.7	7.9
日　本	9.1	20.2	31.8	39.6	0.5	2.3	7.4	10.2
オランダ	11.5	14.1	22.4	21.8	0.9	1.5	2.3	3.7
ニュージーランド	9.7	12.1	21.9	26.2	0.6	1.4	3.1	6.3
ノルウェー	14.8	14.7	20.6	23.2	1.1	2.1	2.6	4.5
ポルトガル	11.3	16.8	23.9	31.6	0.6	1.4	2.7	4.6
スペイン	11.2	16.8	25.1	35.7	0.7	1.9	3.7	6.9
スウェーデン	16.3	17.3	22.8	23.6	1.2	2.5	3.5	4.5
スイス	13.8	15.9	24.2	27.9	0.9	2.0	3.9	6.8
イギリス	14.9	16.0	22.5	25.3	1.0	2.0	3.7	6.0
米　国	11.3	12.4	19.6	20.6	1.0	1.7	2.6	5.0

出典：Lafortune, G., Balestat, G. & the Disability Study Expert Group Members (2007) pp. 13-14.

「長寿命化は予防医学の発展を伴い、人生の終末期において病気や障害の期間を短縮する」という仮説は「短縮仮説」と呼ばれる。一方、長寿化は老齢に伴う病気・障害の期間の長期化も伴うとする「拡張仮説」もある。経済協力開発機構（ＯＥＣＤ）が加盟一二カ国を対象に行った実証分析では、デンマーク、フィンランド、イタリア、オランダ、米国では高齢者の間での障害率の減少が見られたが、ベルギー、日本、スウェーデンでは人生最後の五年から十年の間で程度の重い障害の増加が見られ、オーストリアとカナダでは変化がなく、イギリスとフランスでははっきりとした結論を得られなかった（Lafortune, Balestat, & the Disability Study Expert Group Members 2007）。つまり、長寿命化が高齢者一人あたりの要介護確率を引き下げ、要介護期間を短縮する方向に働くと確証するに足る材料は乏しいのである。

社会変動

今後とも高齢者のケアニーズの増大が見込まれるが、「家族」という領域で引き受けることはできないのであろうか。その規範的評価は別として、高齢者の介護は家族内で、主に女性（妻、娘、等）のアンペイドワークによって賄われてきた。これは何もときに「家族主義レジーム」と呼ばれる南欧諸国や東アジア諸国だけに当てはまる事象ではなく、程度の差こそはあれ、各国に共通する現象である。介護サービスの発達したスウェーデンにおいても、家族や友人といったインフォーマルセクターによる介護は、フォーマルなケアサービスの少なくとも二倍にのぼるというリポートがある程である（Johansson 1991）。今後とも家族セクターが介護需要を担えるのであれば、福祉国家が敢えてケアの問題に対処する必要はないと考えられるかもしれない。

結論から言えば、高齢者の介護ニーズをこれまでのように家族内の問題として押さえ込むことは、今後ますます困難となる。前述のとおり、高齢者人口比率の上昇という人口動態の要因が大きいが、それに加えて、世帯構成の変化、「潜在介護人口」の減少、女性の就労行動の変化、といった社会条件の変化も家族のみによるケアニーズの解消を難しくするからである。

まず、世帯構成の変化を見てみよう。『厚生労働白書　二〇〇二年版』によれば、二世帯あるいは三世帯同居が特徴とされてきた日本においても、一九五三年には八〇％、一九八五年には六五％だった同居率が、二〇〇二年には四七％に減少している。当然の帰結として、急増しているのは高齢夫婦あるいは高齢単身世帯である。また、こうした世帯構成の変化はもちろん日本特有の現象ではなく、先進諸国に共通である。デンマークやスウェーデンでは、一九八〇年代の段階で、四、五％の高齢者しか子どもと同居していない。家族の紐帯が強いとされるスペインにおいてすら、同居率の割合は急減している（OECD 1996 : 26-27）。こうした高齢者世帯、特に単身高齢世帯は、フォーマルなケアサービスを必要とする可能性が高い。

次に、「潜在介護人口」の減少だが、これは潜在的に家族介護の担い手となる可能性の

表3－2　女性の労働市場参加率の推移（1970～2004年：％）

	1970年	1980年	1990年	2004年
オーストラリア	46.5	52.6	62.4	68.1
オーストリア	48.7	48.7	55.4	64.0
ベルギー	39.7	46.9	52.4	57.7
カナダ	43.2	57.4	67.6	73.0
デンマーク	58.0	-	78.5	76.4
フィンランド	61.4	70.1	73.8	72.3
フランス	48.5	54.8	57.7	64.5
ドイツ	48.0	52.8	56.7	66.1
ギリシャ	-	33.0	43.6	52.9
アイルランド	34.3	36.3	43.8	58.5
イタリア	33.5	39.6	45.9	51.0
日　本	54.9	54.8	60.3	64.6
オランダ	-	35.5	53.1	69.4
ニュージーランド	38.8	62.3	71.2	75.6
ノルウェー	37.5	44.6	65.8	70.9
ポルトガル	-	54.3	62.9	70.6
スペイン	29.0	32.4	41.5	56.9
スウェーデン	59.4	74.3	80.9	75.0
スイス	52.6	54.1	65.7	77.8
イギリス	50.7	58.3	66.5	68.5
米　国	48.9	59.7	68.9	69.8
21カ国平均	46.3	51.1	60.7	66.8

出典：OECD (2007b).

高い人口の割合が「要介護人口」に比して減っている事象を指している。確かに高齢者のみの世帯の増加に伴い、夫婦間でのケアが増え、夫が妻を介護するケースも増えている。しかし、それでもなお、中高年の娘や嫁が老親のインフォーマルケアの主要な担い手である事実に変わりはない。少子高齢化の直接的帰結として、こうした「介護の担い手」として想定されてきた層に対する負担が限界に近づきつつある。たとえば、四五～六九歳の女性一人に対する七〇歳以上人口の数は、一九八〇年には表3－1で示したOECD二一カ国平均で一・六二人だったのが、二〇一〇年には一・三八人、二〇三〇年には〇・九八人となり、五〇年でほぼ四〇％減少すると予測されている。

さらに、これまで家庭内のアンペイドケアワークを担ってきた層が今後は高齢者のケアをそれほど担えなくなる社会的条件も存在している。女性の労働市場への進出である。表3－2は女性の労働人口（一六～六四歳）に占める就労者数の割合の推移を示した表である。もちろん、北欧は女性の労働市場参加率が高く、南欧は低いといった国ごとの違いはあるが、先進工業諸国はおしなべて女性の就労率を高めている。二〇〇四年段階では、表で示した二一カ国すべてで五〇％以上の勤労世代の女性が労働市場に参画しており、多くの国で労働市場参加率が七〇％に達するか、ほぼそれに近づきつつある。

経済のサービス化によって生じたサービス労働需要を女性たちがアンペイドワークからペイドワークにシフトすることによって満たしてきたわけであり、産業構造の脱工業化が進展するなかで、この傾向がこのまま続いていくことは間違いない。娘や嫁による老親の介護を想定しようにも、こうした世代は今後ますます労働市場にて職をもつことになるわけで、ケアに時間や労力を割くことは一段と難しくなっていくであろう。

まとめると、世帯構成の変化により高齢夫婦世帯や高齢単身世帯が増えるとともに、これまで家庭内介護を担ってきた中高年女性の層は要介護高齢者の数に比して減少していく。さらに、こうした中高年女性もアンペイドワークだけでなくペイドワークにも従事する割合が増加しており、これも家庭内のインフォーマルケアによるケア需要の解消を難しくする。先進工業諸国が、近年、高齢者介護政策の改革に取り組んでいるとすれば、こうした人口動態・社会経済条件の変容が背景にあると見て間違いないであろう。

3　先進民主主義諸国における高齢者介護政策の展開

さて、前節で述べたとおり、人口の高齢化や家族関係の変容、労働市場の女性化、といった社会変動が高齢者向けケア政策の前提条件となっているが、福祉国家の政策が社会・経済条件の変化に自動的に応答するのであれば「政治」の出番はない。高齢者介護政策の説明に政治的要因の登場する余地はあるのだろうか。本節では、政治学の研究課題としての可能性を探ってみたい。

人口動態と介護支出

図3－1は、ケアの必要となる確率の高まる八〇歳以上人口の比率を横軸に、ＯＥＣＤの推計による二〇〇〇年の介護支出の推計を縦軸にとった散布図である。三角は政府による公的介護支出の対国内総生産比を、四角のボックスは家計や民間保険による私的な介護支出と公的介護支出の総計の対国内総生産比を示している。なお、ここでいう「私的介護支出」は家庭内におけるインフォーマルケアの金銭評価を含んでいない。

この図からただちに分かるのは、老齢人口の比率と高齢者介護支出が相関するという当たり前の事実だが、興味深い点を見て取ることもできる。高齢者介護への公的・私的支出を合わせた総支出はかなりきれいに八〇歳以上人口比率と相関するが（相関係数＝〇・七五）、政府による公的介護支出にはややばらつきが見られる（相関係数＝〇・六九）。言い換えると、八〇歳以上人口比率が公的介護支出のここでの一三カ国間のばらつきの四七％を説明するが、残りの五三％は何が説明するのか、という問いを立てることは可能であろう。

また、オーストラリア、ドイツ、スペイン、イギリス、米国といった国ではなぜ公共支出に比して私的介護支出の割合が他の国と比べて高いのかという問題設定もありうる。とりわけ、ケアは、公共セクターがフォーマルケアサービスを提供・サポートするのか、公共セクターがインフォーマルケアを金銭的にサポートするのか、私的セクターがフォーマルケアサービスを提供するのか、私的セクター

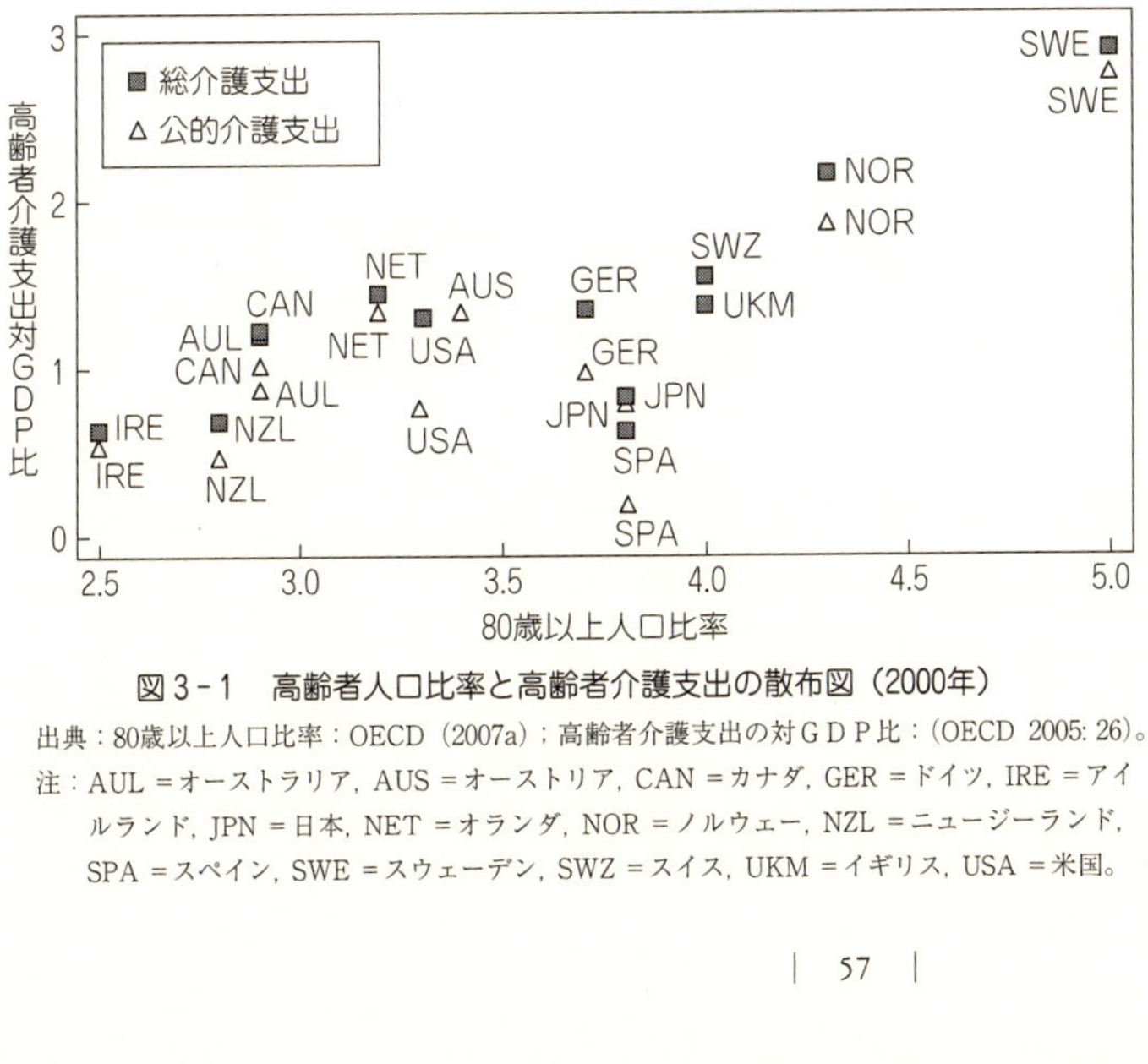

図3－1　高齢者人口比率と高齢者介護支出の散布図（2000年）

出典：80歳以上人口比率：OECD（2007a）；高齢者介護支出の対ＧＤＰ比：（OECD 2005: 26）。

注：AUL＝オーストラリア，AUS＝オーストリア，CAN＝カナダ，GER＝ドイツ，IRE＝アイルランド，JPN＝日本，NET＝オランダ，NOR＝ノルウェー，NZL＝ニュージーランド，SPA＝スペイン，SWE＝スウェーデン，SWZ＝スイス，UKM＝イギリス，USA＝米国。

がインフォーマルケアを補償するのか、家族内のインフォーマルケアのみで賄われるのか、といった様々な組み合わせが考えられ、しかも金銭的リソースやフォーマル・インフォーマルケアワークの国家・市場・家族間での配分の仕方がケアの質やジェンダー関係に対して影響を与えうるため、「国家による社会政策」の枠を超えた研究が必要とされている。

先進諸国における政策対応――財政

このように、高齢者介護サービスへの公的・私的支出の規模には違いがあることが分かるが、支出の仕方やその財政方式も各国間で違いが大きい。まずは財政方式の違いを見てみよう。

デンマーク、フィンランド、ノルウェー、スウェーデンといった介護保障の充実した北欧諸国の財政方式の特徴は、介護をふくめた社会サービスの供給の責任を日本でいう市町村（コミューン）が担い、それにかかる費用も主に自治体の地方所得税と中央政府からの補助金が賄っている点にある（Rostgaard & Fridberg 1998）。

社会保険制度により介護にかかる費用をカバーする制度をはじめて導入した国はオランダである。オランダは一九六八年に、字義どおり訳せば「例外的医療費法」（AWBZ）という法律を制定し、介護サービスや慢性疾患によって生ずる医療費などをカバーする、一五歳以上の全国民強制加入の社会保険を設立した。この制度の適用をうけるのは高齢者介護サービスだけではなく、急性医療を想定した医療保険ではカバーしにくい長期療養サービスも含まれている。その結果、二〇〇七年ではAWBZによる支出の六五％は高齢者や慢性疾患保有者への支出に向けられているが、残りは身体・精神障碍関連に向けられている。なお、AWBZ財政は、加入者の社会保険料収入が六八％、利用者負担が九％を占め、残りを一般税収からの補助で埋める形となっている（二〇〇八年）（Schut & Van Den Berg 2010）。

オランダの次に社会保険方式による介護保障を採用したのはドイツであった。ドイツは一九九四年に介護保険法（*Pflegeversicherungsgesetz*）を制定し、増加する介護需要への対処を図っている。この介護保険制度は社会保険と強制加入の私的保険からなっており、国民はいずれかへの加入が義務づけられている。社会保険が人口の約九〇％をカバーし、残りの一〇％を民間介護保険がカバーする形となっている。日本やオランダの介護保険制度との違いは、一般税収からの繰り入れがないことである。介護保険料は労使折半で負担され、年金受給者も保険料を払い込むかたちとなっている（OECD 2005: 81-83）。介護保険制度の創設以降、保険料率は所得の一・七％に固定されてきたが、二〇〇四年からは二三歳以上で子どもを有したことのない被保険者は〇・二五％付加的に保険料を支払うことが求められるようになり、二〇〇八年の改革以降、保険料率がさらに〇・二五％上げられている（Rothgang 2010）。

その他、ルクセンブルグがドイツに続いて介護保険制度を導入し（和田 2007）、周知のように日本が二〇〇〇年より公的介護保険制度を施行している。日本の介護保険制度の特徴は、社会保険制度でありながらも、ドイツだけではなくオランダと比較しても公費負担の割合が大きいことであろう。公的介護保険制度による介護保障負担のうち、国（二五％）、都道府県（一二・五％）、市町村（一二・五％）で合わせて五〇％負担しており、社会保険料収入は五〇％にすぎない。また、介護保険制度の想定する給付対象が、特別のケースを除き、六五歳以上の高齢者に限定されていることも特徴である（増田 2008）。

その他の国では、主に租税収入が介護保障に費やされてきたと考えられるが、介護の領域においては保健医療サービスと対人社会サービスの境界がそれほどはっきりとはしておらず、かつての日本のように、高齢者のケアに医療保険の資源が相当程度費やされるケースもある。また、施設介護の入所費用が高額になる場合など、かつてのドイツのように、公的扶助が大きな役割を果たす場合も多い。米国も、高齢者向け医療保険制度であるメディケアは退院直後から百日間までの施設介護・リハビリ費用しか負担しないため、ナーシングホームで介護を受ける多くの高齢者は低所得層向け医療扶助であるメディケイドの適用を受けている。

このように、租税方式や社会保険方式といった財政方式の違い、対人社会サービス・医療保健サービス・生活扶助といった制度間の役割分担の違いというのも、今後の研究課題となるであろう。

先進諸国における政策対応──サービス給付

西欧諸国の介護制度改革を比較したパヴォリーニとランチによれば、次の三つの点において西欧では収斂傾向が見られるという。第一に、公的な負担の拡大とサービス供給の多様化による「福祉の混合モデル」の促進。第二に、介護サービスの先進国におけるサービスのターゲット化と、後進国のサービス拡大による、介護サービス量の中位への収斂。第三に、フォーマルケアサービスの拡大とインフォーマルケアへのサポートの両者の進展、の三つである（Pavolini & Ranci 2008）。

まず、地方自治体（コミューン）に市民へのケアサービスの提供を法的に義務づけ、市民権とニーズに基づいて介護サービスを提供している普遍主義的福祉国家の代表例として、スウェーデンのケースを見てみよう。近年のスウェーデンの介護保障政策の特徴は、「多元化」と「ターゲット化」である。

スウェーデン高齢者介護サービスのかつての特徴は、地方自治体が要介護高齢者のニーズを測定し、それにあわせてサービス利用者の所得や資産にかかわらず必要なケアサービスを自治体に直接雇用されたケアワーカーが提供するという仕組みであった。現在、スウェーデンの自治体で進んでいるのは、このニーズの判定やサービスの割り振りをする部門と、実際に要介護者にサービスを提供する部門を区別する傾向である。半数以上の自治体で、いわゆるケアサービスの「購入‐供給」分離モデルが採用されている。サービスの購入部門は、供給部門のパフォーマンスに応じて、自治体の公共セクターからサービスを購入して利用者に提供することもできれば、民間事業者を利用することもできるというわけである。その結果、民間営利事業者の介護サービスへの進出が進んでおり、介護サービス人員全体に占める割合で、民間営利事業者に雇用されるケアワーカーの割合は一九九三年には一%に満たなかったのが、二〇〇〇年には一〇%を超えるまでになっている(Szebehely 2005: 86-87)。

もう一つの特徴である「ターゲット化」の進展により、スウェーデンにおける自治体のケアサービスはより重度の要介護者に集中する傾向を見せている。在宅ケアと施設介護を合わせたカバー率で、一九八二年には八〇歳以上人口の五七%が何らかの公的サービスを受けていたのが、二〇〇六年にはその数字が三七%に落ちている(Trydegård & Thorslund 2010: 500)。これは必ずしもサービス量全体の削減を意味するとは思われない。サービス適用率の落ち込みほどには介護サービス予算は減少していないからである。むしろ、介護サービス、とくに在宅ケアサービスが、より多くのサポートを必要とする重度者に集中し、家事援助のみを必要とするような高齢者はサービスの利用を抑制されていると考えられる。その結果、公的サービスを受けられない高齢者は、家族によるインフォーマルケアや市場で購入できるケアサービスに向かっているのである(Szebehely 2005: 90)。

では、社会保険の伝統が強い大陸ヨーロッパではどのようにケアサービスの供給を行っているのであろうか。社会保険モデルと北欧諸国やイングランドのような自治体サービスの違いは、社会保険では保険料を徴収する保険者とサービスを供給する組織がもともと切り離されている点にある。先述のように、スウェーデンでもケアサービスの購入-供給分離モデルが自治体で導入されつつあるが、それでも自治体がサービス供給者を選択する部分がいまだ大きい。これに対して、たとえばドイツの介護保険制度では、そもそも保険料を徴収し、「保険事故」(ここでは要介護状態)に対して給付を行う保険者にサービス供給部門をもたせる発想はなく、サービス利用者が営利・非営利のサービス供給組織からケアサービスを購入することが想定されている。その意味で、ドイツの介護保険は制度設計の段階から公共部門と民間部門がサービス供給で協働する「混合福祉」である。

また、ドイツの介護保険制度と日本のそれとの一番大きな違いは、現物サービスの償還払いだけでなく、要介護度に応じて現金での給付も受けられる点であろう。すなわち、要介護と判定された在宅の利用者は保険の給付をサービスとして現物で受けるか、現金で受給するか選択することができる。そして、給付された現金の使い道は比較的自由であり、ケアマネージャーや保険者による制約はなく、家族介護者に渡すこともできる。また、現物サービスの給付と現金給付を組み合わせることも可能である。確かに、現金給付を選択すると現物給付に比べ給付水準が落ちるのだが(要介護度が軽度のIの場合、サービス給付であれば月四二〇ユーロまで、現金給付であれば月二一五ユーロまで)、現金給付の人気はいまだ高い。介護保険創設当初は六〇%以上の利用者が現金給付のみを受給していた。その割合は漸減傾向にあるものの、二〇〇七年段階でもほぼ五〇%の介護保険利用者が現金給付のみを受給しているのである（Rothgang 2010）。

　実は、ドイツの介護保険と同じように要介護状態に対して現金で給付を受けられる仕組みを、近年、オランダも導入している。オランダ長期疾病保険（AWBZ）の枠組みでは、介護を必要とする市民は「ニーズ測定センター」（CIZ）でケアニーズの査定を受け、AWBZからケアサービスへの償還払いを受ける。このとき、一九九五年に実験的にいくつかの地域で導入されて以来、利用者はAWBZから現物のケアサービスを受給するか、「個人ケア勘定」（Personal Care Budget）として現金の給付を受けるか、その両者を組み合わせて受給するか、選択することができるようになった。ただし、ドイツの例と同じように、「個人ケア勘定」として現金給付を受ける場合は家族介護などのインフォーマルケアを想定しているため、受給金額は現物給付の平均七五%程度となる。一九九五年の導入以来、「個人ケア勘定」の利用は拡大しており、二〇〇八年段階でAWBZ支出の七%を占め、受給者の一〇%以上が利用するまでになっている（Schut & Van Den Berg 2010）。

　ドイツ介護保険の現金給付や、オランダ長期疾病保険の「個人ケア勘定」といった、要介護状態に対して現金を給付する政策のある意味極限のかたちを示すのが、オーストリアの「介護手当制度」（*Pflegegeld*）である。オーストリアでは、一九九三年に導入された介護手当制度により、年齢や所得の区分なく、すべての障碍者がその要介護度に応じて介護手当を現金で受けられるようになった。介護手当の受給者は医師の診断により七段階の要介護度に区分され、その要介護度に応じて最低で月一四五・四〇ユーロ、最高で月一五三一・五〇ユーロの現金を受け取ることができる（二〇〇七年）（Da Roit, Le Bihan, & Österle 2007: 656-659）。

　オーストリアは社会保険制度の伝統の強い典型的な大陸欧州型福祉国家であるが、この介護手当制度は社会保険料ではなく租税収入によって賄われている。また、この介護手当制度を他国の介護保障制度と比較した時の顕著な特徴は、支給された介護手当の使い道に全く制限がないところであろう。その結果、確かに要介護者の購買力の増加により営利・非営利のケア事業者の参入拡大が報告されてはいるが、介護手当の少なくない部分が家庭内のインフォーマルなケア者に渡っているとされる（Österle & Hammer 2007）。また、より安価な解決策として、家庭内移民ケアワーカーの利用が増えているとの報告もある（稗田 2010）。

　一方、同じく介護手当制度を採用しているフランスの場合、その制度の内実はオーストリアとかなり異なるものとなっている。フランスで二〇〇二年に施行された「自立支援手当」（*Allocation personnalisée à l'autonomie*: APA）は、六〇歳以上の高齢者を対象とし、申請者は統一した判定基準のもと、六段階の要介護度に分類され、要介護度のもっとも重い第一段階から第四段階までの要介護高齢者は介護手当を受給することができるという制度である。受給できる金額は、要介護度に応じて、月一二〇九ユーロ（第一段階）から月五一八ユーロ（第四段階）の間となる（二〇〇八年）。ただし、自己負担の面では応能負担となっており、月収六八二ユーロまでは自己負担なしだが、所得に応じて自己負担率が次第に増え、月収二七二〇ユーロを超えると自己負担率が九〇％となる。地方自治体（*Départements*）が運営主体となっており、支出の七〇％近くが地方税によって賄われ、残りを中央政府が負担している（Le Bihan & Martin 2010）。

オーストリアの介護手当制度とフランスのそれとの最大の違いは、介護手当の給付が、利用者のニーズに沿って日本でいうところの「ケアマネージャー」にあたる専門家が作成したケアパッケージに対してなされるところである。そのため、介護手当の使用は自治体の管理下にあり、専門家によって必要とみなされたサービスにしか支払われない。実際には、この介護手当は、介護サービス事業者のケアサービスにも、配偶者を除く親族のインフォーマルケアの支払いにも用いることができるのだが、どのようなタイプの介護が必要なのかは専門家が判断することとなっている（Le Bihan & Martin 2010: 401）。

障碍者向け手当が事実上の高齢者向け介護手当に転用されている国も存在する。イタリアの「付添い給付」（*indennità di accompagnamento*）がそれである。この「付添い給付」の制度創設当初は、成人障碍者向けの現金給付制度が意図されていたが、一九八八年に高齢者へも適用範囲が拡大され、要介護高齢者への現金給付制度として利用されてきた。この手当も申請者の所得調査は伴わず、障碍者に全国一律月四五七・六六ユーロ支給され（二〇〇七年）、財政的には中央政府が租税収入から負担している。二〇〇八年には六五歳以上人口の実に九・五％がこの「付添い給付」を受給しており、事実上の介護手当として機能していることが推測される。ただし、統一された要介護認定基準は存在せず、支給判定は各自治体に任されているため、どのようなニーズをもつ市民にこの手当が給付されているのか把握するのは難しい。実際、所得水準の低い南部などでは、この「付添い給付」が事実上の生活扶助として機能しているともいわれている（Costa-Font 2010: 490）。

このように、高齢者介護政策の一部ではなく、疾病・障碍給付として事実上の介護手当を展開してきたことが、イタリアで高齢者向けケアサービスが発達してこなかった理由の一つとも言われる（Da Roit et al. 2007: 664）。支給した現金が自治体・営利・非営利のケア提供者に必ずしも向かわず、家族内に留め置かれるからである。ただ、確かに在宅や施設のフォーマルなケアサービスは発展してこなかったが、近年、イタリアでは東欧、アフリカ、フィリピン、南米などから移民家庭内ケアワーカーを招き入れ、家庭内で要介護高齢者の世話をまかせる動きが広まっている。これも支出先に制限のない現金給付から生じた一つの帰結かもしれない（稗田 2010）。

以上、西ヨーロッパ諸国の近年の介護保障政策の動向を見てきた。パヴォリーニとランチが指摘したように、福祉国家の黄金期に普遍主義的社会サービスを発達させてきたスウエーデンで高齢者向け介護サービスの重度者へのターゲット化が生じており、大陸ヨーロッパでは介護保障の全般的拡大が見られ、全体の傾向としては中位に収斂している。また、そうした介護保障は、費用負担とサービス供給の両者を公共セクターが担う形から、介護保険や介護手当によって財政的保障は公共セクターの役割が拡大しているものの、実際のサービスは自治体、営利・非営利事業者、インフォーマルセクターが協働する形態が一般的になってきている。しかしながら、各国間のサービス水準も、インフォーマルセクターとフォーマルセクターとのケアワークの配分も、いまだ非常に異なったものとなっている。こうした高齢者介護政策の共通するトレンドと、各国間の多様性の両者が、社会科学的説明を必要とする課題となっている。

4　高齢者介護政策の説明の試み

本節では、前節で示した高齢者介護政策の時系列での変化や、国家間での共通性あるいは多様性を説明する試みを紹介する。なお、ここでいう「説明」とは、ある社会的事象を引き起こした「原因」を特定し、その「原因」が「結果」へといたる因果メカニズムを示すことの意味で用いている。

第二節で述べたとおり、近年の高齢者介護政策の展開に人口の高齢化、労働市場の女性化、家族形態の変容、といった社会条件の変化が背景にあることは容易に想像がつくが、政治学や社会学の議論のなかでそうした変数を説明の中心に置くことは少ない。あまりに当然すぎるからである。むしろ、そうした人口動態や社会経済条件の変化の影響を所与として、議論を組み立てる傾向にある。

レジーム類型論

高齢者介護政策の研究において、一つの影響力のあるアプローチはケアレジーム類型論であろう。このアプローチでは、エスピン－アンデルセンの福祉レジーム論の影響のもと、社会的ケアの国家・市場・家族の間での配分の仕方に応じて国をいくつかのレジームに分類している。たとえば、アントーネンとシピーレの国際比較研究は、発達したケアサービスをもつ「スカンジナビアモデル」、ケアがもっぱら家族にゆだねられる南欧諸国からなる「家族ケアモデル」、財政は公共セクターが負担するもののケア供給は家族・宗教団体・政治団体などが担当する「中欧補足性モデル」、といったケアレジームの類型を提起している（Anttonen & Sipilä 1996）。こうしたケアレジーム類型論の問題点を挙げるとすれば、確かに各国のケア政策はその共通性からいくつかのグループに分けられるかもしれないが、そのように分類する試みが必ずしもなぜそのような類型となったのかを明らかにする作業に結びついていないことである。

主に女性の就労環境、出産・育児休暇、保育政策といった点に関心をもつため必ずしも高齢者介護政策の説明と明示されないが、ジェンダーレジーム論を提起するフェミニスト福祉国家論はケアワークとジェンダー関係の間に因果関係を見ていると言える（Lewis 1997; Orloff 1993; Siaroff 1994）。たとえば、

「強い男性稼ぎ手／女性ケア者モデル」では家族介護が主で福祉国家はケアに踏み込まないが、「二人稼ぎ手モデル」では福祉国家が家庭内ケアを代替するかサポートする、といった具合である。しかし、こうしたジェンダーレジームの違いはケア関連の公共政策によって形成される面もあるゆえ、因果関係の向きが不明確となる。つまり、福祉国家がケアをサポートするから「二人稼ぎ手モデル」というジェンダーレジームが社会に形成されているかもしれないのである。そのため、ジェンダーレジーム類型が介護政策を説明するとは言い難い。

文化論

また、こうしたジェンダーレジーム論と密接に関連し、文化や規範で福祉政策の違いや変化を説明する社会学的アプローチも存在する。たとえば、ファウ－エッフィンゲルは、どのようなケアが望ましいのか、どのような性別役割分業が望ましいのか、といった規範や文化を「家族観」(family values) と呼び、家庭外ではどのような社会制度（市場・国家・非営利セクターなど）がケアを担当するのが望ましいかをめぐる規範や文化を「福祉観」(welfare values) と呼び、そうした社会規範や文化が福祉政策や福祉実践を説明すると主張している (Pfau-Effinger 2005)。しかし、こうした文化論の課題は、ここでいう「家族観」や「福祉観」を説明対象である福祉政策から独立して測定できていないことにある。ある国の国民が「介護は国が担うべきだ」という「福祉観」をもっていたとして、そうした「福祉観」だから公的介護サービスが発達するのか、公的介護サービスが発達したからそうした「福祉観」をもつのか、後付けではない形で示さなければ因果関係の議論としては説得力をもたないだろう。

政治変数

高齢者介護政策の研究では、より焦点を絞り込んで、政治的説明を与えている研究もいくつか存在する。たとえば、アルベールは福祉国家一般の説明によく用いられる「左右」の対立軸だけでなく、中央－地方政府間関係や国家－教会関係が保育や介護サービスの展開を規定してきたと論じている (Alber 1995)。地方政府の自律性が高い場合には地方政府が担当することとなるケアサービスの発展は妨げられ、同様に、教会が国家に対して力を保持する場合、国家が直接ケアサービスの供給に乗り出すタイプの保育・介護政策は発達しづらいというわけである。

また、キャンベルとモーガンは、アルベールと同じく中央地方関係に焦点を当てて、連邦制をとるドイツと米国を比較している。彼女らによれば、州政府が連邦レベルでの立法過程に影響力をもたない米国では介護保障の負担が州に押しつけられ、連邦レベルの介護保障政策が発展することがなかった。一方、ドイツでは州政府が連邦参議院 (*Bundesrat*) に議席をもつため、州政府は連邦政府に圧力をかけることができ、大きな負担となっていた老人ホーム入居者の生活扶助負担を介護保険導入によって削減することに成功した、と論じている (Campbell & Morgan 2005)。

その他には、モレルがビスマルク型社会保険制度が主流の大陸欧州諸国における近年の介護制度改革を比較し、その介護保障の制度的拡大が、実は介護費用を負担してきた他の既存の福祉制度を改革・効率化して財政負担を削減したい官僚機構の働きによって促進されてきたと論じている（Morel 2006, 2007）。

このように政治的要因によって近年の高齢者介護政策の発展と変容を説明する試みもでてきているが、いまだ萌芽的段階にあるといえる。アルベールの研究は理論的には説得力をもつが、実証部分が荒いスケッチにとどまっているし、キャンベルとモーガンの研究は理論枠組みが米国とドイツの比較を超えて他国の介護政策の理解に貢献できるようには操作化されていない。また、モレルの論考も、非常に興味深い実証研究ではあるが、福祉改革を志向する官僚機構は各国間に共通に存在するので、ビスマルク型福祉国家のなかでの多様性を説明することができない。高齢者介護政策は、いまだ新たな説明枠組みを求めているのである。

5　介護保障政策研究の今後の課題

本章は、高齢者の介護保障政策に関連する人口動態の変化や社会経済変動を分析し、先進各国における政策対応を紹介してきた。また、そうした高齢者介護政策のあり方や変化を説明する枠組みも紹介した。そこから明らかになるのは、高齢者介護政策を駆動する背景的要因や、政策の実態や変化を記述する研究は豊富にあるのだが、そうした政策の各国間の共通性や差異、あるいは変化を説明する社会学的・政治学的枠組みはいまだ十分には発展していないという事実である。本章のような簡単な研究動向紹介があらたな研究を促すことを期待して、とりあえず筆を置きたい。

【参考文献】

Alber, J., "A framework for the comparative study of social services", *Journal of European Social Policy*, 5(2), 1995, 131-149.

Anttonen, A. & Sipilä, J., "European social care services: Is it possible to identify models?" *Journal of European Social Policy*, 6(2), 1996, 87-100.

Campbell, A. L. & Morgan, K. J., "Federalism and the politics of old-age care in Germany and the United States", *Comparative Political Studies*, 38(8), 2005, 887-914.

Costa-Font, J., "Devolution, Diversity and Welfare Reform: Long-term Care in the 'Latin Rim'", *Social Policy & Administration*, 44(4), 2010, 481-494.

Da Roit, B., Le Bihan, B. & Österle, A., "Long-term care policies in Italy, Austria and France: Variations in cash-for-care schemes", *Social Policy & Administration*, 41(6), 2007, 653-671.

Johansson, L., *Caring for the next of kin: On informal care of the elderly in Sweden*. Uppsala University, Uppsala, Sweden, 1991.

Lafortune, G., Balestat, G. & the Disability Study Expert Group Members, Trends in severe disability among elderly people: Assessing the evidence in 12 OECD countries and the future implications, OECD, 2007.

Le Bihan, B. & Martin, C., "Reforming Long-term Care Policy in France: Private-Public Complementarities", *Social Policy & Administration*, 44(4), 2010, 392-410.

Lewis, J., "Gender and welfare regimes: Further thoughts", *Social Politics*, 4 (2), 1997, 160-177.

Morel, N., "Providing coverage against new social risks in Bismarckian welfare states: The case of long-term care", In K. Armingeon & G. Bonoli (eds.), *The politics of post-industrial welfare states: Adapting post-war social policies to new social risks*, Routledge, 2006, 227-247.

———, "From subsidiarity to 'free choice': Child- and elder-care policy reforms in France, Belgium, Germany and the Netherlands", *Social Policy & Administration*, 41(6), 2007, 618-637.

OECD, *Caring for frail elderly people: Policies in evolution*, Organisation for Economic Co-operation and Development, 1996.

———, *Long-term care for older people*, OECD Publishing, 2005.

———, OECD Health Data 2007, 2007a (Publication. from Paris: OECD: http://new.sourceoecd.org/rpsv/statistic/s37_about.htm?jnlissn=99991012)

———, Population and Labour Force Statistics, 2007b (Publication. Retrieved Dec. 17, 2008, from OECD: http://www.sourceoecd.org/)

Orloff, A. S., "Gender and the social rights of citizenship: State policies and gender relations in comparative research", *American Sociological Review*, 58(3), 1993, 303-328.

Österle, A. & Hammer, E., "Care allowances and the formalization of care arrangements: The Austrian experience", In C. Ungerson & S. Yeandle (eds.), *Cash for care in developed welfare states*, Palgrave Macmillan, 2007, 13-31.

Pavolini, E. & Ranci, C., "Restructuring the welfare state: Reforms in long-term care in Western European countries", *Journal of European Social Policy*, 18(3), 2008, 246-259.

Pfau-Effinger, B., "Development paths of care arrangements in the framework of family values and welfare values", In B. Pfau-Effinger & B. Geissler (eds.), *Care and social integration in European societies*, Policy Press, 2005, 21-45.

Rostgaard, T. & Fridberg, T., *Caring for children and older people: A comparison of European policies and practices*, Danish National Institute of Social Research, 1998.

Rothgang, H., "Social insurance for long-term care: An evaluation of the German model", *Social Policy & Administration*, 44(4), 2010, 436-460.

Schut, F. T. & Van Den Berg, B., "Sustainability of comprehensive universal long-term care insurance in the Netherlands", *Social Policy & Administration*, 44(4), 2010, 411-435.

Siaroff, A., "Work, welfare and gender equality: A new typology", In D. Sainsbury (ed.), *Gendering welfare states*, Sage, 1994, 82-100.

Szebehely, M. (2005). Care as employment and welfare provision ; Child care and elder care in Sweden at the dawn of the 21st century. In H. M. Dahl & T. R. Eriksen (eds.), *Dilemmas of care in the Nordic welfare state: Continuity and change*, Ashgate Publishing, 2005, 80-97.

Trydegård, G. -B. & Thorslund, M., "One uniform welfare state or a multitude of welfare municipalities? The evolution of local variation in Swedish elder care", *Social Policy & Administration*, 44 (4), 2010, 495-511.

稗田健志「越境するハウスホールド――大陸ヨーロッパにおける移民家庭内ケアワーカーから考える」加藤哲郎・小野一・田中ひかる・堀江孝司編『政治を問い直す1――国民国家の境界』日本経済評論社、一三三～一四九頁、二〇一〇年。

増田雅暢「日本の介護保障」増田雅暢編『世界

の介護保障』法律文化社、一六九〜一八八頁、二〇〇八年。
和田勝編著『介護保険制度の政策過程』東洋経済新報社、二〇〇七年。

第4章

エコロジー的福祉国家の可能性

――「ゆらぎ」を超える思考実験の諸相――

小野　一

環境に配慮した持続可能な発展が必要なのは、社会福祉も例外ではない。だがそこには容易ではない問題がある。従来型福祉国家は、経済成長の果実の上に富を再分配するシステムだったからである。本章では、福祉国家のゆらぎが左右両方向からの批判への反応だったことを出発点に、社会政策をめぐる状況変化を環境問題との関連を中心に論じる。その際、実証的な政策評価のみならず、ラディカルな思考実験を通じた視野の拡大も重要である。

1　福祉国家を取り巻く状況変化

福祉国家のゆらぎ

福祉国家の「ゆらぎ」が語られて久しい。第二次大戦後の先進諸国では、程度の差はあれ社会福祉が発達したが、その「黄金時代」は一九七〇年代の石油危機（オイルショック）に端を発するスタグフレーションとともに幕を閉じる。財政赤字が常態化するなか、「小さな政府」を掲げる新保守主義が勢いを得るが、その急先鋒が英国・サッチャー首相（Margaret Thatcher）だった。だが福祉国家批判は、右派からのみ出てきたわけではない。

この時期は、いわゆる新しい社会運動の高揚期でもある。環境保護（エコロジー）や第二波フェミニズムなどの運動がもたらした新しいテーマは、運動そのものが下火になった後にも、西欧諸国の政治制度に影響を与え続けた。社会福祉もまた然り。家族、就労形態、社会的関与など様々な場面における価値観の多様化や状況変化のなかで、福祉国家はそれまで経験しなかったような課題に直面した。財政難ゆえの解体的再編圧力と、状況変化ゆえの質的拡充を求める要請との狭間で、左右両方向からの批判に応えて進むべき道を模索せねばならなかったことこそが、「ゆらぎ」の本質的意味である。

ところで従来型福祉国家とは、ケインズ主義的福祉国家のことである。ケインズ主義の処方箋では、政府は反循環的総需要管理により介入主義的に振る舞い、完全雇用を実現する。それが福祉の源泉であることは、言うまでもない。かくして福祉国家は、経済への負荷ではなく、経済成長力を再活性化させ深刻な不況を回避させる、経済政策的ビルトイン・スタビライザーとなった（Offe 1984: 148）。戦後の恵まれた布置関連のもとで、本来的には相容れない社会的公正と経済的効率とが調和的なものと説明され、労働者と資本家との間に少なくとも部分的な妥協が成立する。労働者の購買力向上は大量消費社会を可能にし、それがさらなる経済発展の前提条件をつくり出す。このような資本蓄積体制は、「フォーディズム」ともよばれる。

ここで中心的な役割を演じるのが、社会民主主義政党である。一九世紀の革命的労働運動にまで起源を遡れる政治勢力も、その後は穏健化し、戦後西欧世界ではケインズ主義的福祉国家の擁護者となる。学問研究でも、権力資源論と総称される論者たちは、社会民主主義政党（およびそれと連携する労働運動）が影響力をもつ国ほど福祉国家の拡充には有利だと考えた（岡沢・宮本 1997: 13-17）。

だがここに、社会民主主義の歴史的限界性を見る者もいる。高度経済成長に支えられた階級的和解は、永続的ではないからである。それに加え、フォーディズムの体制政党である社会民主主義のもとでは、エコロジー危機や過度の個人主義、官僚主義の弊害、ジェンダー不平等や異質なものへの不寛容といった問題は解決されないのでは、という懸念もある（小野 2009: 335-336）。

理論モデル再訪

福祉国家の国際比較のための枠組みとして、エスピン-アンデルセンのレジーム分類がよく知られている。分析の手がかりとして、彼は、脱商品化指標と階層化指標の二つを措定する。脱商品化指標は、各種社会政策の給付の寛容度であり、「市民が仕事、収入、あるいは一般的な福祉の受給権を失う可能性なしに、必要と考えた時に自由に労働から離れることができる」（Esping-Andersen 1990: 23, 訳: 24）ことの度合いである。この指標値が高いほど、労働者が労働力商品として市場に従属することが少なくなり、社会権の実体化としての福祉国家はそれだけ高度の発達を遂げていると考えられる。一方、階層化指標は、福祉制度（各種社会保険など）がかえって職業的・階層的分断化を固定ないしは助長する度合いを示したもので、この数値が小さいほど平等主義的である。

これらの指標の組み合わせにより、西欧の

福祉国家は三つのタイプに分類される。脱商品化指標も階層化指標も共に低位の自由主義（リベラル）レジームでは、市場を通じた福祉サービスの役割が大きく、公的福祉は最低水準保障に留まり残余的性格を示す。ここには、米国、カナダ、オーストラリアなどが属する。社会民主主義レジームでは、普遍主義と脱商品化という原理のもと、高水準の平等化が実現しており、北欧諸国がその代表例とされる。保守主義（コーポラティスト）レジームでは、脱商品化はある程度達成されているが、社会保険制度が職業別・地位別に分立していることもあり、強い階層性を示す。このタイプの福祉国家は、カトリック政党を中心にした保守主義勢力主導で形成されたため、労働運動が目指したような平等主義とは一線を画し、家族の扶養機能を重視した福祉制度は女性を専業主婦の地位にとどめておく効果をもつとされる。このタイプの福祉国家の代表例は、オーストリア、フランス、ドイツ、イタリアなどである。

この三分類は、もともとは静態的な理念型モデルである。だが、レジーム・シフトの観点を取り入れ、動態モデルとしても応用し得る。たとえば近藤正基は、年金改革法をめぐる政治過程を題材に、ドイツの福祉政治の質的転換（自由主義レジーム化）を浮き彫りにする（近藤 2009）。エスピン－アンデルセン自身は、類型論の再検討に際して「ポスト工業社会」的ジレンマへの反応パターンに注目するものの（Esping-Andersen 1999: 5, 訳: 27）、レジーム間の移行は主たる関心ではないように見受けられる。

とはいえ、ジェンダー論的視角からの批判には重要なものがあり、彼自身、一九九九年の著作で修正モデルを提示する。家族の社会政策的機能を概念化した新たな指標を措定し、「脱家族主義的」福祉レジームを「家族主義的」なそれに対置する。その判別基準は、家庭に対し構成員の福祉に関する責任が帰せられる度合い（逆に言えば、福祉国家の政策展開により家族負担が軽減されている度合い）であり、具体的には、サービス活動の量、子どものいる家庭への助成、公的保育ケアの普及度、高齢者ケアの四つの指標で測られる（Esping-Andersen 1999: 61, 訳: 97-98）。彼は、家族主義が濃厚なイタリア、スペイン、ポルトガル、日本などと、独仏などの保守主義レジームとの間に重大な相違は認められないことから、『福祉資本主義の三つの世界』で示した分類モデルそのものに修正の必要はないとする（Esping-Andersen 1999: 92-94, 訳: 138-140）。

もちろん、考慮すべき点は他にもあり、理論モデルの精緻化は常になされねばならない。だが、肯定的立場にせよ批判的立場にせよ、エスピン－アンデルセンの類型論を福祉国家を論じる際の出発点に据えるという状況は、当分続くだろう。

新自由主義の磁場のなかで

新保守主義が、福祉国家の行き詰まりに対する政治的右派からの回答だったことは、先に述べた。それと類似の主張は、今日では、新自由主義とよばれることが多い。その政策的立場の一つは、グローバル化した国際市場で熾烈な競争を繰り広げる多国籍企業に有利な経済立地条件をつくり出すことである。各種の規制緩和や労働・福祉政策からの退却も、こうした文脈の上で理解されよう。新自由主義の優位のもとでは、一国的な総需要管理に立脚するケインズ主義的経済政策は、守勢を強いられる。ナショナル・ミニマムという理念は自己責任論にかき消され、格差の拡大が深刻な社会問題となった。

新自由主義的言説の磁場のような規定力は、免れようがない。そうしたなかで「ワークフェア」への注目度が高まる。それは、長期失業者と公的扶助受給者の増加という構造問題を抱える福祉国家の再編成過程において、社会保障への依存の解消を掲げて、福祉の見返りに就労を求める考え方、と定義されよう（宮本 2008: 149; 埋橋 2007: 15-39）。程度の差はあれ、西欧諸国はワークフェア的政策を取り入れてきている。

ただし、福祉国家の分岐と収斂を、新自由主義への適応の度合いに解消するのは、一面的な議論である。ポスト産業社会の複雑な問題状況を反映し、政策決定過程は複合的で多層的なものとなっている。武川正吾は、福祉国家を取り巻く諸条件の変化を、自然環境、人口構造、家父長制、資本制の四つの側面に要約して説明する（岡沢・宮本 1997: 254-263）。高齢化の進展は、社会支出を増大させる要因の一つである。少子化対策や、多様な家族形態を支えるケア・サービスなども、新たな出費となろう。消費社会＝知識社会的状況下でのフレキシビリティの問題、雇用形態の変化、社会の多国籍化＝多文化化なども、新たな課題を突きつける。ここからすでに、福祉国家縮減圧力の強まりにもかかわらず、それが容易には行い得ないことが理解されよう。

だが問題は、財政事情が苦しいところに新たなテーマが加わった、というだけのことではない。新たな問題状況のなかには、既存の福祉国家の前提を揺るがすようなものもあるからである。これは、福祉国家批判は左派の側からも出てきた、という事実とも対応する。

何が問われているのか

完全雇用と経済成長は、福祉の源泉である。それを推進した社会民主主義も、経済成長志向である。だとすれば福祉国家は、地球環境問題の解決のためには経済成長をスローダウンせねばならないという要請と、両立するのだろうか。これは本質的な問題である。

ローマ・クラブが、これまでのような大量生産・大量消費を続ければ一〇〇年以内に成長は限界に達する、と警告したのは、一九七二年のことである。それが後に、「持続可能な開発」という環境政策の基本命題へと進化する。だが、ローマ・クラブの指摘とは別の意味で、もう一つの「成長の限界」がある。高水準の成長が可能だとしても、それにより雇用が増加しなければ、完全雇用にコミットする福祉国家は行き詰まる（岡沢・宮本 1997: 266）。現代福祉国家は、二つの「成長の限界」をどう乗り越えるのだろうか。

地球環境問題は、福祉国家に問い直しを迫る数ある問題の一つである。だがそれが、経済成長という福祉の根幹に関わるものだけに、一筋縄ではいかない。「環境と福祉」に関連するいくつかの論点を、実際の政策やアイデアにも言及しつつ考察し、転換期の社会福祉を読み解く一つの手がかりを得ることが、本章の目的である。

2　福祉国家・経済成長・エコロジー

定常型社会という問題提起

本当に福祉国家は、経済成長がなければ成り立たないのだろうか。興味深い問題提起を行っているのが、広井良典である。

広井は、従来型福祉国家（大きな政府）と保守主義勢力が標榜する市場主義（小さな政府）とが、表面上の対立にもかかわらず、経済成長志向という点では共通していることを、批判的にとらえる。現在われわれが経験しているのは、経済が成熟化し、経済成長の原動力である人々の消費や欲望そのものが飽和ないしはある種の「定常点」に向かいつつあるという、産業化の時代以降はじめて迎える事態（広井 2003: 98）ではないのか。また、経済の構造的な低成長（サービス産業化）と高齢化の進展という先進国に共通の問題状況のもとでは、市場主義の是非をめぐる単純な二項対立は時代遅れである。こうしたなかで求められるのは、経済成長を絶対的な目標としなくても十分な豊かさを実現する「定常型社会」であり、富の配分のあり方をめぐる福祉政策と成長や資源・環境制約に関する政策とが統合された「持続可能な福祉国家」である。

定常型社会の構想は、経済や社会の長期的発展のなかに位置づけられる必要がある。近代以前の伝統的社会は、人口も生産水準もほぼ安定した（静的な）定常型社会だった。市場経済の成立とともに、共同体から解き放たれた個人による私利の追求が可能になり、消費が社会的美徳とされる時代が到来した。この背後には、社会の富の総量は活発な経済活動を通して拡大し得るという方向への転換があり、いわばそこに定常型社会からの離陸のステップが働いた。その後の産業化社会を通じて経済規模は拡大するが、その後期には、供給過剰がしばしば恐慌を引き起こす。ケインズ主義的経済政策は、こうした事態を乗り越えるために、さらなる需要の喚起により経済成長を持続させる試みに他ならない。それが飽和に達した（と広井が考える）後に続くのが、定常型社会である（広井 2003: 227-232）。だがそれは、低い生産水準の静的な定常型社会への逆戻りではない。

この頃までには、有限の物質・エネルギーの消費を超えた「情報の消費」が重要になっている。これはケインズ主義段階にも見られたことだが、定常型社会ではさらに進んで「時間の消費」の比重が高まる。平均余命の延長や余暇の増加により自由に使える時間が多くなった、というだけのことではない。仕事をもつ者とそうでない者との間の時間配分、ジェンダー間の時間配分、ライフサイクル全体のなかでの時間配分といった三つの意味でのワーク・シェアリング（広井 2003: 94-95）とあわせて考えるなら、既成の労働観の問い直しやワーク・ライフ・バランスといった現代的テーマを論じる際の重要な手がかりともなり得る。そのことの意義は、先進国に限定されない。高齢化が世界的に進展する二一世紀後半を見越して、人口や資源消費も均衡化する定常点に向かうべきであり、それこそがグローバルなレベルでの持続可能な福祉国家の姿である（広井 2003: 240; 広井 2009: 204）。

この構想がユートピアにすぎない、という批判はあり得よう。だがそれは、現代社会の問題状況を俯瞰した壮大な思考実験ではある。本章の議論との関連では、次のことを確認しておこう。ケインズ主義的福祉国家が特定の歴史的条件のもとに成立したのならば、経済成長を前提としない別のかたちの福祉国家も、少なくとも理念的には排除されない。

エコロジカル税制改革

一九九八年のドイツ連邦議会選挙の結果、シュレーダー首相（Gerhard Schröder）率いる社会民主党（ＳＰＤ）と緑の党の連立政権が成立した。それぞれのシンボルカラーをとって赤緑連立とよばれるこの型の政権が連邦政治の中枢に到達するのは、はじめてのことである。両党はともに左翼政党とみなされることが多いが、社会民主主義政党と新社会運動起源政党との協働は、後述するような事情もあって自明のことではない。同政権は環境政策分野でもいくつかの成果を上げたが（賀来・丸山 2010: 146-162）、その一つに環境税導入を軸とするエコロジカル税制改革がある。

環境税にはいくつかのタイプがあるが、ドイツではエネルギー消費課税による省エネ促進と経済構造のエコロジー的転換が企図された。環境対策は企業側の自主規制に委ねられるべしとする経済界の意向もあったが、環境税導入は次第に避け難い情勢となり、連邦議会選挙前には多くの政党は何らかのかたちでエネルギー課税に言及した。ＳＰＤと緑の党の間にも温度差はあったが、選挙後の連立協定には環境税収入を財源に社会保険料を四〇％以下（現行四二・三％）に引き下げる目標が明記された。様々な利害関係が交錯し調整に手間取ったが、税制改革の第一段階ではガソリン・石油類に一リットルあたり六ペニヒ（暖房用燃料は四ペニヒ）、電力一キロワット時につき二ペニヒ（鉄道用電力などは一ペニヒ）を課税する線で合意がなされた（ユーロ発足後の通貨体系では、一ペニヒは〇・五一セント）。この制度は一九九九年四月から実施された。

その後数年間にわたり、税率は段階的に引き上げられた。例外措置が多いことなど、環境税の公平性や実効性を疑問視する声もある一方で、ポジティブなデータも出てきている。二〇〇二年上半期のガソリン消費量が一九九九年のそれに比べて一二％減少したのをはじめ、燃料消費が減少した。ドイツ経済調査研究所（ＤＩＷ）は温室効果ガス削減効果を二〜三％と算定し、雇用創出も二五万人分に達するとした。一九九八年には二〇・三％だった年金保険料負担率が、二〇〇一年には一九・一％にまで低下した。もちろん、これらはすべてが環境税によるものではないが、ひとまず肯定的な評価は可能だろう。

ドイツが環境税導入に成功し得た理由はいくつかあるが、もっとも重要なのは、社会保険料引き下げと抱き合わせで提案されたことである。すでに一九九四年には、ＤＩＷが、高すぎる保険料（賃金付随コスト）削減のための財源に環境税収入を充てるというアイデアを打ち出していた。本来は異質な政策目標が結びつくことで、新税導入という論争的なテーマで合意形成が容易になったわけである。先に見た広井もこれに肯定的で、エコロジカル税制改革のベースには「労働生産性重視から環境効率性重視」への転換という政策的含意があると論じる（広井 2003: 102; 広井 2009: 196）。この改革の効果と世論への受容を検討した坪郷實も、予防的統合的環境政策への決定的な第一歩と評し、ドイツはEUにおける先導役を果たしたとする（坪郷 2009 : 101）。だが様々な思惑が交錯する政治の舞台では、環境と福祉が統合可能と考える者ばかりではなかったことも、見過ごされるべきではなかろう。

赤緑連立は、二〇〇二年連邦議会選挙を経て継続する。だが、経済危機や同時多発テロ（二〇〇一年九月一一日）以後の世論状況の変化もあり、改革政策は後景に退く。低空飛行を続けるシュレーダー政権は、一年繰り上げて実施された二〇〇五年選挙の結果、七年間の幕を閉じる。メルケル首相（Angela Merkel）率いる大連立政権（キリスト教民主社会同盟＋ＳＰＤ）がそれに続くが、二〇〇九年選挙後には中道保守政権へと移行した。

この間、エコロジーからエコノミーへの重点シフトがあったという。だがそれは、単に時代状況的要因に帰せられるものだろうか。それとも赤緑連立そのものに、少なくとも原因の一端があるのだろうか。ドイツのような経済大国でもある程度のエコロジー改革は可能だが、それが経済社会構造への根本的問い直しを伴うものとなればたちまち困難に遭遇する。それが政策実践としての「赤と緑」の実験の到達水準、というのが筆者の見解である（小野 2009: 277; 賀来・丸山 2010: 160）。赤緑連立の可能性と限界を問う場合には、先行する政治変動についてふれておかねばならない。

物質主義と脱物質主義

一九六〇年代後半から七〇年代に高揚した新しい社会運動の担い手の一部は、その後、政治機構のなかで活動する道を選び、ヨーロッパのいくつかの国では緑の党として定着した。この新興勢力の登場による政治的対立構造の変容を読み解く理論的枠組みとしては、イングルハートの概念整理が有名である。

政治的態度を表す目安として、「右と左」という言い方がなされる。だが、利害や価値観の多様化著しい今日、こうした二項対立はなおも有効だろうか。イングルハートは、高度に発達した産業社会という状況下で、新しい対抗軸が出現したとする。一方の極には、経済成長や身体的安全を重視する物質主義が、もう一方の極には生活の質などといった非経済的課題や倫理・道徳や自己実現などに相対的に高い重要性を付与する脱物質主義が置かれる。継続的な世論調査は、戦後世代の増加に伴い脱物質主義的価値が伸張したことを示すが（Inglehart 1990）、それがまさに新社会運動起源政党の成功の条件である。

この用語法に従えば、環境問題は脱物質主義的な政策課題であり、緑の党は典型的な脱物質主義的左翼政党である。それに対し福祉国家は、経済成長を前提とする限りは物質主義的であり、社会民主党は物質主義的価値を体現する政党である。社会民主主義と緑の党との関係がしばしば緊張をはらんだものとなる理由の一端が、ここにある。あるいは社会民主党が、物質主義志向という意味では共通する保守主義政党との間により多くの親和性を見出すなら、脱物質主義勢力に敵対する政治的ブロックが形成されるかもしれない。SPDと緑の党の関係史において、それを裏付ける事例には事欠かない。

持続可能な福祉社会は、成長（拡大）志向という意味では共通するケインズ主義と市場主義とに、環境（定常）志向のシステムを対置する試みである（広井 2003: 97; 広井 2009: 23）。そのために必要な多数派形成は、実際の政治の舞台では、左翼政党と脱物質主義勢力（緑の党）との同盟となる。だとすれば、新しいタイプの福祉国家の展望は、キャスティングボートを握る社会民主党が脱物質主義的価値を包摂して自己刷新を行えるかどうかによるところが大きい。だが、そのようなことははたして可能だろうか。

社会民主主義の綱領的発展

その意味で、SPDのプログラム的発展は検討に値する。

同党は、一九五九年のバート・ゴーデスベルク綱領でマルクス主義と決別し、西欧型社会民主主義政党に脱皮したとされる。同綱領のもとでSPDが福祉国家の黄金時代を築いたことは、興味深い。だが八〇年代に入ると、基本綱領改定の必要性が認識される。野党への転落や緑の党との競合関係だけが理由ではない。かつての労働者政党は広範な支持基盤を擁する国民政党へと変貌を遂げていたが、新たな支持者のなかには脱物質主義的傾向の者も含まれていた。こうしてSPDでは、ベルリン綱領（一九八九年）へ向けて、エコロジー・オルターナティブ思考が最高潮に達する。

日本でも注目度の高かったベルリン綱領は、環境綱領として、あるいはSPDの左傾化を示すものとして紹介されることも少なくなかったが、現代社会の問題全般に関わる改革プログラムである。SPD新路線の革新的性格を、福祉国家見直し論議と関連づけて考察した山本佐門によれば、そこには二つの意味で社会民主主義の伝統とは断絶が見られる。一つは、それまで福祉国家発展の基底力とされてきた経済成長と科学技術とに、根本的な疑問が投げかけられたことである。もう一つは、社会的自助や新社会運動への注目であり、そこには、国家機能の社会への移転を促進し、社会内部からの福祉を強める含意がある（山本 1995: 201-221）。要約すれば、社会的自助を重視した福祉国家のエコロジー的改造である。それは、左派の側からのケインズ主義的福祉国家批判を包摂しつつ、保守の側からの解体的再編成圧力に抗してオルターナティブを提示する試みだった。現代福祉国家の問題の核心に迫るような議論が、すでに現れていた。

だが九〇年代のSPDは、エコ平和主義的・脱物質主義的立場を急速に、何ら大きな抵抗も呼び起こすこともなく捨て去った。シュレーダー政権が成立した時には、「赤と緑」の実験の情熱は失われていたのである。同政権は、とくに二期目以降は新自由主義への傾斜を強めていくが、それを象徴するのが「アジェンダ二〇一〇」である。これは党のプログラムではないが、政権党であるSPDの基本的方向性を示すものとして理解すべきである。実質的には忘れ去られたベルリン綱領が正式に改定されるのは、二〇〇七年のハンブルク綱領まで待たねばならない。全体として、経済グローバル化のなかでの社会国家の重要性を強調し、社会民主主義の伝統的路線への回帰を印象づける。

　SPDの綱領論議は、ある時点までは英国・労働党の「第三の道」と相互規定的に進行する。第三の道の理論的指導者ギデンズ（Anthony Giddens）は、ベルリン綱領の進歩性を評価していた（Giddens 1998：19，訳：43）。当初、環境保全と経済発展とがたやすく両立するという考えに警鐘を鳴らしていた彼の議論は、数年後にはニュー・テクノロジーへの楽観的期待に退行するが、これはまるでベルリン綱領以降のSPDのプログラム的発展の縮図を見ているかのようである（小野 2009：363）。実際、ハンブルク綱領には、「持続可能な発展を可能にするためにわれわれが依拠するのは、科学的・技術的発展とともに、教育・訓練である」と第三の道を連想させるようなフレーズがある。欧州社会民主主義の到達点とでも言うべきものだが、同時にそこには、主観的には批判的スタンスをとる新自由主義への免疫が必ずしも十分でないことも見て取れる。

　こうした展開は、社会民主主義がエコロジー的福祉国家の担い手となることの困難性を示唆するものだろうか。ないしは、「赤と緑」の実験以後の今日、社会的公正と脱物質主義の同盟戦略を超えた地平でまた新たな構想が求められるのだろうか。政治的対立構造の再編成を予感させる動きが、福祉改革をめぐる最近の政治過程にも顔をのぞかせる。

3　福祉改革の諸相

ワークフェア改革

高い失業率や財政赤字をはじめとする厳しい経済状況が、二〇〇二年連邦議会選挙で再選されたドイツ赤緑連立政権の肩にのしかかる。政労使三者協議を通じた問題解決が不調に終わると、シュレーダー首相は二〇〇三年三月一四日の施政方針演説で、総合的構造改革構想「アジェンダ二〇一〇」を発表する。減税と競争力強化投資による経済活性化戦略は、しかしながら、従来型福祉国家の恩恵に浴してきた者には過酷な内容のものだった。失業保険と生活保護の一本化や資格審査の厳格化などにより、減額支給ないしは受給停止となる者も出てくる。その背後には、社会保険に依存的な者は熱心に仕事を探さない、との観念がある。SPDの伝統的支持者層の一部に動揺が走り、それがその後の政党政治再編成（小野 2012）の一因となる。

　アジェンダ二〇一〇のもう一つの柱は、労働市場政策である。職業安定所の改組や労働力の流動性とスキルを高める方策と並び、さまざまな雇用対策も打ち出されたが、新しい雇用機会は低賃金部門やパートタイム型就労として創出されることが多かった。政府の社会保険料負担により雇用を促す「マインツ・モデル」も、その一環である。労働者に厳しい方策にもかかわらず、第二次シュレーダー政権の労働政策が成功だったとは言い難い。相次ぐ失策や州議会選挙での敗北とともに、赤緑連立は終末期へと突き進んで行く。

　このように労働者・失業者の就労促進を強調した福祉制度改革がワークフェアとよばれることは、前述のとおりである。ここで「第三の道」に立ち返ることは、無駄ではない。

　第三の道は、市場万能主義とは一線を画すが、総需要管理型の雇用創出をモデルとしない点で、社会民主主義の伝統からも外れている。平等を「包含」、不平等を「排除」として定義し直すギデンズは、二つの形態の社会的排除があるとする。一つは、社会の最底辺部の人々が雇用、医療、福祉等にありつけないことで、もう一つは、最上層部が公教育や公的医療保険制度を忌避して俗世間から隔絶された生活を送る「エリートの反乱」である（Giddens 1998：103, 訳：174）。こうした自発的・非自発的排除を克服する手立てとして、教育と訓練とが第三の道の政治家のマントラとなった（Giddens 1998：109, 訳：184）。被雇用者のエンプロイヤビリティ（雇用条件）を高め、労働市場の変化に耐え得るものとしようとしたのである。むしろ労働力の「再商品化」に活路を求めていることは、注目されてよい。

　重要なのは、これにより社会的排除が克服されるかどうかである。今日では第三の道の評価は固まりつつあるが、そこに新自由主義との親近性を見る論者は、日本でも少なくない。新川敏光は、グローバル化論は左翼のアイデンティティ・クライシスを回避する方途であり自らの「転向」を正当化する言説で、その効果をもっともよく利用したのが英国・労働党だったと言う（齋藤 2004: 20, 37）。武川正吾も、八〇年代から九〇年代前半にかけて形成された社会政策の枠組は、第三の道においても踏襲されたとする（武川 2007：59）。これは、ブレア労働党の政治理念が多くの点でサッチャリズムと連続することに注目する小堀眞裕の議論（小堀 2005：122-146）とも通底するものがある。

　福祉国家にせよ雇用政策にせよ、従来型社会民主主義がフレキシビリティを欠いている、との指摘は正しい。だがそこから脱出する方途が、市場万能主義の陥穽に陥っていないだろうか。全員が勝者になれない競争社会では誰かが条件の悪い就労や失業を甘受せねばならない。その構造が問われぬまま教育・訓練の成果が自己責任とされるなら、新自由主義との相違を見出すことは難しい。そして、ワークフェア政策によっても職業生活に復帰できない者には「余計者」のレッテルが貼られ、そうした者からなるアンダークラスは市民性の欠如した反社会的空間として潜在的脅威とみなされる（齋藤 2001：148-153）。

　ワークフェアは、福祉国家再編成を読み解くカギとなる概念である。だが、ワークフェアそのものが多義的であるのに加え、福祉国家の行く末が新自由主義への適応如何を超えて多層的であるとすれば、新しい問題状況をふまえて分析概念を拡張する必要がある。

家族政策における新展開

近年、家族政策が重視されるようになってきたことは、ジェンダー平等を求める運動の成果のひとつである。女性の社会進出とそれに伴う意識や生活スタイルの変化は、現実の社会制度にも新たな対応を迫る。福祉国家研究でも、家族主義的要素を加味した分析が注目されるようになったことは、上述のとおりである。少子高齢化の進展が、この問題への関心をさらに高めた。

保守主義レジームの本質が地位の分断と家族主義の渾然一体にあるとすれば（Esping-Andersen 1999: 81, 訳: 125）、少なくとも戦後数十年間においてドイツの社会福祉が保守的な家族観に立脚していたことは、驚くに当たらない。それは、女性の就労率も高く、家族ケア・サービスの社会化が進むなかで、高い水準のジェンダー平等を実現していた北欧諸国などとは対照的である。制度としての家族の伝統的役割を自明視するか、家族構成員個人の同権的地位を重視するかは、ドイツでは重要な保革の対立軸だったが、状況変化のなかで保守主義政党の家族政策のリベラル化が進行する。

赤緑連立連邦政府の政策の一つに、「両親の時間」がある。両親同時の育休取得により父親の育児参加を動機づける点は、従来の育児休暇とは異なる。この制度は、政権交代後の二〇〇七年には「両親手当」へと発展し、少なくとも二カ月間は両親がともに育休を取得することを条件に、育休中も従前所得の六七％が一四カ月にわたり支給される。この背後には、少子化対策の一環として、職業生活と育児の両立を容易にし、出産をためらう女性に対して職業的キャリア上の悪影響への懸念を払拭する意図がある。伝統的性別役割分業観の強いドイツの家族政策の一大転換が、保守系の大臣が主導性を発揮するかたちで推進されたのが興味深い（小野 2009: 254）。

子育て支援には、家庭の外でのケア・サービスも重要である。全日保育施設拡充法が二〇〇五年から施行されたが、そこにはドイツの政治機構の伝統的経路とは異なる要素が含まれる（近藤 2009: 125）。これらの事例が示唆するのは、家族政策を嚆矢とする保革の政治的対立構造の再編成である。ないしは、拡充（現状維持）対縮減といった単線的な対立関係に矮小化することなく、様々なテーマが複雑に絡み合った多層的な政策決定過程として、福祉国家改革を把握することの重要性である。

だがこうした複合性を構成するのは、家族政策ばかりではない。環境問題のテーマ化に際しての各レジームの反応パターンについても、学術的な解明が待たれる。その上で、個々の領域を横断した総合的な分析が必要となろう。

グリーン・ニューディール

二〇〇九年に就任した米国・オバマ大統領（Barack Obama）は、グリーン・ニューディールとよばれる大胆な環境重視政策を打ち出した（寺島・飯田・ＮＨＫ取材班 2009）。前年の世界金融危機後の不況克服のため、再生可能エネルギーや省エネ技術をはじめとする新産業部門を育成して、雇用拡大と国際競争力強化を図るねらいがある。ブッシュ前大統領が環境政策に背を向けてきたため、この変化は印象的だが、過大評価は禁物である。

グリーン・ニューディールでは、環境対策は経済の足かせではなく、経済発展を促進するものととらえられる。これは重大な発想の転換である。本章第二節で参照した定常型社会もそうだが、環境問題の根底には、有限の地球で生き延びるには経済成長を持続可能なレベルにまで抑えねばならない、という観念があったからである。もし、「成長の限界」に制約されない経済的豊かさを享受しつつ環境問題を解決していける方法が発見されたのなら、経済成長を前提としない福祉国家という問いなど、意味を失いかねない。

坂部真理の要約によれば、グリーン・ニューディールは、環境保護への国民的支持や脱物質主義的価値への移行よりも、さらなる物質的繁栄や軍事的安全保障など「古い政治」の枠内で正当化された政策、という側面を有する（賀来・丸山 2010: 172）。ちょうど一九九〇年代のアメリカの再興を支えたＩＴ革命が、エコロジー産業に置き換わっただけではないのか。

オバマ政権の経済政策にはケインズ主義の痕跡が見られるとはいえ、米国では公的社会保険が欧州に比べ未発達で、福祉は市場を介して提供されることが多い。エコロジー化したワークフェアとも言い得るグリーン・ニューディールは、労働力「再商品化」と環境政策の接合可能性をも想起させる。保守ないしはリベラル勢力が、モダンでリバタリアン（自由至上主義）的な価値を包摂しつつエコロジー的福祉改革を推し進める、といったことも排除されない時代になったのかもしれない。

だがそれが成功するか否かは、ひとえにニュー・テクノロジーに依存した不確実性の高いものである。エコロジー産業は、環境と経済のトレード・オフ関係を一気に解消する画期的なものかもしれないし、そうでないかもしれない。後者の可能性が排除されない以上、エコノミーとエコロジーの緊張という根本問題に立ち返って、環境と福祉のあり方を批判的に問う思考態度の重要性も、依然として失われていないのである。

節を改めて、いま一つの思考実験について検討していこう。

4　ベーシック・インカムとエコロジカル福祉

今なぜベーシック・インカムか

ベーシック・インカムは、既婚・非婚、職業的地位、職歴、就労意思の如何に関わらず、無制限の市民権としてすべての人に支給される（Fitzpatrick, Cahill 2002: 138-139）。この種の最低限所得保障が今日再び注目されるのは、経済グローバル化の進展やエコロジー危機などといった状況変化のなかで、既存のパラダイムが転換を迫られていることと無関係でない。完全雇用が不可能となるなか、就労と切り離した所得保障が求められる。田村哲樹のように、熟議民主主義の観点から、福祉国家「以後」の現代におけるベーシック・インカムを通じた公共性生成を論じる者もいる（武川 2008: 85-111）。

ベーシック・インカムにも多様なモデルが

あるが（Fitzpatrick 1999：35-47, 訳：41-55; 武川 2008: 24-31; 宮本 2009: 128-143)、マルクス主義的エコロジストの立場から議論を展開するのがゴルツである。所有権と労働権の分かち難い一体性のなかに市民権の土台（Gorz 1997: 343-344）を見る彼は、時短＝ワーク・シェアリングに最低限所得保障を組み合わせた提言を行う。これにより大量失業が回避されるとともに、増加した非労働時間を自己実現（趣味、学習、研修など）や賃金労働以外の社会的有用活動（ボランティア、家事など）に使うこともできる。その意味で彼のベーシック・インカム論は、単なる雇用・社会政策を超え、経済成長思考や性役割分業観を問い直す革新性をもつのである。

もちろん、批判的意見も少なくない。非現実的だ、働かなくとも収入が得られるのは公正でない、といったおなじみの反論はここでは措くとしても、次のような根本的な疑問がある。ベーシック・インカムは、ほんとうに社会的排除を防止する有効な手立てだろうか。幾ばくかの支給金と引き換えに失業者の地位が「公認」されるならば、かえって社会的排除を固定化することにならないか。これはヨーロッパにおける論争から浮かび上がってきた論点だが（小野 2012：151-158)、徹底した脱商品化による生存権保障が、結果として不寛容なワークフェアと類似した効果を生むとすれば、パラドキシカルである。

ベーシック・インカムは、左派オルターナティブの専売特許ではない。多義的概念であるゆえ、保守の思想とも親和的であり得ることは、ベーシック・インカムの一変種である「負の所得税」の提唱者がフリードマン（Milton Friedman）だったことからもわかる。

福祉改革との関連で

本章の問題関心から重要なのは、近年、福祉研究者のなかにもベーシック・インカムに興味を示す者が現れていることである。その理由は、小沢修司の要約（小沢 2002: 118-119）のとおりだが、彼は同時に、ベーシック・インカムとワークフェアは、保障を伴った雇用の柔軟化に対応するという共通点をもちつつも、福祉（所得保障）と労働を一方は切断し、他方は結合するために決定的な違いが生じる、と指摘する（小沢 2002: 154)。

ベーシック・インカムが多義的なのと同様、ワークフェアにも様々な形態がある。英米型の、非就労者への懲罰的意味合いを多分に含んだ非寛容なワークフェアがすべてではない。雇用と社会保障をこれまで以上に強く連携させつつも、公共サービスの充実により失業者の職業訓練や再就職支援を行うといった方策（アクティベーション）も考えられる。積極的労働市場政策が成果を上げてきたスウェーデンの生活保障や、フレクシキュリティとよばれるデンマークなどの試みがその例であり、職業訓練によりエンプロイヤビリティを高めることをねらった第三の道もこれに近い発想を有する。有職者と失業者との関係のフレキシブルな再編成に際し、ワークフェアが市場を介したハードな就労政策ゆえに競争に敗れた者に冷たい制度とならざるを得ないのに対し、アクティベーションでは政府（社会共同体）による市民間の連帯形成と公共善が目指されている。これらと異なりベーシック・インカムでは、雇用と所得とが切り離されているため、（最低限生活保障に関する限り）有職者と失業者との対立は起こり得ない。

宮本太郎は、ベーシック・インカムとアクティベーションの諸類型を比較し、それぞれの意義と問題点を検討する。その上で、ベーシック・インカムは制度の維持可能性という点で疑問があり、ベーシック・インカム的要素も部分的に取り入れつつ、雇用と社会保険についてアクティベーション的な連携を追求すべきと考える（宮本 2009: 127）。現実の制度設計という意味では、妥当な判断である。だが、なぜ福祉研究者は、理論的にも実践的にもまだまだ未成熟なベーシック・インカムから何かを取り入れようとするのだろうか。

アクティベーションは、理論上は、ワークフェアから明確に区別できる。だが現実政治においては、両者の境界は絶対的なものではなく、ともすればワークフェア的方向に流されかねない危うさがつきまとうことは、第三の道や第二次シュレーダー政権の経験からも明らかである。そのためアクティベーションを是とする改革論者は、市場主義の過酷さを甘受するのでない限り、ベーシック・インカム論者の問題提起を無視できない。さらには、より長期的パースペクティブから、現在の制度をいったん括弧に入れ、全く新しい制度について思考実験を行うことも必要である。それにより、ピースミール（漸次的）の思考では見出し得ない問題点をより鮮明なかたちで浮き上がらせられる（武川 2008: 16）。

それが、「環境と福祉」の問題とどう関係するのだろうか。エコ社会的福祉国家を緑の社会民主主義とエコ社会主義の中間に位置づけるフィッツパトリック（Fitzpatrick, Cahill 2002: 61-81）は、代表的なベーシック・インカム論者である。確かに、環境と福祉の問題に関心を寄せる者のなかには、ベーシック・インカムを通じたパラダイム転換に注目する者も少なくない。だがそれは、それ以上の意味ではないかもしれない。ベーシック・インカムを導入したからといって環境問題が解決される保証がないのは、ワークフェアだから環境対策に不熱心とは限らないのと同じである。エコ社会的福祉国家にしても、あくまでも政治的イマジネーションという水を社会政策の枠内でテストしてみる思考実験であるとは、フィッツパトリック自身の言葉である。

5　現代福祉国家の展望

「環境と福祉」は両立するか、またそれはどのような条件下で可能かという問いに、本章はどの程度接近しただろうか。おそらくその達成度は不十分だろうし、読者のなかには、ともすれば悲観的になりがちな議論に失望（激怒）した人も少なくないだろう。様々な試みにもかかわらず、経済成長に依存しない福祉国家というアポリア（難問）は解かれていない、と筆者は思う。

ここに一つの分岐が生じる。経済成長なしに福祉国家などあり得ないのなら、経済成長の推進力にエコロジー産業を据えるグリーン・ニューディールのようなやり方が考えられる。だが、その成否はテクノロジー次第といった不確かさに満足できないなら、アポリアに正面から向き合わねばならない。そうした試論の一つが定常型社会だが、ベーシック・インカムも含め、万能薬のような解決策は存在しない以上、思考実験は思考実験のままである。現実の社会政策は、理念型モデルの中間にいずれかの着地点を見出さねばならないが、本章で言及した事例（ワークフェア、アクティベーション、第三の道、グリーン・ニューディールなど）も、そのようなものとして理解されるべきだろう。

　ただし議論の公平性を期すために、最新の研究動向にふれておかねばならない。環境と福祉を統合する試みは、広井良典を中心とするグループにより始められており、その中間的な研究成果も公刊されている（広井 2008）。そこに収録された論文は、プロジェクトの多次元的な問題関心に沿うかたちで、テーマごとに分析を深める。壮大な思考実験を下支えするのは、こうした具体的事例における検証の積み重ねなのである。

　かつてベックは、危険社会の発展のダイナミズムは、階級間対立も含め、多くの境界を無意味化すると述べた（Beck 1986：63, 訳：71）。だがわれわれが目撃している経済格差の拡大は、（マルクスの想定とは別の意味で）階級社会の論理が依然として根強いことを示している。福祉国家の機能不全を指摘するのはたやすい。旧来の問題が未解決であるのに加えて、新しい問題が噴出した。福祉国家の「ゆらぎ」が言われ出したころと構図は似ているが、状況は複雑化している。

　環境政策やジェンダー平等政策などが、この間、政治アジェンダに地歩を得たが、それだけに、テーマ間の優先順位づけや調整が問題になる。複合的かつ多層的な政策決定過程でどのようなアレンジがなされるかは、経済政策的方向性だけでなく、国内外の政治制度的枠組み、歴史や伝統、アクター間の駆け引きや言説状況といった、様々な要因に規定される。さらには、アクターの選好が変容し得ることは、福島原発事故を受け、中道保守のメルケル政権が脱原発に舵を切ったドイツの事例（若尾・本田 2012: 243-244）からもわかる。

　環境と福祉の問題でも、当面、決定打を欠いたまま、よりベターな政策がプラグマティックに追求されよう。だが現代福祉国家が問われているのは本質的なことであり、長期的な改革の展望を見失わないためにも、思考実験はやはり必要なのである。

【参考文献】

Beck, Ulrich, *Riskogesellschaft : Auf dem Weg in eine andere Moderne*, Suhkamp Verlag, 1986.（東廉・伊藤美登里訳『危険社会――新しい近代への道』法政大学出版局、一九九八年。）

Esping-Andersen, Gøsta, *The Three Worlds of Welfare Capitalism*, Polity Press, 1990.（岡沢憲芙・宮本太郎監訳『福祉資本主義の三つの世界――比較福祉国家の理論と動態』ミネルヴァ書房、二〇〇一年。）

――――, *Social Foundations of Postindustrial Economies*, Oxford University Press, 1999.（渡辺雅男・渡辺景子訳『ポスト工業経済の社会的基礎――市場・福祉国家・家族の政治経済学』桜井書店、二〇〇〇年。）

Fitzpatrick, Tony, Freedom and Security : An Introduction to the Basic Income Debate,

Palgrave Macmillan, 1999.（武川正吾・菊地英明訳『自由と保障――ベーシック・インカム論争』勁草書房、二〇〇五年。）

Fitzpatrick, T., and Cahill, M. (eds.), *Environment and Welfare: Toward a Green Social Policy*, Palgrave Macmillan, 2002.

Giddens, Anthony, *The Third Way : The Renewal of Social Democracy*, Polity Press, 1998.（佐和隆光訳『第三の道――効率と公正の新たな同盟』日本経済新聞社、一九九九年。）

Gorz, André, *Metamorphoses du travail : Quête du sens : Critique de la rasion économique*, Éditions Galliée, 1988.（草下俊樹訳『労働のメタモルフォーズ――働くことの意味を求めて――経済的理性批判』緑風出版、一九九七年。）

Inglehart, Ronald, *Culture Shift in Advanced Industrial Society*, Princeton University Press, 1990.（村山皓・富沢克・武重雅文訳『カルチャーシフトと政治変動』東洋経済新報社、一九九三年。）

Offe, Claus, *Contradictions of the Welfare State*, Hutchinson, 1984.

埋橋孝文編『ワークフェア――排除から包摂へ?』法律文化社、二〇〇七年。

岡沢憲芙・宮本太郎編『比較福祉国家論――揺らぎとオルタナティブ』法律文化社、一九九七年。

小沢修司『福祉社会と社会保障改革――ベーシック・インカム構想の新地平』高菅出版、二〇〇二年。

小野一『ドイツにおける「赤と緑」の実験』御茶の水書房、二〇〇九年。

――『現代ドイツ政党政治の変容――社会民主党、緑の党、左翼党の挑戦』吉田書店、二〇一二年。

賀来健輔・丸山仁編『政治変容のパースペクティブ』第二版、ミネルヴァ書房、二〇一〇年。

小堀眞裕『サッチャリズムとブレア政治――コンセンサスの変容、規制国家の強まり、そして新しい左右軸』晃洋書房、二〇〇五年。

近藤正基『現代ドイツ福祉国家の政治経済学』ミネルヴァ書房、二〇〇九年。

齋藤純一「『第三の道』と社会の変容――社会民主主義の『思想』的危機をめぐって」日本政治学会編『年報政治学』二〇〇一年度、岩波書店、一四三～一五四頁。

齋藤純一編『福祉国家――社会的連帯の理由』ミネルヴァ書房、二〇〇四年。

武川正吾『連帯と承認――グローバル化と個人化のなかの福祉国家』東京大学出版会、二〇〇七年。

武川正吾編『シティズンシップとベーシック・インカムの可能性』法律文化社、二〇〇八年。

坪郷實『環境政策の政治学――ドイツと日本』早稲田大学出版部、二〇〇九年。

寺島実郎・飯田哲也・ＮＨＫ取材班『グリーン・ニューディール――環境投資は世界経済を救えるか』ＮＨＫ出版、二〇〇九年。

広井良典『生命の政治学――福祉国家・エコロジー・生命倫理』岩波書店、二〇〇三年。

広井良典編『「環境と福祉」の統合――持続可能な福祉社会の実現に向けて』有斐閣、二〇〇八年。

広井良典『グローバル定常型社会――地球社会の理論のために』岩波書店、二〇〇九年。

宮本太郎『福祉政治――日本の生活保障とデモクラシー』有斐閣、二〇〇八年。

――『生活保障――排除しない社会へ』岩波書店、二〇〇九年。

山本佐門『ドイツ社会民主党日常活動史』北海道大学図書刊行会、一九九五年。

若尾祐司・本田宏編『反核から脱原発へ――ドイツとヨーロッパ諸国の選択』昭和堂、二〇一二年。

第5章

福祉政治と世論
——学習する世論と世論に働きかける政治——

堀江孝司

「福祉」に対する世論の支持は高いが、「世論」は不安定でいい加減なものだとする「世論」観も根強い。本章はまず、「世論」なるものの重層性に着目してその内容を腑分けし、価値や理想が不変であっても、人々の社会に対する認知次第では意見が変わりうるという点に注意を喚起する。そして、既存の世論調査に依拠しながら、日本人が社会保障制度を維持するために、負担を受け入れなければならないという認識をもつようになってきたという、学習の経緯を歴史的に跡づける作業を行う。さらに、福祉（受給者）に関する情報の供給をつうじて、人々の認知に働きかける政治についても、具体的な事例に即して論じていく。

1 「福祉と世論」というテーマ

世論の支持が高い「福祉」

近年、日本の世論調査では、もっとも重要と思う政策や、政府への要望として、福祉や社会保障関連の政策が一位になることが多い。ここでは一つだけ、政府が力を入れるべき政策として、①「医療、年金等の社会保障構造改革」（七二・八%）、②「高齢社会対策」（五七・二%）、③「物価対策」（五六・七%）、④「景気対策」（五六・一%）という順位になった、内閣府大臣官房政府広報室「国民生活に関する世論調査」（二〇一〇年）を挙げておこう（それ以前のものについては、堀江（2009）を参照）。

景気が悪化してくると「景気対策」が一位になることもあるが、[*]社会保障関連の政策は、安定して一位ないし上位に入る。こうした傾向は、新自由主義への批判が高まった、二〇〇八年の「リーマン・ショック」後のことではない。新自由主義的な小泉純一郎政権が人気を博していた時期から、世論調査における「福祉」の人気は高かった。また日本のみならず、欧米の多くの国でも、「福祉国家批判」のイデオロギーとされる新自由主義が席巻した時期を通じて、福祉国家への支持は減らなかった、ないし増えたのである（堀江 2009）。

反福祉国家のイデオロギーとされる新自由主義が多くの国で勝利したとされるなか、世論調査では福祉国家が高い支持を得つづけてきたとすれば、人々が「福祉」や「小さな政府」をどのように観念しているのか、あるいは「福祉国家」にどのような期待を込めているのかといった具合に、「世論」の内実について、より掘り下げた考察が必要となるはずである。つまり、「福祉に対する世論の支持は高い」ということの意味を、考察する必要があるのである。

先行研究は何を問題にしてきたのか

だが、欧米では一定の蓄積がある福祉と世論についての研究は、日本では必ずしも十分に発展しているとは言えない。そこで拙稿（堀江 2009）は、主に欧米の文献を中心に、先行研究の問題関心について簡単な整理を行った。本章では紙幅の都合もあるので、その要点のみを確認しておきたい。

福祉と世論についての研究は、大規模な調査データに基づく計量分析を中心に展開しており、その問題関心を、前掲拙稿では三つの方向性に整理してみた。第一に福祉国家に対する支持の、国による違いはどのように説明できるかをめぐる一連の研究がある。これは、G・エスピン－アンデルセンの福祉レジーム論を（支持するにせよしないにせよ）意識した研究が多い。第二に、どのような人が福祉国家を支持するのか、すなわち、それぞれの社会のなかの属性に着目する研究の系譜がある。そして第三に、人々は福祉国家のどの部分を支持しているのか、すなわち、福祉国家を構成する諸プログラムに焦点を当てた研究がある。もちろん、これらの研究は全く別個に行われているわけではなく、実際には相互に重なり合っているため、以上の分類はあくまで便宜的なものである。

次に、それらの研究の背景に、人はなぜ福祉国家（および、福祉国家を構成する個々のプログラム）を支持するのか（または支持しないのか）、という問題関心を読み取ることができる。そこではたとえば、人々の福祉国家への支持は、どのような正義の原理に基づいているのか、といった議論も展開されている（Aalberg 2003; Mau and Veghte 2007）。その意味では、「福祉と世論」というテーマは、「規範理論と経験的研究との対話」（田村 2008）にとって格好のフィールドと言えよう。

そして、人はなぜ福祉国家を支持するのか

というこの点に関わっては、利己心によるか、それ以外のもの（利他心、イデオロギーなど）によるかという二系列の議論が続けられてきた。だが、この議論はあまり生産的とは言えない。というのも、この両者は二者択一というよりは両立可能なものであり、我々は利己心一辺倒の存在でも、利他心一辺倒の存在でもあり得ないからである（Bowles and Gintis 2000: 37-38）。人々は、自己利益に基づく意見とともに、社会やコミュニティ全体に関わる価値をも表明するのであり（Page and Shapiro 1992: 286）、自分が不利な状況にある人のみならず、現在、恵まれた状況にある人が、政府による所得の再分配を支持するのも珍しいことではない。さらにつけ加えるなら、世論調査で表明される人々の意見が、利己心に基づくものか否かを見分けるのは、存外簡単ではないという問題もある。現在、困窮していない人が政府による再分配を支持するのは、弱者のためというよりは、自分の将来に対する「保険」であるかもしれない（Rehm 2007）。また、貧困を放置して「社会不安」が起こることへの懸念も、再分配への支持に向かいうる（大竹 2005: 128）。

そこで前掲拙稿では、人々が福祉国家を支持するのは、利己心からか利他心からかではなく、どのような時に、またはどのような条件のもとでかが、問われるべきではないかと論じた。人々の意見は、「政策がどのように述べられるか」に大いに左右されるからである（Page and Shapiro 1992: 126）。つまり、福祉と世論について考える際には、問題の定義をめぐるアイディアの政治が重要となる。

もっとも、アイディアの重要性を指摘するだけなら、ことさら「世論」に焦点化する意義は乏しいかもしれない。アイディアや言説の役割を重視する研究は、近年、福祉国家研究のなかで存在感を増している。「福祉と世論」についての研究も、その系譜に位置づけることができるであろうが、より積極的に独自性を述べるなら、政治的アクターが用いる言説やアイディア以上に、その受け手側である「世論」の構造や動態に、より関心をもつ点が挙げられよう。本章も、そうしたアイディアの政治が働きかける対象である「世論」の側により焦点を合わせ、福祉をめぐる政治について考察していく。

＊　一九七三年から五年ごとに行われているある調査では、政治に求める重要課題として、不況時には「経済の発展」を、好況時には「福祉の発展」を望む人が増えるという関係がある（ＮＨＫ放送文化研究所 2010）。

2　福祉世論の構造

安定的な世論と可変的な世論

W・リップマンの昔から（Lippman 1922）、世論についての伝統的なとらえ方として、その不安定さや、いい加減さ、操作されやすさなどを指摘する「世論」観がある。考えられた意見としての「輿論」と気分に近い「世《せ》論《ろん》」が、本来は別の概念であったことに光を当てた佐藤卓己が、同じ世論調査のなかに「輿論」と「世論」、「意見」と「気分」が混在していることを繰り返し指摘しているのも、その一バリエーションと言えるかもしれない（佐藤 2008）。

それに対して、世論の安定性や合理性に着目する議論もある（Page and Shapiro 1992）。福祉についての世論に関しても、たとえばC・ブルックスらは、世論の不安定さの指摘に対し、福祉国家に対する世論の選好が社会に「埋め込まれていること」（embeddedness）を主張する（Brooks and Manza 2007）。また、福祉国家と世論についての研究をリードしてきたS・スヴァルフォルシは、階級と意見の結びつきという次元に光を当てているが（Svallfors 2006）、これも世論の安定性や構造化された側面に着目した議論と言える。「福祉レジームと世論」に関する一連の研究も、世論の構造化された側面に関心がある。そのため、世論の可変性を重視する立場からは、レジームの持続的性質が、経済的・政治的状況に応じて福祉をめぐる世論が変化することを説明できない点が問題視される（Papadakis and Bean 1993: 236）。

だが、この両者の立場は、異なるものを相手にしているのだと考えることもできる。「世論」のなかには持続的なものと変化しやすいものがあり、世論の短期的な変動（fluctuation）と中長期的な趨勢（trend）を区別すべきとの主張は、その面に着目した一つの議論である（Kaase and Newton 1995: 96）。その観点から、どのようなイシューが短期的に変動し、どのようなイシューが長期的な趨勢において変化しているのか、という問いを立てることもできよう（cf. Alvarez and Brehm 2002）。

様々な「世論」

ただ、問題はイシューによる違いとも限らない。もう一つのアプローチは、「世論」なるものの重層性を念頭に置いた、その分節化の試みである。もっとも、ここで考えていることは、人々の「信念体系」（Converse 1964）を解明しようなどというような大掛かりなことではなく、「福祉をめぐる世論」として調査されてきたもののなかに、次元の異なるものが混在していることに着目することで、問題を整理しようという控えめな試みにすぎない。

福祉をめぐる世論に関する先行研究のなかには、いくつかの点で矛盾するかに見える結論に到達しているものがある。たとえば、福祉レジームと世論の関係を探る研究のなかには、福祉をめぐる世論は、福祉レジーム（ないしその修正版）ごとに異なるとする説と、それを否定する説とが併存している（堀江 2009）。

その理由として様々なものが考えられるので、それぞれの調査を照らし合わせて詳細に検討しなければならないが、有力な一つの考え方は、世論についての研究は、レベルの異なるものを扱っているというものである。

たとえば、冒頭で触れた新自由主義の台頭と福祉国家への支持が併存するということについても、支持を集めた福祉国家批判なるものは、福祉国家の非効率性や副作用に対するものであって、福祉国家の原理への批判ではないと考えれば理解できる（Kaase and

Newton 1995）。「行政不信に満ちた福祉社会志向」（山口・宮本 2008）というのも，その一バリエーションであろう。またアメリカ人は，大雑把なイデオロギー的な質問に対しては，レッセフェールで反政府的な回答をするが，医療，教育などといった特定の政策プログラムに対しては，好意的な回答をする傾向があることが，古くから指摘されてきた（Free and Cantril 1968）。

一般的に，平等と正義をめぐる市民の態度においては，国による違いは小さいとされ（Marshall et al. 1999），また「救済に値する」（deserving）人（高齢者，病人，障がい者など）をめぐる世論も国による違いは小さく，どこの国でも国家が責任をもつべきだと考えられている（Bean and Papadakis 1998; Bonoli 2000）。こうした点を踏まえて，国際比較をするなら，国ごとの違いがはっきりする所得再分配に対する世論に絞るべきだという主張もある（Jæger 2006: 158）。*

つまり，「世論」と呼ばれ，計量的な分析に付されているもののなかには，次元の異なるものが混在していると考えられる。福祉国家を支える価値意識を，価値（自由，平等など）に対する「信念」，媒介原理（普遍主義や選別主義など）に対する「態度」，社会政策に対する「意見」という三層構造でモデル化する試みは，その点に自覚的な一例である（武川 2006）。また，福祉に対する態度を形成する際に，人は政策の目標，手段，効果という，少なくとも三つの次元を区別しているという指摘もある（Roller 1995）。

本章で着目したいのは，知識や情報といった，認知に関わる次元を組み込んだモデルである。たとえば，世論（public opinion）や信念（belief）は広すぎる概念だとして，その内容を特定化するために，社会の理想的な状態を表す価値（value）や理想（ideal），人々がどのように社会を見ているかを示す認知（perception），および政策態度（policy attitude）の三つを区別しようとする試みは，その一例である。ここで，他の二つに比べ客観的な「認知」を導入する意味は，たとえば平等主義的な理想をもつ個人が，社会の現状について不平等だという認知をもつとき，より平等を増進する政策態度を示すのに対し，同じく平等主義的な理想をもっていても，社会の現状について十分に平等だという認知をもつなら，政策態度は異なると考えられるからである（Aalberg 2003: 5-8, 86）。

認知と意見の変容

このように，世論調査が捕まえてきた「世論」の内容を腑分けすることにより，「信念」が不変のまま，政策に対する「意見」が変わるといった事態が理解できよう。世論調査のワーディングによって人々が異なる反応を示すことは，世論の不安定さを示すものとされてきたが，質問のワーディングを受けて示された回答と，人々がもつ価値とは異なる次元を構成するのであり，後者は前者に比べ変わりにくいとも言える（Aalberg 2003）。世論の安定性の指摘は，この後者の側面に着目しているとも考えられる。

こうした点から，本章では認知の次元を重視する。ある政策が目指すべき目標や，それを支える価値を支持する人でも、その政策についての知見次第では、その政策を支持しないことがありうる。

今日、多くの国で「福祉」の人気は高い。「welfare」という言葉が、ＡＦＤＣ（要扶養児童家族扶助）に代表される低所得者向けプログラムを想起させ、人々の反感を呼び起こすとされるアメリカにおいても、「welfare」の代わりに「poor」の語を用いて世論調査を行うと、全く異なる結果になることがよく知られている（堀江 2008a; 2009）。そして、一九六一～八九年のアメリカの世論調査では、ほとんど常に社会保障支出が少なすぎるからもっと増やすべきだという回答が、大多数を占めていたのである（Page and Shapiro 1992: 119）。

ただ、一般論としては困窮している人々への支援に賛同する人でも、その政策が伴うコストの大きさや、政策の対象となる人々が、「救済に値しない」人々だという点を意識させた上で尋ねれば、回答は大きく異なりうる。すなわち、その政策に関する何らかの認知がつけ加わることによって、その目標への支持を維持したまま、政策に対する意見が変わることがありうる。とくに、ある人が救済に値するかどうかについての手掛かりとなる情報は、被調査者がもつ価値やイデオロギー以上に、政策への支持に影響するとの実験結果もある（Peterson et al. 2010）。

人々の意見に影響を及ぼす認知といっても、政策についての高度に専門的な知識である必要はない。漠然としたイメージであっても、それを得ることは政策への意見を変えうる。老人医療費無料化がいかに経済的に非効率かを論理的に説明するより、病院が高齢者の「サロン」化しているというイメージの方が、多くの人に理解されやすいために、威力を発揮することもあるだろう。そもそも、専門的と言えるほどの知識を有する有権者が、それほど多いはずはない。専門知識とは、定義上ごく少数の人しかもたないものである。

ただ、社会のなかで格差が拡大しているとか、国の借金が多いとか、少子高齢化が進展して、現役世代の負担が重くなるとか、若者が正社員になれないとか、公的扶助受給者のなかには、実際は困窮していないのに不正に受給している者がいる、などといった漠然とした「認知」は、多くの人が保有しうるものである。そして、漠然としているがゆえに、専門的な知識に比べ、政策への影響が小さいということにはならないし、さらに言うなら、その認知が正確な情報に基づいているかどうかも、重要ではない。政策決定は、常にエビデンスや「専門知」に基づいて行われるとは限らないのである（cf. 久米 2009）。

そこで、節を改めて、日本の世論調査データに依拠しながら、人々が福祉国家についての情報を得ることにより、認知を改め政策についての意見を変えるという「学習」をしてきたのではないか、という見方を検討したい。

＊ ただし、「救済に値する人」の範囲をめぐる国際比較というテーマはありうる（Jæger 2007）。たとえば、ＩＳＳＰ（International Social Survey Project）によれば、「失業者に適切な生活水準を保証するのは、絶対に政府の責任である」に同意する人は、

スウェーデンで三九%、フランスで三四%、イギリスで二八%、アメリカで一三%と幅がある（Daguerre and Taylor-Gooby 2004: 34）。

3　学習する世論

自己利益を追求する有権者像

人々が福祉国家を支持するのは自己利益による、という先に述べた立場を突き詰めると、政府にサービスは求めるが負担はしたくないという、無責任で公共心に欠ける有権者像が浮かび上がる。この考えは、たとえば「統治能力の危機」を問題にした議論の前提にある。民主主義の進展により、統治能力《ガバナビリティ》が失われ、国家財政が破綻するというシナリオがそれである（Crozier et al. 1975）。世論が、合理的な政策決定の妨げとなるという考え方は、公共選択論などでも想定されることがある。こうした考えにおいては、有権者は増税や福祉の削減に反対することが想定されている。

そして、このような有権者像は、今日の政治家にも共有されている。たとえば、「税を増やしていただくということをテーマにして選挙に勝てる日っていうのが果たして来るのだろうか、……なかなかそういう日は来ないかもしれない……ですからわが党もそこのところ［消費税引き上げ］は、なかなかはっきりしたことを出せない」という、自民党の谷垣禎一の認識は、その一例である（テレビ朝日「ビートたけしのTVタックル」二〇〇七年七月九日放送）。また仙谷由人国家戦略・行政刷新担当相（肩書きは当時。以下同）も、消費税に関してこう述べている。曰く、二〇〇五年の郵政選挙の後、「政策的にまともなことをちゃんと提起するということではなかなかこの日本の選挙は勝てないと……総括もして、もう少し我々は大人にならないと政権にも近づけないし、自分たちがこうしたいという政策を実行することもできないんだなという、そういう反省をした」、と（参議院決算委員会、二〇一〇年二月四日）。

これらの発言に見られるように、有権者は負担が増えたり受益が減ったりすることを嫌うため、そのような政策を提起した政党は選挙に勝てないということが、広く信じられている。近年の日本に例を求めるなら、二〇〇九年の政権交代時に、子ども手当の財源に予定されていた配偶者控除の廃止が、有権者の反発を恐れる議員の抵抗によって実現しないことや、二〇一〇年参議院選挙の前に菅直人首相が、消費税増税に言及したことが、民主党の敗因とされていることなどが挙げられる。

不人気政策の政治

こうした前提に立つなら、世論を恐れる政治家が、増税や福祉の削減を言い出すことはおよそ考えられないはずである。だが、実際には「不人気な」政策を提起する政治家もおり、ときにそれが実現することもある。このことは、どのように説明されるであろうか。

たとえば、当選回数が多く選挙に強い有力議員の一部が、省庁とパースペクティブを共有し、不人気な政策の実現に尽力することにインセンティブをもつようになるというのは、一つの説明である（猪口・岩井 1987: 加藤

1997)。

また、近年の福祉政治論でしばしば援用される「非難回避の政治」論は、有権者に負担を強いる政策を実行しようとする政治家が、争点の意義づけを変えたり、責任の所在を不明確にしたりして、いかに有権者の罰から逃れるかに焦点を当てた説明であるが（Weaver 1986; 新川 2004）、これはいわば、有権者はだまされる、というモデルだと言えよう。

それに対し本章では、有権者の学習の結果、従来「不人気」とされてきた政策に対する有権者の選好が変わる場合がある、という観点を導入してみたい。有権者は、政策についての情報に接するうちに、たとえば目先の利得よりも中長期的な展望を優先するようになるといったかたちで、政策に対する選好を変容させることがある。本章ではこの現象を世論の「学習」と呼ぶ。*

「ばらまき」政策の不人気

実際、今日の有権者は、常に目先の減税やサービスの充実を求めるわけではなく、少子高齢化の進展や危機的な財政状況などについて知るにつれ、それらへの不安を抱くようになっている。その結果、野放図な「ばらまき」政策はかえって有権者の支持を得られないという認識や、中長期的な展望をもって「痛み」を求める方が、かえって有権者の支持を得られる、という認識をもつ政治家も存在する。

たとえば、「首相が安心プランをきちんとやるから消費税を上げますと言っても選挙に負けるとは思わない。逃げたほうが政権を失う」という舛添要一厚労相の発言は、その一例である（『日本経済新聞』二〇〇八年七月一九日付）。また民主党の岩国哲人は、「小沢［一郎］さんは選挙のためには［消費税］五パーセント据え置き案がいいと言うけど、私たちはむしろ選挙にマイナスと感じて反論した。……増税しなければ安心できる年金はできないとわかっているのだから、民主党が正直に言えば、有権者は安心して民主党を選ぶ」と語っている（塩田 2007: 266-267）。民主党のマニフェスト企画委員会が、二〇一〇年参院選のマニフェストに、次の衆院選後に消費税増税を行うことを明記する方針を決めたのは（最終的には、「早期に結論を得ることをめざして、消費税を含む税制の抜本改革に関する協議を超党派で開始します」という表現になったが）、深刻な財政状況に「真剣に向き合う」ことが選挙対策上も得策と判断したためだという。同党の枝野幸男幹事長もそのことについて、「参院選にはプラスになる」との見方を示した（『朝日新聞』二〇一〇年五月一三日付夕刊、『日本経済新聞』二〇一〇年五月一四日付）。そして、財政再建派として知られる与謝野馨は自民党時代に、「一番厳しいことをいっている与謝野さんに対し、党内からも待望論が起きている」と水を向けられ、「それは、日本の有権者のレベルが高いということですよ」と語っている（『週刊文春』二〇〇八年六月一九日号、一五〇頁）。

こうした政治家たちの認識は、負担を嫌い目先の受益のみを求める有権者と、彼らの関心を買おうとしてばらまきに走る政治家によって、財政が破綻するという説明とは、鋭い対照をなす。

実際、一九九九年に小渕恵三内閣が、「地域振興券」を配布する前の調査では、六二％が配布に「反対」し、「賛成」は二六％だった（『朝日新聞』一九九八年一一月二二日付）。また、二〇〇九年に麻生太郎内閣が、定額給付金を支給する前の調査でも、定額給付金を「必要な政策」とした人は二六％で、「そうは思わない」が六三％だった（『朝日新聞』二〇〇八年一一月一一日付）。地域振興券は一五歳以下と六五歳以上が対象だが、定額給付金には年齢制限もなく（一八歳以下と六五歳以上には加算）、いずれも、低所得者層など特定の人々だけを対象とした施策ではない。

一般的に、普遍主義的で包括的なプログラムへの支持は高く、対象が限定されているものやミーンズテストを伴うものは支持が低いことが、福祉世論研究では繰り返し確認されてきた（堀江 2009）。だが、普遍主義的なプログラムであっても、「ばらまき」とみなされれば不人気となるのである。

二〇〇九年一二月の調査では、子ども手当の支給に「賛成」五三％、「反対」三七％と制度自体への支持は高かったが（『朝日新聞』二〇〇九年一二月二七日付）**、同月の別の調査では、子ども手当に所得制限を設けることに、「賛成」が七二％に達し、「反対」は二二％であった（『読売新聞』二〇〇九年一二月二〇日付）。高所得者層にまで支給することは、「無駄」だと認識されたのだと思われる。また、長妻昭厚労相が、「財源の確保が難しい」として、マニフェストで公約した二万六〇〇〇円の満額支給をしない方針を示したことには、「賛成」七二％、「反対」二一％であり（『朝日新聞』二〇一〇年六月一四日付）、三歳児未満の子どものいる世帯への七〇〇〇円上乗せ支給には「賛成」二八％、「反対」六九％であった（『毎日新聞』二〇一〇年一二月二〇日付）。今日、多くの有権者が「国の借金」を深刻だと考えているため、「寛大な」政策が支持を得にくくなっているのである。

政権党は、自らに有利になるよう選挙前に財政政策や金融政策を通じて景気刺激を図るため、景気循環が政治的につくり出されるという「ポリティカル・ビジネス・サイクル」論は、有権者は近視眼的で、政策の長期にわたる効果を見通すことができず、短期的な便益に比べ将来のそれを軽視する、ということを想定している（Hall 1997: 178-179）***。だが、財政危機についての中長期的な展望を多くの有権者がもつようになれば、選挙前の大盤振る舞いは、かえって与党に不利に作用しかねない。

大衆迎合主義という意味での「ポピュリズム」の語を日本社会に定着させたのは、小泉政権であるが、小泉が大衆に受けたのは、「ばらまき」によってではなく、「痛みを伴う構造改革」によってであった。「痛み」が降りかかるのは自分にではなく、税金を無駄遣いする「抵抗勢力」にである、と考えた有権者も少なくなかったであろうが、財政危機の深刻さを多くの有権者がある程度知っていなければ、「構造改革」があれほどの人気を得たかどうかは疑わしい。

表５－１　消費税をめぐる世論①

（％）

実施時期	実施地域	税率引き上げ容認	５％現状維持	税率引き下げ	わからない（含無回答）
1998年７月	首都圏	8.3	20.1	54.2	17.4
1999年３月	東京都	14.6	19.8	51.2	14.4
2000年５月	首都圏	19.6	22.2	42.4	15.7
2000年６月	全国主要都市	19.0	32.1	37.4	11.5
2001年６月	東京都	24.8	22.9	36.7	15.7
2001年７月	関東地方都市	13.9	26.0	26.0	23.5
2003年10月	全国主要都市	25.0	27.2	33.1	14.7

出典：橋本（2004）。

消費税をめぐる世論

日本において、中長期的に見ると消費税を容認する有権者が増えてきたのも、有権者が社会保障財源や財政赤字について、「学習」してきた結果と言えよう。橋本晃和の調査によると、消費税をめぐる世論は表５－１のように推移しており、橋本はここに「成熟する民意」を読み取っている（橋本 2004：146）。

だが後述のとおり、消費税増税への支持は、近年の調査ではさらに高く、反対派を上回ることも多い。

そう考えると、政治家が有権者の反発を怖れて消費税増税に踏み切れないことは、奇異に思われるかもしれない。実際、麻生太郎は外相時代と首相時代に、自身が自民党政調会長だった二〇〇一年に実施した世論調査をもち出し、「自民党政調会の世論調査で、はっきりしている。『消費税率は一〇％まで可』という回答が五割を超えた。年金の財源にするなどの条件付きで税率は一〇％が一つの目安だ」、「社会保障関係、年金等々のためなら消費税一〇％はやむを得ないという数字が五十何％だった」と語っている（『日本経済新聞』二〇〇六年一月四日付、『朝日新聞』二〇〇八年一〇月二四日付）。麻生は、世論調査の数値を根拠に、社会保障のためなら、増税をしても有権者の支持は得られると考えたのである。

だが、麻生のこの認識は、少なくとも二つの点で不十分なものである。第一に、福祉削減のコストは集中的かつ緊急だが、その便益は拡散し、また時間をかけてしか現れない上、有権者は一般的に、損失に対してネガティブに反応する方が、利得を称賛するよりも早いとされる（Weaver 1986; Pierson 1994）。こうしたことからすると、政治家が消費税増税に踏み切ることで新たに得られる支持は、失う支持に比べ小さいと考えられる。

第二に、有権者の学習は一方向的ではない。すでに学習して得た知識を否定する情報を新たに受け取ることにより、意見はまた変わりうる。この点についても、消費税をめぐる世論に見てみよう。二〇一〇年参院選の時期に、朝日新聞は毎週、世論調査で消費税増税の是非を尋ねていた。まず、この数字の推移を見てみよう（調査日：賛成―反対。掲載日は省略）。

六月一二・一三日：四九％-四四％↓（六月一七日：菅首相「一〇％」発言）↓六月一九・二〇日：四六％-四五％↓（六月二四日：参院選公示）↓六月二六・二七日：四

六%-四四%→七月三・四日：三九%-四八%→（参院選当日（七月一一日）の出口調査：四九%-四二%）→七月一二・一三日：三五%-五四%

選挙期間中に消費税増税賛成派は減り、反対派が増えていったことがわかる。消費税に反対の人ほど、棄権する率が高いことが確認されているので（橋本 2004: 147）、母集団の異なる出口調査を除外して考えれば、選挙戦を通じて消費税増税賛成派が十数%減ったことになる。そしてその後、増税容認世論はまた四〇%台半ばから後半に戻った[***]。

消費税増税は避けられないのではないか、という意見をもつ人が中長期的には増えてきたが、選挙期間中、「消費税を上げる前にやるべきことがある」と主張するみんなの党などに注目が集まり、消費税増税は不可避との認識に修正を迫る情報に、短期間に集中的に接したことで、意見を変化させた有権者が一定程度存在したのだと思われる。だが、中長期的な趨勢としては、消費税増税は不可避という情報の方がより定着しているため、選挙後、消費税をめぐる新しい情報のインプットが減るなかで、中長期的な増税容認トレンドに復帰したものと考えられる。

民主党も政権を取る前には、無駄をなくせば財源はあると主張していたことを考えれば、今後もみんなの党のような主張が繰り返し登場し、選挙の度に中長期的な学習の成果は掘り崩され、消費税増税はいつまでも行われないということになるのだろうか。

だが、消費税の三%から五%への引き上げが半年後に予定されていた、一九九六年の衆院選では、予定どおりの引き上げを提起した自民党が勝利している。逆に、もともと消費税の一〇%までの段階的引き上げを主張していた野党第一党の新進党が、三%据え置きを公約したことは、「選挙をにらんでのバラマキ公約」と批判され、同党後退の大きな要因とされた（読売新聞東京本社世論調査部編 2004: 195-196）。つまり、増税の提起が常に世論の離反を招くとは限らない。橋本龍太郎は後年、首相時代の仕事で「一番自慢したいこと」として、消費税引き上げ実施を明言してこの選挙を戦ったことを挙げているが（『日本経済新聞』二〇一〇年七月一二日付）、事は増税についての政治が世論を納得させられるかどうかにかかっているのである（もっとも橋本は、新たに消費税増税の是非を問うて選挙を戦ったわけではなく、すでに決定していた引き上げを予定どおり行うと言っただけであるが）。

財政と社会保障をめぐる世論

消費税増税容認世論も、その理由は一様ではない。日本経済新聞では一時期、単に消費税増税の是非を問うだけではなく、選択肢に「何のため」かを含む質問をしていた。その頃の調査によれば、増税の理由としてはやはり、「財政再建」よりも「年金」の支持が高い（表5-2）。財務省もその点を認識しており、「消費税増税に理解を得るには、社会保障費と結びつけるしかない」（幹部）、「財政再建のために増税すると言えば、反発が強まる。社会保障目的と言えば、通りがいい」（幹部）などと語っている（『朝日新聞』二〇〇

表５-２　消費税をめぐる世論②

（％）

調査年月	'05年８月	'05年11月	'06年２月	'06年６月	'06年８月	'06年12月	'07年９月	'07年１月
財政再建のためならやむを得ない	16	19	15	15	19	13	15	15
年金の財源などに限定するならやむを得ない	29	29	29	33	35	35	33	34
現状程度の税率を維持すべきだ	33	27	35	28	24	30	28	28
消費税は廃止すべきだ	9	11	11	11	9	11	12	8

出典：日本経済新聞調査（掲載日省略。選択肢の文章は、回によって少し異なる）。

五年一〇月二六日付、二〇〇七年一〇月一八日付）。ただここでは、「財政再建」の回答が一五％前後あることにも着目しておきたい。択一でなく複数回答なら、財政再建のための消費税増税を「やむを得ない」と考える有権者はもっと多いはずである。「年金」に比べ人気がないのは当然としても、財政再建のための増税をやむを得ないと考える有権者は、相当程度存在するのである。

先に見たとおり、二〇一〇年参院選直後の七月一二、一三日に朝日新聞が行った調査では、消費税増税への賛成は三五％、反対は五四％であった。ところが全く同じ両日に読売新聞が行った調査では、消費税の税率引き上げが必要だと思う人（六四％）は、そうは思わない人（三二％）の倍に達した（『読売新聞』二〇一〇年七月一四日付）。この違いをもたらしたのは質問文で、朝日新聞の調査では、単に「消費税の引き上げに賛成ですか。反対ですか」だったのに対し、読売新聞では「財政再建や、社会保障制度を維持するために、消費税率の引き上げが必要だと思いますか。そうは思いませんか」だったのである。翌年の朝日新聞の調査でも、「社会保障の財源を確保するために、消費税を引き上げることに賛成ですか。反対ですか」ときけば、「賛成」五七％、「反対」三七％と、賛成が反対を大きく上回る（『朝日新聞』二〇一一年三月二二日付）。

このように、無前提に増税の是非をきくと反対する人のなかにも、社会保障（や財政再建）のためという文言がつけ加わると、増税容認に転じる人が少なくない。社会保障（および、より弱い程度で財政再建）のためには、負担増はやむを得ないと考える人が、一定程度いるということである。次に、こうした人々の認知の形成について、歴史的に考察しよう。

財政と社会保障についての認知

三宅一郎は一九八三年の調査で、「政府のサービスが悪くなっても金のかからない小さな政府のほうがよい」という命題への賛否を問う質問において、「分からない」が全一〇争点中で最高の五五％に達したことに注目し、これが「難しい争点」だったとしている。*****同調査で、「税金の負担が重くなりすぎているので、大幅な減税をするべきだ」（七一％）、「国の財政は赤字だから、大幅な減税は見送るべきだ」（一九％）で、ＤＫ率がはるかに低く、「税金問題はやさしい合意争点の最たるもの」とされていたこととは対照的である（三宅 1995: 103-106）。同時にここでは、当時、減税支持がきわめて高かったことも確認しておきたい。税金は意見を形成しやすい「やさしい争点」であったが、当時の有権者の意見とは、「減税すべし」であった。また、一九七六年の調査では、「社会福祉の充実」に意見を保有する者が八九％と、全一二争点中で最も高かった（三宅 1985: 259）。「減税」や「福祉の充実」が自分の利益になる、という意見をもつのに、高度な知識は必要ない。そのため、それらは以前から意見が形成しやすい「やさしい争点」であった。

　他方、「財政」や「小さな政府」といった争点と、自らの損得を結びつけるのは、より難しいと考えられる。たとえば大嶽秀夫は、一九八〇年代から一九九〇年衆院選くらいまでは、「スキャンダルへの反発と基本的に同様の構造をも」ち、政治不信・政治家不信の軸上にあった「消費税」が、時間が経つにつれ、超高齢化社会の財源問題という一般有権者には「理解の難しい争点」になったと指摘している（大嶽 1999: 25-27）。

　だがその後、日本の有権者は徐々に、福祉の充実や減税が自分にとって得かどうか、といったレベルの認識を越え、少子高齢化が進んでおり、年金をはじめとする社会保障制度や財政が「危機的」である、との認知を獲得してきたように思われる。

学習の過程と帰結

　まず年金問題について加藤淳子は、「七〇年代に給付と負担の関係を不問にふしたまま、制度の拡大を提唱した『年金改革論』が、八〇年代初頭『年金崩壊論』にその地位を譲った」という。一九八一年には、『年金崩壊』という著書がベストセラーになり、年金財政の危機を訴える本の出版、新聞の報道、雑誌の特集が目立った（加藤 1995: 117）。

　また高山憲之は、厚生省のパンフレット「五つの選択肢」（一九九七年一二月）が、年金への国民の不安を高めたとしている。そこでは、厚生年金・国民年金ともに、将来的には保険料を現在の二倍近くまで引き上げないと、年金財政はもたないと試算されていたが、この文書が発表されたのは、日本経済が金融システム不安の真っ只中にあった時期である。高山は、「このような選択肢をつきつけられて、日本国民の年金をめぐる将来不安は一挙に高まった」という。そして、「老後の不安といえば、それまでは介護問題が一番深刻であった」が、公的介護保険が二〇〇〇年四月からスタートすることが決まったこともあり、このとき「老後不安の中心部分に年金問題がおどりでてきた」。ここで高山は、老後不安のうち生活費などへの不安を訴える人が五二％に達し、健康不安や介護不安を圧倒した一九九八年の経企庁「国民生活選好度調査」と、生活費などに不安を感じていた人が二六・二

％にすぎなかった一九八六年の総理府「老人福祉サービスにかんする世論調査」とを対比し、「この間に年金不安を覚える人が倍増した」と結論づけている（高山 2000: 21-24）。

以上は、日本人の学習過程の一局面を切り取ったものにすぎないが、少なくとも今日、とりわけ少子高齢化の進展を受け、年金をはじめとする社会保障財政の深刻さが、多くの人に認知されている。たとえばある調査では、少子化を「深刻な問題だ」と考える人は七九・一％に達し、少子化の将来への影響としては、「高齢化が進み、年金など現役世代の社会保障の負担が重くなる」（八一・一％）が最も多い（以下、「若い労働力が減り、経済活動が停滞する」五四・〇％、「人口が減り、社会全体の活力が低下する」五〇・二％、「親が過保護になり子供の成長に悪影響を及ぼす」三四・三％、など）（『読売新聞』二〇〇三年五月二九日付）。別の調査でも、「少子高齢化」が進むことは、「大いに問題だ」（六六％）、「ある程度問題だ」（二九％）を合わせると九五％に達し、「少子高齢化社会」のイメージとしてもっとも多かったのは、「社会保障制度が立ちゆかなくなる」（六三％）であった（以下、「国力や経済規模が縮小する」六〇％、「活気がなくなる」四九％、「子どもが甘やかされる」二三％など）（『朝日新聞』二〇〇九年一二月二七日付）。また、同じく二〇〇九年の調査では、「出生率について我が国の将来に危機感を感じる」人が、「大変」と「多少」を合わせると八三・〇％に達し、「少子化が与えるマイナスの影響」の一位は、「年金や医療費の負担など、社会保障に与える影響」（七六・一％）であった（以下、「労働力人口の減少など、経済活力に与える影響」六二・四％、「過疎化の一層の進行など、社会の活力に与える影響」四一・三％、など）（内閣府「少子化対策に関する特別世論調査」二〇〇九年）。そして、二〇〇八年に行われたインターネット調査では、「社会保障制度はあとどれくらいもつと思うか？」に対し、「あと一〇年も持たずに破綻すると思う」（三三・五％）がもっとも多かった（以下、「あと二〇～三〇年くらいは継続できると思う」二九・八％、「わからない」二六・六％、「半永久的に継続できると思う」五・九％、「あと五〇年くらいは継続できると思う」三・一％、「その他」一・一％）（『日本経済新聞』二〇〇九年一月一一日付）。

社会保障のみならず、財政赤字の深刻さについても、今日、多くの人が認識している。二〇〇九年の調査では、日本の財政について「とても不安・不満」（六八％）と「やや不安・不満」（三一％）を合計すると、九九％に達した。インターネット調査である点を考慮するにしても、驚異的な数字であろう。国の財政に不安や不満をもたない日本人はいない、といって過言ではない。また、「現状のまま財政赤字を放置すると現在の社会保障制度は維持できない」と認識する人も、七五％に達している（財務省調査。『日本経済新聞』二〇〇九年九月二四日付より）。そして、二〇〇三年衆院選時、二〇〇四年参院選時の各政策争点への政府の業績評価を見ると、「財政赤字」について「わからない」とした人は、二〇〇三年には一三・〇％、二〇〇四年には一五・一％に過ぎない（遠藤 2005: 124、表４－２）。これは、政策そのものへの認知ではないが、政府がその問題についてよくやっているかどうかを判断できない人が（主観的にではあるが）、これほど少ないのである。高齢化や財政は、今や多くの有権者にとって「難しい争点」ではなくなってきているのである。

実は一九八二年の調査で、七七・二％の回答者が深刻な歳入不足および赤字国債の問題を知っており、知らないのは二二・八％ということもあった。ただ当時は、増税に反対する者が五二・九％に達したのに対し、増税支持はわずか二二・五％にすぎなかった（加藤 1997: 154、注52）。今日ほどではないにせよ、財政危機についての認知をもつ人は多かったわけだが、当時は増税を容認する世論はほとんど存在しなかった。第二臨調「増税なき財政再建」路線が人気を得ていたことに加え、高齢化率や財政赤字の深刻さが、当時はまだ今日の比ではなかったことも背景にはあると思われる。逆に、二〇〇〇年代に「埋蔵金」言説が台頭したのは、官僚不信の高まりにより、「まだ何か隠しているのではないか」と考える人が多いことに加え、もはや何か新しい材料をもち出さなければ、「増税しなくても財政は大丈夫」という主張が説得力をもちにくくなってきた、という事情もあるように思われる。

「赤字」「借金」の不人気

そうしたこともあり、今日では増税をやむなしとする世論は、かなり拡大したと言える。他方、「財政赤字」「国の借金」と聞くと反対する心性が、今の日本人にはできていると思われる。

たとえば、「政府はこれまで、財政再建のため、社会保障費の伸びを抑えたり、公共事業を減らしたりするなどしてきました。来年度予算では、この財政再建路線を転換し、景気対策のために支出を柔軟に増やす方針を決めました。この方針を評価しますか」に対し、「評価する」四八％、「評価しない」三五％であった（『朝日新聞』二〇〇八年一二月九日付）。ところが翌月、「政府の新年度予算案では、税収が七兆円減ると見込まれるなか、支出を五兆円増やすなど、財政再建路線から景気対策優先に転換する方針です。この方針を評価しますか。評価しませんか」に対し、「評価する」三三％、「評価しない」四一％と逆転する（『朝日新聞』二〇〇九年一月一三日付、傍点は引用者）。どちらも「財政再建路線」から「景気対策」への転換の是非という、同じことをきいているのだが、後者の調査の方が「借金」を感じさせるワーディングとなっていることが、「評価」を下げたと考えられる。

同様に、「景気対策のために、国の借金である赤字国債を発行して大型の補正予算を編成すべきだ、という意見があります。景気対策のために赤字国債を発行することに賛成ですか。反対ですか」には、「賛成」一五％、「反対」六七％であり（『朝日新聞』二〇〇八年九月二日付、傍点は引用者）、「いま、国会では補正予算案が審議されています。これに追加して、景気対策のために、国の借金である赤字国債を発行して大型の補正予算を編成すべきだ、という意見があります。景気対策のために赤字国債を発行することに賛成ですか。反対ですか」には、「賛成」二四％、「反対」

五六％であった（『朝日新聞』二〇〇八年一〇月一五日、傍点は引用者）。

質問文の中の、「国の借金」や「赤字国債」が、「景気対策」への支持を抑制するのである。

無駄と財源をめぐる学習

つまり、今日ほとんどの日本人は、財政危機（国の借金）を深刻と思っており、また少子高齢化の進展に伴い、社会保障制度の存続にも危機感を抱いている。いわば、負担をせずにサービスだけを享受することはできないということを、日本人は学習してきたと考えられる。一見、人気があるように見える「景気対策」すら、「借金」を意識させた上で尋ねられれば支持は激減する。

二〇〇九年の衆院選で民主党は、長年にわたる自民党政権下での政官業の癒着や税金の無駄遣い、官僚支配などを批判し、無駄をなくして予算を大胆に組み替えれば財源はあると主張して政権を獲得した。その後、同年秋に始まる「事業仕分け」は人気を博したが、財源はあるという民主党の主張に、疑念を投げかける結果となった。そのため、菅政権は消費税増税に舵を切ろうとしたが、先に見たとおり、消費税が選挙戦の争点となるなかで、消費税増税「やむなし」論に異を唱える主張を短期間に集中的に浴び、数週間のうちに増税容認派は縮小した。「無駄をなくせば財源はある」という主張が、一定の影響力をもったのである。

だが、人々の学習は、さらに次の段階に進みつつあるのではないか、との説も現れている。それは、事業仕分けを通じて、無駄を減らしても財源が足りないことを、人々は学んだのではないか、という指摘である。管見の限り、この点を逸早く指摘したのは河野勝である。曰く、事業仕分けは「国民心理に一つのパラダイムシフトを起こした。すなわち、それまで我々は、日本の膨大な財政赤字は膨大なムダがあるから存在するのだろうと、心のどこかで信じていた。だが大々的な報道を通じ、国民はムダを一掃してもなお巨額の赤字が残るかもしれないと実感できるようになった。この国民心理の変化は、例えば将来消費税率を引き上げるために、不可欠な政治的条件となろう」、と（河野 2010）。その後、吉川洋や『朝日新聞』も、歳出削減だけでは社会保障などに必要な財源を賄えないことを、事業仕分けが明らかにしたと指摘している（吉川 2010：「社説　財務相発言　消費税封印の呪縛を解け」『朝日新聞』二〇一〇年二月一日付）。財政学者の土居丈朗は、「もはや国民は増税がなくても未来永劫まで大丈夫とは思っていないから、〔増税するのに〕とてつもないリーダーシップなどいらない」とさえ語っている（『朝日新聞』二〇一一年八月一九日付）。

もちろん、事業仕分けに政治的操作の陰を読み取ることはできる。特別会計を対象とした第三弾の事業仕分けの際には、「仕分け人と官僚の激しいバトルを演出することで、『これ以上の予算削減は難しい』と、世論に納得させる狙いがある」「政権内部からは『消費増税の議論を始める前に、事業仕分けで徹底的に官僚をたたく姿をみせる必要がある』との声も聞こえてくる」とされ（『朝日新聞』二〇一〇年一〇月三一日付)、行政刷新会議の関係者も、「特会を徹底的に仕分けることで『もう財源はない』ということを国民に分かってもらえればいい」との思惑を覗かせている(『朝日新聞』二〇一〇年一〇月二一日付)。少なくとも、「事業仕分け」という政治ショーを通じて、国民に学習させようという狙いをもつ者は存在したようである。

いずれにせよ、無駄を削っても財源は足りない、という認知がどれくらい定着するかについては、今後、中長期的に検証されるべき事柄である。

＊　何人かの方からいただいたコメントを踏まえ、この「学習」概念について二点注釈したい。第一にこの概念は、学習により人々がより公共心に厚くなる、ということを含意していない。負担を受け入れるようになるのは、将来の自分のためかもしれないからである。第二に、学習した知識が正しいとは限らない。後述のとおり、財政や社会保障への危機感から、消費税増税を容認する人は増えてきたが、増税しなくても財源はあるというエコノミストも多く、消費税増税を容認する人は財務省に洗脳されているのだ、といった主張もある。ここでは、経済学上の知見としてどちらが正しいかを問わない。つまり学習の結果、「賢く」なるのではなく「洗脳」されるのかもしれないが、知識や情報を得て選好が変わることを、ここでは世論が「学習」したと表現する。

＊＊　二〇一〇年四月には、子ども手当の支給を「評価する」四三%、「評価しない」五二%と逆転している(『読売新聞』二〇一〇年四月五日付)。政権への支持も影響していそうだが、その点について深く立ち入ることができない。

＊＊＊　ポリティカル・ビジネス・サイクル論のなかにも、有権者はそれほど近視眼的ではない、とする議論もある(河野 2004)。

＊＊＊＊　消費税増税への「賛成:反対」の比率は、朝日新聞調査では、四一%:四七%(二〇一〇年八月)→四八%:四四%(二〇一〇年九月)→四二%:四八%(二〇一一年一月)→四六%:四五%(二〇一一年二月)、日本経済新聞調査では、四六%:四四%(二〇一〇年九月)→四七%:四四%(二〇一〇年一〇月)→四六%:四四%(二〇一〇年一一月)→四五%:四四%(二〇一〇年一二月)→四六%:四一%(二〇一一年一月)、となっている(掲載日省略)。ただ、東日本大震災後の世論調査では、消費税については復興増税との関連で聞かれることも多い。本章の大枠は震災以前に執筆されたものであり、その影響については、別途検討しなければならない。

[付記]

本章脱稿後に成立した野田佳彦政権が、「社会保障と税の一体改革」の名のもと、増税姿勢を明確にしてから、とりわけ二〇一四年四月に八%に、一五年一〇月に一〇%に消費税を引き上げる案を示して以降、この消費税増税案に「反対」の世論が、この付記を書いている二〇一二年四月時点までに最高で五〇%台後半から六〇%にまで増大し、逆に「賛成」は三〇%台に低下した(『毎日新聞』二〇一二年一月二三日付、『朝日新聞』二〇一二年一月一五日付、『日本経済新聞』二〇一二年一月一五日付)。だが同時に、社会保障制度を維持するために、消費税率の引き上げが必要だと思う人や、消費税を増税しなくても、社会保障制度の維持が可能だとは思わない人は、五〇%台の後半から六〇%台の後半に達する(『毎日新聞』二〇一二年一月二三日付、『読売新聞』二〇一二年一月二九日付、『朝日新聞』二〇一二年二月一四日付、『日本経済新聞』二〇一二年三月二六日付)。増税の必要性は認めながらも、政府の増税案には反対という人が一定程度いる、ということである。

＊＊＊＊＊　人々の知識が以前に比べて増えたかどうかを知ることは容易ではないが、世論調査におけるＤＫ（わからない）や無回答の動向を歴史的にたどることは、一つの方法である（Page and Shapiro 1992: 429, n.2）。

4　福祉世論をめぐる政治

政治的所産としての世論

このように、「政策に対する意見」という意味で、世論は可変的である。このような可変性の観点から考えれば、世論とは人々があらかじめ抱いている意見を集計したものというよりは、それ自体が政治的所産、すなわち政治的につくられるものだともいえる。＊政治的アクターは、自らが推進したい政策に対する世論の支持を得ようとして、すなわち世論を説得しようとして、情報の供給を行う。前節で見たように、社会保障や財政の危機といった事柄に対する日本人の理解は格段に進んだが、そこには大蔵省・財務省の長年にわたる「教育」（ないし「洗脳」？）が、少なからず影響してもいるであろう。

こうしたこともあり、世論が政府によって操作される危険が、古くからたびたび指摘されてきた。とはいえ、世論は必ずしも一方向にのみ誘導されるわけではない。少なくとも、報道や言論の自由のある社会では、世論を説得しようとする言説政治が絶えず戦われているのであり、その点では福祉をめぐる世論も例外ではない。政府が世論をある方向に誘導しようとすれば、それへの対抗言説が組織されうるし、その結果、交差圧力が働き、影響が中和されることもある。誰もが発信できるインターネット時代とはいえ、情報の発信力には格差もあるので、「メディア多元主義」（蒲島 1990）が成立していると言えるかどうかについては楽観できないが、少なくともこの過程は競争に開かれている。

本節では、こうした世論を説得しようとする試みについて考察する。

問題の顕在化と学習

世論は常に政策についての知識を得て、学習し続けているわけではない。多くの有権者は、政策についての情報を主にマスメディアの報道に頼っており、政策に対する意見は、問題の顕在化（issue saliency）の度合いから影響を受ける。年金や消費税は、関心が高い状態が比較的長期にわたり続いているが、そのようなイシューばかりではない。イシューが顕在化している時には報道量が多いので、それだけ有権者は学習しやすいが、報道が下火になると、関心とともに知識も低下する。その問題を、後期高齢者医療制度を例に考えよう。

福田康夫政権低迷の一因ともされる同制度は、スタート直後で最も関心が集まっていた頃には、「評価する」三〇％、「評価しない」六九％と評判が悪く（『読売新聞』二〇〇八年五月二〇日付）、同制度が自民党の敗因になったとされる二〇〇八年四月の衆院山口二区補欠選挙では、従来は自民党が強かった六〇～七〇歳代でも半数以上が民主党に投票した

表5－3　主要紙における「後期高齢者医療制度」を含む記事の件数の推移

	2006年	2007年	2008年	2009年	2010年
朝日新聞	7	118	1625	525	315
日本経済新聞	5	29	592	183	153
毎日新聞	18	90	1416	448	285
読売新聞	19	96	1380	380	202

出典：各紙のデータベース，「聞蔵Ⅱビジュアル」「日経テレコン21」「毎日Newsパック」「ヨミダス歴史館」で検索。地方版含む。

（川本 2008: 138-139）。ところが、二〇一〇年の調査では、「後期高齢者医療制度を平成二四年度末までに廃止し、平成二五年度からの新たな医療保険制度のスタートに向け、政府が検討を進めていることについて知っていますか」に対し、廃止方針を知らない人が五九・五％に達した。高齢になるほど認知度は上がるが、七〇歳以上でも知らない人が四八・三％と半数近かった（内閣府「高齢者医療制度についての世論調査」二〇一〇年）。

このことは、報道量から説明できる（表5-3）。同法案が成立したのは、小泉政権下の二〇〇六年であるが、その時の報道は少なく、実際に制度、すなわち負担が始まる二〇〇八年に、報道は集中する。小泉が回避した「非難」が、福田に降りかかった格好であるが、その後、報道はまた下火となり、民主党政権が廃止方針を打ち出しても、二年前に怒っていた人々の耳には届かなかったのである。

多くの人は、日常生活のなかでは社会保障制度についてあまり意識することなく生活しているので、報道量の多い時期には情報に接して意見を形成するが、報道が減ればそれに応じて関心を低下させる。特定の政治的問題に対する人々の知識や関心は、メディアの扱いの多さと長さの影響を受ける。当然、報道が長く続けば、それにつれてその問題に対する人々の知識は増すことになる（Page and Shapiro 1992: 12-13）。後期高齢者医療制度についての情報源は、「テレビ・ラジオ」（八一・五％）、「新聞」（五八・六％）が圧倒的であり（前掲「高齢者医療制度についての世論調査」。以下、「人との会話」二六・一％、「自治体が配布する広報誌やパンフレット」一七・九％、「医療機関等に掲示されているポスター」一〇・六％、「インターネット」八・六％、など）、報道が減れば人々の認知も減少するのは当然である。こうしたことを背景として、イシューを報道に乗せるための競争が展開するのである。

貧困・格差をめぐる言説・イメージの政治

たとえば、貧困や格差といった問題は、従来、テレビなどの日本の大手メディアではなかなか取り上げられにくかったため、そうした問題を報道に乗せるために、ジャーナリストたちは様々な工夫をしてきた（斉藤 2007; メディア総合研究所編 2008）。その成果もあり、二〇〇〇年代の後半にはそれらの問題が報道される機会は格段に増えた。表5－4は、その傾向を示すものと言える。

日本社会で、本当に格差が拡大しているかどうかをめぐっては、経済学者や社会学者らの間で論争がある（『中央公論』編集部編 2001;

表5-4　雑誌論文・記事のタイトルに含まれる「貧困」「格差」の件数の推移

	1980年代	1990年代	2000年	2001年	2002年	2003年
貧　困	402	621	169	147	148	170
格　差	518	1671	385	376	329	383

2004年	2005年	2006年	2007年	2008年	2009年	2010年
171	255	368	489	704	963	745
364	538	1274	1572	1255	830	534

出典：NII 情報論文ナビゲータ CiNii (http://ci.nii.ac.jp/) で検索（2011年4月）。

文春新書編集部編 2006)。だが、少なくとも「世論」レベルでは、格差拡大説が優勢である。

たとえば、大阪大学の調査（二〇〇六年）では、所得格差については六八％の人が、資産格差については六〇％の人が、過去五年間に拡大したと認識した（大竹 2010: 133-134）。連合総研の調査では、個人間の収入の差が五年前より拡大したと感じる人は六三・六％に達した（連合総合生活開発研究所「第二一回勤労者の暮らしと仕事についてのアンケート」二〇〇六年）。朝日新聞が二〇〇六年に行ったいくつかの調査では、最近の日本で「所得などの格差」が拡大していると思う人は七一〜七四％であり（『朝日新聞』二〇〇六年二月五日付、二月二一日付、八月二九日付）、ＮＨＫの調査では、貧富の格差が拡大していると思う人が七六％に達した（「あすを読む」二〇〇六年二月四日放送[**]）。

また、一九九六年の調査で、「わが国でお金に困っている人たちがいるのはなぜだと思いますか」に対し、「彼らが貧しいのは怠惰と意志の弱さのせいである」（四四・八％）と、「彼らが貧しいのは社会が彼らを不公平に扱っているからである」（四八・七％）は、拮抗していた（井田 2000: 219）。二〇一一年の調査では、「失業や貧困は、個人の責任のほうが大きいと思いますか。社会の責任のほうが大きいと思いますか」に対し、「個人の責任」が三一％、「社会の責任」が五五％であった（『朝日新聞』二〇一一年三月二二日付）。後者の調査は「失業」を含むなど、質問文が異なるので、単純な比較はできないが、「ワーキングプア」や「年越し派遣村」などについての報道が、一定の役割を果たした可能性がある。

格差や貧困の問題に光を当てようとする努力が成果を上げると、それへの対抗言説も現れる。たとえば、石原慎太郎東京都知事は二〇〇八年一〇月に、いわゆる「ネットカフェ難民」について、日雇い労働者が集まる東京の山谷地区には「二〇〇円や三〇〇円で泊まれる所がある」とし、「ファッションみたいに一泊一五〇〇円のカフェに泊まって『おれはたいへんだ。孤立した』と言われても、もっと安い宿はある」、「一五〇〇円という大金を払って大変だというのはおかしい」などと語り、格差社会の犠牲者との見方を「一方的な捉え方」と批判した（『朝日新聞』東京版二〇〇八年一〇月四日付）。また、二〇〇九年一月に坂本哲志総務政務官は、「年越し派遣村」に集まった人々について、「真面目に働こうとする人たちなのかという気もした」と発言した（後に撤回して謝罪）。これらの発言は、「ネットカフェ難民」や「ホームレス」に同情が集まることに対し、「困窮していない」「怠惰である」といったイメージを付与し、「救済に値しない」ことを印象づけようとしたものと見ることもできる。

対抗言説を組織しようとする試みは、メディアへのより直接的な働きかけとなって表れることもある。二〇〇八年三月に自民党の世耕弘成は、国会で福地茂雄NHK会長に、「NHKスペシャル……の内容がこの一年ぐらいどうも、格差の問題とかワーキングプアの問題とか貧困の問題、どうもそっちに偏り過ぎているんじゃないか。……その背景にある厳しいグローバル競争の現状とか、あるいは中国が今世界でどうなっているか、アジア諸国が今世界でどうなっているか、日本のアジアにおける立場がどうなっているか、そういうことをもう少しスポットライトを当てる番組が不足をしているんじゃないか」と質問し、福地は「御指摘の点は十分に心得てまいりたいと思います」と応じた（参議院総務委員会、二〇〇八年三月三一日）。NHKの報道番組が、貧困・格差問題への関心を高めたことに、対抗しようとする試みと言えよう。

福祉（受給者）とイメージの政治

貧困をめぐっては古くから、原因を個人に帰するか社会に帰するかをめぐる意見の対立があるが、貧困を個人的な要因で説明する人は、社会的な要因で説明する人に比べ、徴税や社会保障支出、社会的保護政策などに反対するか、または消極的である傾向がある（van Oorschot and Halman 2000）。また、再分配政策に対する人々の態度を決めるもっとも大きな要因は、実際の貧困の状態ではなく、貧困に陥った原因だと考えられている（Fong 2001）。そして、福祉受給者が自助努力に努め、再び労働市場に戻ろうとしていると考えられるとき、公的扶助への支持は高まる傾向がある（Bowles and Gintis 2000）。多くの人は、一般論としては困窮している人々への支援に反対ではないが、公的扶助の受給者が「救済に値しない人」と認識されれば、意見は異なる。

ただ、困窮している人々とが実際にどのような状態であるかを、直接知りうる人は多くはない。「多くの人々が生活保護利用者と直接接触がないなかで、そのイメージを持つときはほとんどがテレビなどのメディアから得ている」（青木 2010: 218）。そのため、貧困者や福祉受給者のイメージが重要であり、そこに「福祉イメージの政治」（堀江 2008a）が展開する余地がある。

アメリカでは、AFDCのような低所得者向けプログラムが、「ウェルフェア・マザー」などと呼ばれる、一〇代で未婚のうちに出産し、アフリカ系が多く、就労せずAFDCとフードスタンプで生活している「だらしない女性」というイメージと結びつけられ、それが一九九〇年代の福祉改革を後押ししたというのは、その一例である（大辻 2003: 杉本 2003）。

イメージが問題となるのは、貧困者だけではない。現在、日本の社会保障制度をめぐる大きな論点の一つは、世代間の利害対立や世代間連帯などの問題であろう。この点をめぐり、「高齢者は必ずしも弱者ではない」「日本の高齢者はお金持ち」といった言説が、政治家から発信されるようになってきている（堀江 2008b）。そして現在、「若者」は、あるいは「高齢者」は、「弱者」か、「かわいそう」かをめぐり、多くの議論が行われている（「特集 高齢者は本当に弱者なのか」『中央公論』二〇〇八年八月号：島澤・山下 2009：袖井 2009：海老原 2010：城・小黒・高橋 2010）。政策の対象者に対する人々の認知が、政策に対する人々の意見を大きく左右するため、その対象者像をめぐる表象／イメージの政治が戦われているのである。

＊ 世論が「つくられる」という場合には、もう一つ、世論調査自体が「世論」をつくってしまう、という意味があるが（堀江 2009）、本章では紙幅の関係で取り上げることはできない。

＊＊ ただし表にあるとおり、二〇〇七年をピークに、「格差」をめぐる雑誌論文・記事の件数が減少傾向に入り、呼応するように「格差」問題は世論調査の項目に入らなくなってきている。詳しい分析は別途必要であるが、少なくとも現象的には、メディアが「格差」論に飽きてきたということは言えそうである。

5 「非難回避」を超えて

今日、多くの国において、福祉は世論の関心と人気が高いテーマであるが、グローバル化や人口構成の変化などにより、福祉国家の持続可能性が脅かされるなか、政治家たちは、自分に非難が降りかからないよう気を配りながら、縮減・抑制を模索してきた。この戦略が想定する「世論」とは、近視眼的に自己利益を追求するそれである。だがそれは、世論の一面にすぎない。

世論は、「救済に値する」と観念されれば、他者への援助を支持するし、また今日、ある程度の負担増を受け入れなければ財政が破綻し、福祉国家が持続可能でなくなるという認知をもつ人も多い（ここでは、その説の真偽は問わない）。その意味で「世論」とは、長期的視野に立って目先の利益を我慢したり、他者に共感したりする能力をもちうるものである。

そのため日本の世論は、社会保障制度の持続可能性を危険にさらしかねない「ばらまき」を忌避する方向へと、その選好をシフトさせ、社会保障制度維持のためには増税もやむを得ないと考える人も増えてきた。

もちろん、この「学習」は確固たる学問的裏づけに基づくものなどではなく、どのような情報にどのくらい接するかに影響を受ける。そのため、増税をしなくても財源はあるといった主張を耳にする機会が増えれば、そちらに移行する人も少なくない。

今後、さらなる少子高齢化の進行や財政赤字拡大のなかで、福祉政治がいっそう本格的に展開することは必定であろうが、そのことは、政治家に従来以上に世論への配慮を要請するはずである。

現在、民主党政権は、専業主婦層の批判を

怖れて、子ども手当の財源に予定していた配偶者控除の廃止に踏み切れないでいる。同党の税制改正プロジェクトチームからは、「配偶者控除に触れれば来年の統一地方選を戦えなくなる」「これ以上、支持率が下がれば政権が持たない」などの意見が噴出した（『日本経済新聞』二〇一〇年一二月一七日付）。だが、当の専業主婦たちは、専業主婦世帯を優遇するとされる制度について、十分に理解した上でそれを支持しているのであろうか。たとえば、税制と並んで専業主婦世帯に有利とされる制度に、国民年金の第三号被保険者制度がある。やや古い調査だが、第三号被保険者の約八割が、「夫は年金保険料を妻の分まで含め、倍額払っている」と思っており、制度についての勉強会を開いた後では、ほとんどの三号被保険者が、「保険料を負担すべきだ」という意見に変わったという（『朝日新聞』一九九八年一〇月一日付）。有権者からの制裁を怖れる政治家は、世論の学習能力を過小に評価し、十分な説明をすることを怠ってきたのではないか。

自分の任期中には消費税を上げないと宣言した小泉は、高い支持率のまま任期を全うしたが、財政赤字の巨額さの点でも、少子高齢化の進行の点でも、状況はその後さらに進んだ。消費税だけが手段ではないにせよ、国債の暴落を防ぎ、社会保障制度を持続可能なものにするために、何らかの形での国民負担増が不可避となるタイムリミットは、より近づいたと言える。非難を回避して任期を全うするという戦略が成立する余地は、狭まったと言えよう。「非難回避」で間に合わなくなれば、「説明と説得」の政治が求められるはずである。それは政治の本来の役割であり、人びとの関心と要望が最も高い福祉や社会保障は、それが行われることが最も必要なフィールドであるはずである。

［付記］
本章の準備過程で、世界政治研究会、名古屋「政治と社会」研究会で報告させていただきました。コメントを下さったみなさんに感謝いたします。
本章は、二〇一〇～二〇一二年度科学研究費補助金・基盤研究（c）（課題番号二二五三〇一二九）の成果の一部である。

【参考文献】

Aalberg, Toril, *Achieving Justice: Comparative Public Opinion on Income Distribution*, Brill, 2003.
Alvarez, R. Michael and Brehm, John, *Hard Choices, Easy Answers: Values, Information, and American Public Opinion*, Princeton University Press, 2002.
Bean, Clive and Elim Papadakis, "A Comparison of Mass Attitudes towards the Welfare State in Different Institutional Regimes, 1985-1990", *International Journal of Public Opinion Research*, Vol. 10, No.3, 1998, 211-236.
Bonoli, Giuliano, "Public Attitudes to Social Protection and Political Economy Traditions in Western Europe", *European Societies*, Vol.2, No.4, 2000, 431-452.
Bowles, Samuel and Gintis, Herbert, "Reciprocity, Self-Interest, and the Welfare State", *Nordic Journal of Political Economy*, Vol.26, No.4, 2000, 33-53.
Brooks, Clem and Manza, Jeff, *Why Welfare States Persist: The Importance of Public Opinion in Democracies*, University of

Chicago Press, 2007.
Converse, Philip E., "The Nature of Belief Systems in Mass Publics", in D. E. Apter (ed.), *Ideology and Discontent*, Free Press, 1964.（堀江湛訳「国民大衆における信条体系の性格」慶應義塾大学地域研究グループ訳『イデオロギーと現代政治』慶應通信、一九六八年。）
Crozier, Michael, Huntington, Samuel P. and Watanuki, Joji, *The Crisis of Democracy: Report on the Governability of Democracies to the Trilateral Commission*, New York University Press, 1975.（綿貫譲治監訳『民主主義の統治能力』サイマル出版会、一九七六年。）
Daguerre, Anne and Taylor-Gooby, Peter, "Neglecting Europe: Explaining the Predominance of American Ideas in New Labour's Welfare Policies since 1997", *Journal of European Social Policy*, Vol.14, No.1, 2004, 25-39.
Fong, Christina, "Social Preferences, Self-interest, and the Demand for Redistribution", *Journal of Public Economics*, Vol.82, No.2, 2001, 225-246.
Free, Lloyd. A. and Cantril, Hadley, *The Political Beliefs of Americans: A Study of Public Opinion*, Simon & Schuster, 1968.
Hall, Peter A., "The Role of Interests, Institutions, and Ideas in the Comparative Political Economy of the Industrialized Nations", in M. I. Lichbach and A. S. Zuckerman (eds.), *Comparative Politics: Rationality, Culture, and Structure*, Cambridge University Press, 1997.
Jæger, Mads Meier, "Welfare Regimes and Attitudes Towards Redistribution: The Regime Hypothesis Revisited", *European Sociological Review*, Vol. 22, No. 2, 2006, 157-170.
———, "Are the 'Deserving Needy' Really Deserving Everywhere?: Cross-cultural Heterogeneity and Popular Support for the Old and the Sick in Eight Western Countries", in S. Mau and B. Veghte (eds.), *Social Justice, Legitimacy and the Welfare State*, Ashgate, 2007.
Kaase, Max and Newton, Knenneth, *Beliefs in Government*, Oxford University Press, 1995.
Lippman Walter, *Public Opinion* The Macmillan Company, 1922.（リップマン／掛川トミ子訳『世論』（上）（下）岩波文庫、一九八七年。）
Marshall, Gordon, Swift, Adam, Routh, David and Burgoyne, Carole, "What is and What ought to be: Popular Beliefs about Distributive Justice in Thirteen Countries", *European Sociological Review*, Vol. 15, No.4, 1999, 349-367.
Mau, Steffen and Veghte, Benjamin (eds.), *Social Justice, Legitimacy and the Welfare State*, Ashgate, 2007.
van Oorschot, Wim and Halman, Loek, "Blame of Fate? Individual or Social?: An International Comparison of Popular Explanations of Poverty", *European Societies*, Vol.2, No.1, 2000, 1-28.
Page, Benjamin I. and Shapiro, Robert Y., *The Rational Public: Fifty Years of Trends in Americans' Policy Preferences*, University of Chicago Press, 1992.
Papadakis, Elim and Bean, Clive, "Popular Support for the Welfare State: A Comparison between Institutional Regimes", *Journal of Public Policy*, Vol.13, No.3, 1993, 227-254.
Peterson, Michael Bang, Slothuus, Rune, Stubager, Rune and Togeby, Lise, "Deservingness versus Values in Public Opinion on Welfare: The Automaticity of the Deservingness Heuristic", *European Journal of Political Research*, Vol. 50, No. 1, 2010, 24-52.
Pierson, Paul, *Dismantling the Welfare State?: Reagan, Thatcher, and the Politics of*

Retrenchment, Cambridge University Press, 1994.

Rehm, Philipp, "Who Support the Welfare State?: Determinants of Preference Concerning Redistribution", in S. Mau and B. Veghte (eds.), *Social Justice, Legitimacy and the Welfare State*, Ashgate, 2007.

Roller, Edeltraud, "The Welfare State: The Equality Dimension", in O. Borre and E. Scarbrough (eds.), *The Scope of Government*, Oxford University Press, 1995.

Svallfors, Stefan, *The Moral Economy of Class: Class and Attitudes in Comparative Perspective*, Stanford University Press, 2006.

Weaver, R. Kent, "The Politics of Blame Avoidance", *Journal of Public Policy*, Vol.6, No.4, 1986, 371-398.

青木紀『現代日本の貧困観――「見えない貧困」を可視化する』明石書店、二〇一〇年。

井田正道「日本人の政治・社会観に関する一考察――『自己責任』と『福祉国家』について」明治大学『政経論叢』第六九巻第二・三号、二〇〇〇年。

猪口孝・岩井奉信『「族議員」の研究――自民党政権を牛耳る主役たち』日本経済新聞社、一九八七年。

NHK放送文化研究所編『現代日本人の意識構造』第七版、日本放送出版協会、二〇一〇年。

海老原嗣生『「若者はかわいそう」論のウソ――データで暴く「雇用不安」の正体』扶桑社新書、二〇一〇年。

遠藤晶久「政治経済制度の変化と有権者の政策争点態度――二〇〇四年参議院選挙における年金改革争点に関する分析」北岡伸一・田中愛治編『年金改革の政治経済学――世代間格差を超えて』東洋経済新報社、二〇〇五年。

大嶽秀夫『日本政治の対立軸――九三年以降の政界再編の中で』中公新書、一九九九年。

大竹文雄『日本の不平等――格差社会の幻想と未来』日本経済新聞社、二〇〇五年。

――『競争と公平感――市場経済の本当のメリット』中公新書、二〇一〇年。

大辻千恵子「一九九六年福祉改革法の意味――二〇世紀アメリカ社会と『家族』」『アメリカ史研究』第二六号、二〇〇二年。

加藤淳子「政策知識と政官関係」日本政治学会編『年報政治学一九九五　現代日本政官関係の形成過程』岩波書店、一九九五年。

――『税制改革と官僚制』東京大学出版会、一九九七年。

蒲島郁夫「マス・メディアと政治」『レヴァイアサン』第七号、一九九〇年。

川本卓「二〇〇七年参院選での躍進」橘民義編『民主党一〇年史』第一書林、二〇〇八年。

久米郁男編『専門知と政治』早稲田大学出版部、二〇〇九年。

河野勝「政治的景気循環」猪口孝ほか編『政治学事典』弘文堂、二〇〇四年。

――「経済教室　激震・鳩山政権　評価と展望　中」『日本経済新聞』二〇一〇年一月二一日付。

斉藤貴男「メディア――貧困をめぐるマスメディアの状況」青木紀・杉村宏編『現代の貧困と不平等　日本・アメリカの現状と反貧困戦略』明石書店、二〇〇七年。

佐藤卓己『輿論と世論――日本的民意の系譜学』新潮社、二〇〇八年。

塩田潮『民主党の研究』平凡社新書、二〇〇七年。

島澤諭・山下努『孫は祖父より一億円損をする――世代会計が示す格差日本』朝日新書、二〇〇九年。

城繁幸・小黒一正・高橋亮平『世代間格差ってなんだ――若者はなぜ損をするのか?』PHP新書、二〇一〇年。

新川敏光「日本の年金改革政治――非難回避の成功と限界」新川敏光・ジュリアーノ・ボノーリ編著『年金改革の比較政治学　経路依存性と非難回避』ミネルヴァ書房、二〇〇四年。

杉本貴代栄『アメリカ社会福祉の女性史』勁草書房、二〇〇三年。

袖井孝子『高齢者は社会的弱者なのか――今こそ求められる「老いのプラン」』ミネルヴァ

書房、二〇〇九年。

高山憲之『年金の教室　負担を分配する時代へ』ＰＨＰ新書、二〇〇〇年。

武川正吾「福祉国家を支える価値意識」武川正吾編『福祉社会の価値意識　社会政策と社会意識の計量分析』東京大学出版会、二〇〇六年。

田村哲樹『熟議の理由——民主主義の政治理論』勁草書房、二〇〇八年。

『中央公論』編集部編『論争・中流崩壊』中公新書ラクレ、二〇〇一年。

橋本晃和『民意の主役——無党派層の研究』中央公論新社、二〇〇四年。

文春新書編集部編『論争　格差社会』文春新書、二〇〇六年。

堀江孝司「福祉イメージの政治」名古屋市立大学人間文化研究所『人間文化研究所年報』第三号、二〇〇八a年。

——「少子化問題をめぐるアイディアと政治」首都大学東京『人文学報』第三九四号、二〇〇八b年。

——「福祉国家と世論」首都大学東京『人文学報』第四〇九号、二〇〇九年。

三宅一郎『政党支持の分析』創文堂、一九八五年。

——『日本の政治と選挙』東京大学出版会、一九九五年。

メディア総合研究所編『貧困報道——新自由主義の実像をあばく』花伝社、二〇〇八年。

山口二郎・宮本太郎「世論調査——日本人はどのような社会経済システムを望んでいるのか」『世界』二〇〇八年三月号。

吉川洋「経済教室　消費税増税を考える２」『日本経済新聞』二〇一〇年三月九日付。

読売新聞東京本社世論調査部編『二大政党時代のあけぼの——平成の政治と選挙』木鐸社、二〇〇四年。

第6章 福祉政治と政策評価
——限界と可能性——

窪田好男

本章で取り上げるのは政策評価法による府省の政策評価制度、自治体評価、事業仕分けなどである。こうした政策評価の手法が、非難回避の政治や合意形成の政治といった福祉政治の重要問題に対処し、国や地方自治体の福祉政策を改善し、われわれの社会でよりよい福祉を実現することに役立つかを考えたい。

1 政策評価による福祉政治・福祉政策の改善は可能か

本章のねらい

本章の中心的な問いは福祉政治や福祉政策を政策評価でよくすることはできるのかという問いである。福祉政治や福祉政策を政策評価で改善し得るかと言ってもよい。現代日本における福祉の現状がよいのかよくないのか、そしてそれは福祉政策がよくないのか、または福祉政治がよくないのかといった問いは確かに重要ではあるが、本章の中心的な問いではない。

高齢化が進むなかで福祉への関心は高まっている。そして、たとえば介護保険の保険料等の負担感は高く、もっと効率化して負担を引き下げられないかと思う市民は多いと思われるが、その一方で、高齢者介護の現場で働く人々の待遇は悪い。こうしたことから福祉政治や福祉政策については必ずしもうまくいっていないというイメージをもつ市民も多いと思われる。こうした社会背景のなかで、福祉政治や福祉政策がどのような方法によって改善されるか、とくに本章の関心からして政策評価によって改善されるかは学術的に見ても重要なテーマである。しかしながら、政策評価を扱う評価論の研究においても福祉の現場で用いられる様々な手法の効果測定や意識の変化の測定を除けば先行研究が乏しいのが現状である。

　本章では、まず福祉政治と福祉政策について確認する。そこでは、地方自治体での福祉政策も重要であることを確認したい。次いで日本で実際に行われている政策評価ということで国の府省の政策評価制度、事業仕分け、地方自治体でのいわゆる自治体評価を取り上げ、その内容について紹介した上で、福祉政治や福祉政策に及ぼし得る影響について考察したい。ところで、他国はともかく日本では、政策評価制度は「進化する制度」と言って、実施しつつ改良が加えられるものとされることが多い。そこで政策評価が福祉政治や福祉政策を改善し得るかを検討するにあたっては、国や地方自治体の政策評価制度の現状を見るだけでは十分ではない。姿を見せつつある次世代の評価の姿とその可能性を考慮する必要がある。

　福祉政治や福祉政策を政策評価で改善し得るか、政策評価は福祉政治や福祉政策をよりよいものにし得るかを考察するにあたって、日本だけではなく広く諸外国の事例を踏まえて比較研究できればよりよいと思われるが、今回は日本に限定し、国レベルと地方自治体レベルを取り上げることにした。

政策評価論における評価の理解

　本章で扱う中心的な概念の一つである政策評価ついて、最初に多少の説明が必要であると思われる。一般に評価と言うと、価値判断すること、さらによい方向に価値判断すること、つまり褒めることと解されることが多い。広辞苑などの辞書にもそのように書かれている。しかし、政策評価を研究する専門分野である公共政策学の政策評価論ではやや異なる理解をしている。

政策評価論において想定されている評価は①評価研究（evaluation research）とそれを国や地方自治体の施策（program）に応用したプログラム評価（program evaluation）や、②NPM（New Public Management）によって注目された業績測定（performance measurement）などである。これら代表される評価は、価値判断することや褒めることではなく、その前提となる調査研究であり、効率性よりも有効性に注目した、政策の実施開始後以降に行われる調査研究に基づく政策の改善を志向した取り組みと考えられている。こうした考え方が評価論のもともとの主流である。近年は、政策決定や政策終了に直接的な貢献ができないかと期待されている（山谷編著 2010: 2-6）。

　近年、政策評価論の対象には事業仕分けやランキングなども入ってきているが、狭い、専門的な意味での評価は価値判断というよりその前提となる調査研究であり、価値判断をして褒めたり褒めなかったりするのは、その結果を活用する人なのだと考えられてきたのである。

2　福祉政治と福祉政策

公共政策決定システムと福祉政策

福祉と福祉政治と福祉政策という三つの概念の関係についてまず確認したい。福祉は結果としての社会・市民の状態。福も祉もそれぞれ「さいわい」の意であり、生活の安定や充足、幸福を意味する言葉である。それは国と地方自治体の社会保障や公衆衛生に係る福祉政策によってもたらされる。福祉政策がどのようなものになるかは国や地方自治体における福祉政治によって決まる。ただし、地方自治体は国レベルの福祉政治の結果としてつくられる法律に基づく制度の影響を受ける。

福祉政策が福祉政治によって決まるといっても、もちろん福祉政治だけで決まるわけではない。環境や教育といった他の分野の政策をめぐる政治によって決まる部分もあるし、さまざまな分野の政治の総体としての政治システムおよび行政システムによって決まる部分もある。また、政治システムだけではなく法システムや経済システムや経営システム、NPOなどの非営利の民間公共システムによっても決まってくる。政策づくりにあたっての政府の姿勢や標準的な政策のつくり方・手続きによっても決まってくるだろう。さらにはそれらを広義の公共政策決定システムととらえるとして、公共政策決定システムへの人材や資金のインプットの質や量によってもまた福祉政策は決まってくる。なお、公共政策決定システムという概念とその重要性についてはイェヘッケル・ドロアが初版が一九六八年に出版された“*Public Policy Reexamined*”で論じたものである（ドロア 2006）。

政策評価はこうした公共政策決定システムに新たな要素を加え、あるいは公共政策の一分野である福祉政策に直接作用して結果を変更しようとする試みであると解することができる。そうした試みとしてどのようなことが国や地方自治体で行われているか、また行われ得るか、そしてそれらによって公共政策決定システムの一部であるところの福祉政治や、福祉政治の結果として生み出される福祉政治をよりよいものに改善することが有効に可能であるかを考察するのが本章の課題である。

福祉政策はどのような形で表されるか

福祉政策や福祉政治は国レベルでも行われるが、地方自治体レベルでも行われる。行政学や公共政策学には、実施過程における政策の空間的変容という概念がある。これは実施される場所によって一つの政策が異なる姿になることを意味している。たとえば、介護予防の推進は厚生労働省の政策体系に含まれる国の政策である。ところがこの政策の実施には全国の地方自治体が関わっており、それぞれごとに地域特性に応じた創意工夫が行われている。また、財政的な問題から福祉政策を縮小再編する場合にも、国としての動きと地方自治体の独自の動きがある。

対象を具体的にとらえることは重要である。福祉政策はどのような形で表現されるかを考えてみよう。それは、従来からは首相や大臣、地方自治体の知事や市町村町の演説等、法律、計画、予算といった形で表現されてきた。最近は政策評価に導入に伴い、国も地方自治体も政策体系という形で市民に政策を示すようになっている。

たとえば、日本における福祉の代表的な制度として介護保険制度がある。二〇〇〇年四月に、加齢に伴って介護を要する状態となった者に対し必要な介護サービスに係る保険給付を行う介護保険制度の整備を目的とした介護保険法（一九九七年法律第一二三号）が施行された。認知症高齢者や高齢化世帯の増加に適切に対応するとともに、制度の持続性の確保を図るため、二〇〇五年に、保険給付の内容を要介護状態の軽減または悪化防止といった予防を重視したものに転換すること等を柱とした新予防給付の制度および地域支援事業の創設等を内容とする介護保険法の改正が行われ二〇〇六年四月に施行された。

国の府省は政策評価法に基づいて政策体系をつくり、公表している。福祉政策を担当する厚生労働省の政策体系を見てみよう。厚生労働省の政策体系を示したのが図6‐1である。厚生労働省の政策体系は、省の使命（ミッション）―基本目標―施策目標（幹）―施策目標（枝）―個別目標という階層構造になっていて五年間の計画期間で実現されるものである。たとえばここに示した厚生労働省の政策体系は二〇〇七年度から二〇一一年度までのものである。その詳細については厚生労働省のホームページ（http://www.mhlw.go.jp/wp/seisaku/hyouka/dl/keikaku-kekka-c.pdf）で公開されているが、ここで概要を確認することにしよう。

国の福祉政策の体系

厚生労働省の使命（ミッション）は図6‐1に記載されているとおりである。

基本目標は以下のとおり、合計で一一本ある。

Ⅰ　安心・信頼してかかれる医療の確保と公民の健康づくりを推進すること

Ⅱ　安心・快適な生活環境づくりを衛生的観点から推進すること

Ⅲ　労働者が安心して快適に働くことができる環境を整備すること

Ⅳ　経済・社会の変化に伴い多様な働き方が求められる労働市場において労働者の職業の安定を図ること

Ⅴ　労働者の職業能力の開発及び向上を図るとともに、その能力を十分に発揮できるような環境整備をすること

Ⅵ　男女がともに能力を発揮し、安心して子どもを産み育てることなどを可能にする社会づくりを推進すること

Ⅶ　利用者の視点に立った質の高い福祉サービスの提供等を図ること

Ⅷ　障害のある人も障害のない人も地域でともに生活し、活動する社会づくりを推進すること

Ⅸ　高齢者ができる限り自立し、生きがいを持ち、安心して暮らせる社会づくりを推進すること

Ⅹ　国際化時代にふさわしい厚生労働行政を推進すること

Ⅺ　国民生活の向上に関わる科学技術の振興

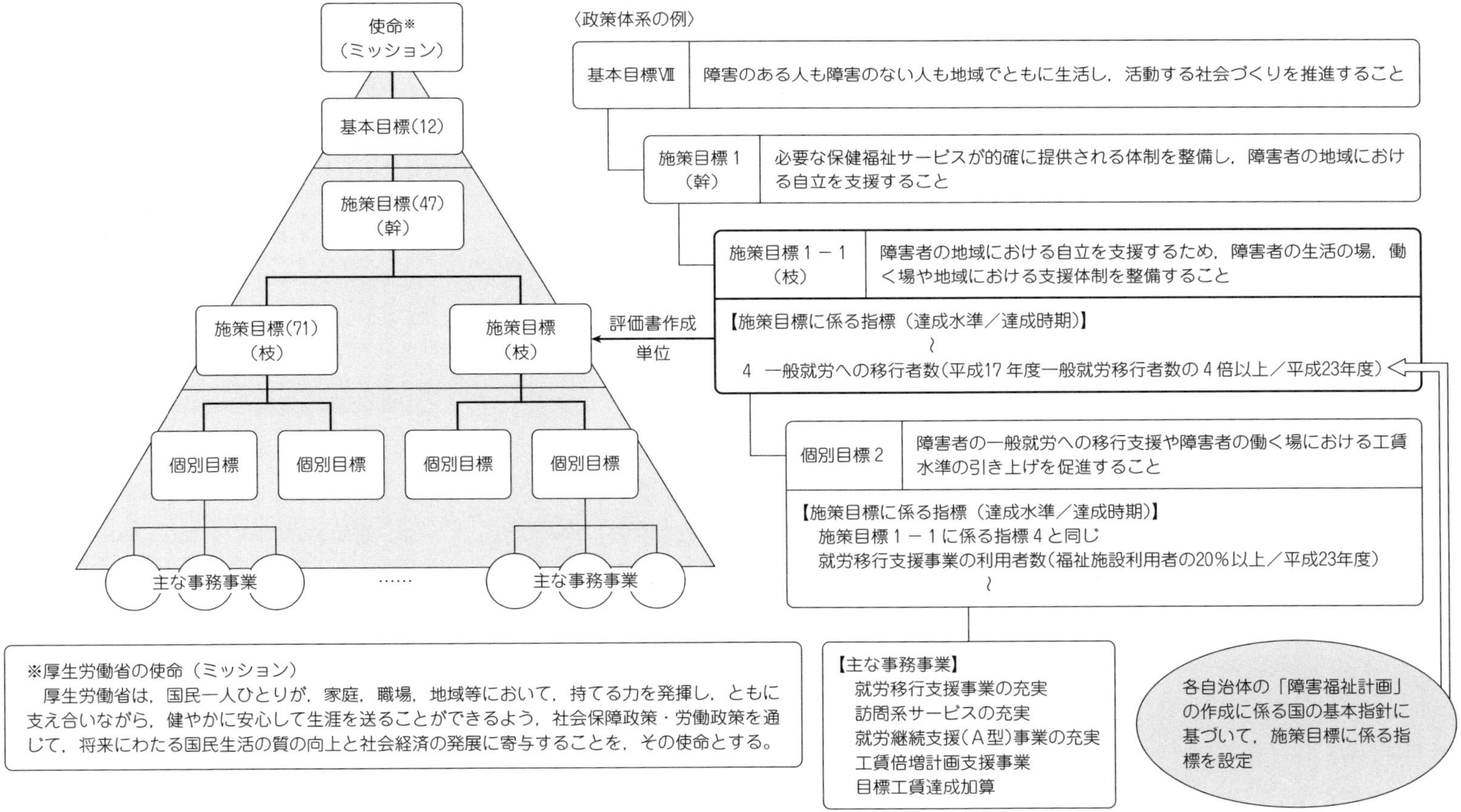
使命※
（ミッション）
基本目標(12)
施策目標(47)
（幹）
施策目標(71)
（枝）
施策目標
（枝）
評価書作成
単位
個別目標
個別目標
個別目標
個別目標
主な事務事業
……
主な事務事業
〈政策体系の例〉
基本目標Ⅷ
障害のある人も障害のない人も地域でともに生活し，活動する社会づくりを推進すること
施策目標１
（幹）
必要な保健福祉サービスが的確に提供される体制を整備し，障害者の地域における自立を支援すること
施策目標１－１
（枝）
障害者の地域における自立を支援するため，障害者の生活の場，働く場や地域における支援体制を整備すること
【施策目標に係る指標（達成水準／達成時期）】
～
4　一般就労への移行者数（平成17年度一般就労移行者数の４倍以上／平成23年度）
個別目標２
障害者の一般就労への移行支援や障害者の働く場における工賃水準の引き上げを促進すること
【施策目標に係る指標（達成水準／達成時期）】
施策目標１－１に係る指標４と同じ
就労移行支援事業の利用者数（福祉施設利用者の20％以上／平成23年度）
～
【主な事務事業】
就労移行支援事業の充実
訪問系サービスの充実
就労継続支援（Ａ型）事業の充実
工賃倍増計画支援事業
目標工賃達成加算
各自治体の「障害福祉計画」の作成に係る国の基本指針に基づいて，施策目標に係る指標を設定
※厚生労働省の使命（ミッション）
厚生労働省は，国民一人ひとりが，家庭，職場，地域等において，持てる力を発揮し，ともに支え合いながら，健やかに安心して生涯を送ることができるよう，社会保障政策・労働政策を通じて，将来にわたる国民生活の質の向上と社会経済の発展に寄与することを，その使命とする。

図６－１　厚生労働省の政策体系の構造

出典：厚生労働省ホームページ。（http://www.mhlw.go.jp/wp/seisaku/dainiki/）。

を図ること

施策目標（幹）および施策目標（枝）について、すべてを見ることは避けたいが、基本目標Ⅶ「利用者の視点に立った質の高い福祉サービスの提供等を図ること」を例に取り上げて見てみよう。

この基本目標を達成するために三つの施策目標（幹）が設定されており、さらに、それぞれの施策目標（幹）の下に施策目標（枝）が設定されている。

施策目標1（幹）は「地域社会のセーフティーネット機能を強化し、地域の要援護者の福祉の向上を図ること」となっており、その下にある施策目標（枝）は一つだけ、内容も（幹）と同じになっている。

施策目標2（幹）は「福祉サービスを支える人材養成、利用者保護等の基盤整備を図ること」となっており、施策目標（枝）は一つだけで「社会福祉に関する事業に従事する人材の養成確保を推進すること等により、より質の高い福祉サービスを提供すること」となっている。

施策目標3（幹）は「戦傷病者、戦没者遺族、中国残留邦人等を援護するとともに、旧陸海軍の残務を整理すること」であり、その下に四つの施策目標（枝）が設定されている。

地方自治体の福祉政策の体系の例

地方自治体は首長の演説等、総合計画、個別分野の計画、予算、などによって政策を示してきた。自治体評価はこれらのうち、総合計画、個別分野の計画、予算をつないでわかりやすく表現するものになっている。

数量的に見ると、地方自治体の規模によってもことなるが、人口一〇万人程度の一般的な市の場合、総合計画で定められる施策が二〇本から五〇本程度、その下の事業なり事務事業と呼ばれる単位が五〇〇本から七〇〇本程度の場合が多いようである。また、総合計画以外の個別分野の計画が数十本あるというのが一般的である。個別分野の計画には地域福祉計画のように法定、すなわち法で定めることになっているものもあれば、地方自治体が独自に策定しているものもある。なお、総合計画と個別分野の計画が並立している現状は政策体系をいたずらに複雑化し、市民による理解を妨げているきらいがあり、いずれ見直しが必要と思われるがここではこれ以上深くは触れないことにしたい。

地方自治体における福祉政策の例として、筆者が評価で関わった京都府の南丹市の施策「医・食・住の充実と高齢者や障がいのある人の自立を支援する」（http://www.city.nantan.kyoto.jp/gyokaku/hyouka23/hyouka23-1.html#4）と京丹後市の施策「安心して暮らせる高齢者福祉の充実」（http://www.city.kyotango.lg.jp/shisei/shisei/gyokaku/gyokaku/jimujigyohyoka/gaibuhyoka.html）を見てみよう。

どちらの市も、まず施策目的が設定され、それに基づいてもう少し詳しい施策方針が示され、予算編成の単位である事業がその下にぶら下がるという形になっている。

京丹後市は「安心して暮らせる高齢者福祉の充実」施策に四つの目的を設定している。それは、①市民誰もが安心して暮らせる社会を目指す、②住み慣れた地域で健康で生きがいを持つことができる社会を目指す、③地域社会の支え合いによって健康で長寿を楽しむことができる社会を目指す、④市民一人ひとりが健康への認識を持ち、健康管理や予防介護に対する意識を高める、の四つである。施策方針は六つありそれぞれ①生きがい活動・社会活動の推進（四本）、②生活支援・在宅福祉対策の推進（一二本）、③社会参加を支える環境整備（一本）、④介護予防の推進（四本）、⑤介護保険制度の充実（七本）、⑥「健康大長寿」のまちづくり（一本）である。なお（　）内はそれぞれの施策方針に属する事業の本数である。よってこの施策に属する事業は合計で二九本である。

南丹市の場合は、施策目的が「市民が心身とも充足した状態を維持できるようにする。」「高齢者や障がいのある人が住み慣れた地域で安心して暮らせる体制を整える。」「定住環境を整える」「高齢者や介護者に対するサービス等について、保健・医療・福祉の分野の連携により、総合的かつ連携的に支援を行う。」の四つであり、それを実現する方針として、「高齢者や障がいのある人、介護する人を支える体制を整える」など合計九つの方針を示している。この施策に属する事業は合計で一〇五事業であるが、京丹後市とは異なり、どの事業がどの施策方針に属するかというところまでは整理されていない。なお、南丹市は京丹後市に比べて事業数が多いが、京丹後市が高齢者福祉に限定された施策であるのに対し、南丹市は福祉全体に加えて医療や住宅政策や学校給食まで一つの施策としているからという理由が大きい。

福祉政治

政策評価が福祉政治の課題に応え得るのかを考察するのが本章の課題であった。福祉政治とは雇用や社会保障をめぐる政治であるとされる（辻・松浦・宮本編著 2008: 204）。また、福祉政治の展開の現在の課題については、キーワードでまとめると、非難回避の政治と合意形成の政治というようにまとめられている。もう少し仔細に見れば、日本では、高度成長の後期に福祉レジームと生産レジームの形成をめぐる政治が展開され、石油ショックを経て、福祉国家削減の政治が始まり、そして現在は福祉国家再編の政治が進行していると解されている（辻・松浦・宮本編 2008: 208）。この展開のなかで、受益者団体の反発を回避しつつ、福祉削減をどのように進めるかというケント・ウィーバーの言う非難回避の政治（Weaver 1986）の段階があり、続いて福祉政策の全体像をめぐって行われるメディアを介した言説の政治・合意形成の政治という段階を迎えているとされる（辻・松浦・宮本編著 2008: 207）。

こうした福祉政治の展開は、おおむね国と地方自治体で共通していると思われる。ただし、地方自治体においては、それぞれごとの財政状況に応じて福祉の削減を行うか否か、行うとしてどの程度削減するかは異なってくるであろう。

合意形成の政治においては、人々は福祉による生活保障をめぐる二重のディレンマに直面しているとされる。宮本太郎の議論を引用しよう。

　第一のディレンマは、人々の生活が不安定となり、福祉政策や福祉行政の出番を期待したいが、これまでの利益誘導型の保護政治に対する疑心から、「大きな政府」を簡単に信用できない。そのようなディレンマである。第二のディレンマは人々の連帯をめぐるディレンマである。すべての人々の生活が不安定になっており、社会保障の制度や公共サービスを充実させ、相互に連帯をしていく必要は高まっている。しかしその一方で、格差が拡大していて、人々の間でどのように社会的連帯を実現するか、誰がどれだけ負担し、誰がどのような条件で給付やサービスを受け取るのか、合意がきわめて難しくなっているのである（辻・松浦・宮本編 2008: 211-212）。

　こうした議論から福祉政治の展開を筆者なりに解すれば、国や地方自治体からすれば非難回避の政治が、市民から見れば、信用できる大きな政府の形成、効率的で無駄のない大きな政府、社会的連帯と政策およびその負担についての合意、その前提としての議論がそれぞれ課題になっているとまとめることができる。福祉政治の観点からはこうしたことに政策評価が有用であるか、あり得るかが問われていると整理できよう。

3 国における評価と福祉政治・福祉政策

政策評価制度に基づく厚生労働省の政策評価

　国の府省の政策評価制度は二〇〇一年一月にまず「政策評価に関する標準的ガイドライン」に基づいて中央省庁改革の一環として導入された。その後、同年六月には政策評価法（正式名称は「行政機関が行う政策の評価に関する法律」）が制定され、二〇〇二年の四月から施行されている。府省の政策評価制度を所掌するのは総務省政策評価局である。政策評価法では政策評価の目的を効率的で質の高い行政の実現、成果重視の行政への転換、国民に対する行政の説明責任（アカウンタビリティ）の徹底の三つであると定められている。全府省に政策評価を義務づけているという点で世界的に見ても貴重な制度である。

　国の政策評価は政府全体の基本方針と府省ごとの計画に基づいて実施される。まず内閣で政策評価に関する基本方針が閣議決定される。これを基本とし、各府省はそれぞれ三年から五年を期間とする基本計画と毎年の実施計画を策定し、それに基づいて毎年の政策評価を行う。厚生労働省の場合、二〇〇二年度から二〇〇六年度までが第一期の、二〇〇七年度から二〇一一年度までが第二期の基本計画というように五年間を期間とする基本計画になっている。

　政策評価制度の基本となるのは各府省による自己評価である。府省ごとに政策体系をつくり、その全体または一部を評価することが義務づけられている。この各府省による評価の質を保つため、またそれでは足りない部分を補うために総務省は特別な評価を行うことになっている。総務省は自らの政策の自己評価ももちろん行うが、その他に評価専担組織としての評価も行う。総務省が他の府省に対して行う評価には、統一性・総合性評価と客観性担保評価がある。

政策評価制度で予定されている主要な評価方式（評価の方法や手順）は、事業評価方式、実績評価方式、総合評価方式の三つである。この他にも研究開発の評価や規制影響分析評価などもある。これらのなかからどの評価方式を用いるかは、基本的には各府省に任されている。よって、政策評価制度とは、各府省に政策体系を構築すること、その一部または全体を対象にいずれかの評価方式で評価を行うことを義務づける制度であるとまとめることができる。

政策評価制度における評価の基準は必要性、効率性、有効性、公平性、優先性である。必要性とは、社会のニーズに照らした妥当性、上位の政策に照らした妥当性、取り組み主体の妥当性であるとされる。有効性とは政策目的の達成度合いのことである。優先性にはその政策に着手するタイミングの妥当性が含まれる。

客観性向上のための外部評価

政策評価の客観性を高めるために厚生労働省では政策評価に関する有識者会議を設置している。政策評価に関する有識者会議は、学識経験者や公認会計士、福祉の専門家、ジャーナリストなど一〇名によって構成されている。他の府省もほとんどがこうした会議を設置しているし、また総合評価方式である施策や事業を評価する際は、第三者を含めた委員会を設けたりする。

評価の結果がどのように活用されるかであるが、政策評価制度において予算編成への反映は努力義務とされている。なお、政策評価制度とは別に、財務省は予算執行調査という独自の評価的な活動を行っている。財務省の予算執行調査は二〇〇二年度から導入されたものであり毎年度行われている。予算執行が効率的かつ効果的に行われているかという観点から、主計局および全国の財務局の担当者が事業の現場に赴いて行う調査である（財務省ホームページ　http://www.mof.go.jp/budget/topics/budget_execution_audit/sikkou_gaiyou.htm）。

厚生労働省の政策評価をもう少し仔細に見てみよう。

厚生労働省における政策評価の基本理念と目的は政策評価法に掲げられた政策評価の三つの目的と基本的には同じであるが、基本理念として先ほど紹介した厚生労働省の使命が掲げられ、それを受けて「厚生労働行政の使命に照らし、省内の各部局等が一層連携し、総合的・戦略的政策展開を推進すること。」が四つ目の目的に挙げられているところに特徴がある（http://www.mhlw.go.jp/wp/seisaku/hyouka/#wakugumi）。

福祉政策の関連で過去に行われた評価として、政策評価制度の導入後、事業評価と実績評価と総合評価の各評価方式で以下の表6－1に示されるような政策が評価された。表に出てくる基本目標のそれぞれ内容は先述したとおりである。

政策評価制度に基づく総務省の評価

既述のように、政策評価制度を所掌する総務省は、自らの政策の自己評価も行うが、その他に評価専担組織としての評価も行う。総務省が他の府省に対して行う評価には、統一

表6-1　厚生労働省の政策評価で評価対象となった福祉政策

	事業評価 （2006年度までは事前評価のみ）	実績評価	総合評価
2010年度	・基本目標Ⅲ：事前評価2本・事後評価2本 ・基本目標Ⅳ：事前評価1本・事後評価6本 ・基本目標Ⅴ：事前評価1本・事後評価1本 ・基本目標Ⅵ：事前評価1本・事後評価4本 ・基本目標Ⅶ：事前評価0本・事後評価1本 ・基本目標Ⅷ：事前評価0本・事後評価2本 ・基本目標Ⅸ：事前評価0本・事後評価1本	・基本目標Ⅲ：5本 ・基本目標Ⅳ：4本 ・基本目標Ⅴ：2本 ・基本目標Ⅵ：2本 ・基本目標Ⅶ：3本 ・基本目標Ⅷ：1本 ・基本目標Ⅸ：2本	・「子ども・子育て応援プラン」について ・「介護保険制度」について
2009年度	・基本目標Ⅲ：事前評価3本・事後評価0本 ・基本目標Ⅳ：事前評価1本・事後評価5本 ・基本目標Ⅴ：事前評価0本・事後評価2本 ・基本目標Ⅵ：事前評価0本・事後評価1本 ・基本目標Ⅶ：事前評価0本・事後評価0本 ・基本目標Ⅷ：事前評価0本・事後評価0本 ・基本目標Ⅸ：事前評価0本・事後評価3本	・基本目標Ⅲ：5本 ・基本目標Ⅳ：4本 ・基本目標Ⅴ：2本 ・基本目標Ⅵ：6本 ・基本目標Ⅶ：4本 ・基本目標Ⅷ：1本 ・基本目標Ⅸ：3本	
2008年度	・基本目標Ⅲ：事前評価3本・事後評価0本 ・基本目標Ⅳ：事前評価11本・事後評価4本 ・基本目標Ⅴ：事前評価0本・事後評価1本 ・基本目標Ⅵ：事前評価2本・事後評価0本 ・基本目標Ⅶ：事前評価2本・事後評価0本 ・基本目標Ⅷ：事前評価0本・事後評価4本 ・基本目標Ⅸ：事前評価2本・事後評価2本	・基本目標Ⅲ：4本 ・基本目標Ⅳ：3本 ・基本目標Ⅴ：2本 ・基本目標Ⅵ：1本 ・基本目標Ⅶ：5本 ・基本目標Ⅷ：1本 ・基本目標Ⅸ：3本	・若年者雇用対策 ・少子化社会対策に関連する仕事と生活の調和の実現に向けた取組 ・子育て支援サービス
2007年度	・基本目標Ⅲ：事前評価3本・事後評価1本 ・基本目標Ⅳ：事前評価4本・事後評価4本 ・基本目標Ⅴ：事前評価1本・事後評価0本 ・基本目標Ⅵ：事前評価0本・事後評価5本 ・基本目標Ⅶ：事前評価1本・事後評価0本 ・基本目標Ⅷ：事前評価1本・事後評価0本 ・基本目標Ⅸ：事前評価1本・事後評価0本	・基本目標Ⅲ：4本 ・基本目標Ⅳ：3本 ・基本目標Ⅴ：2本 ・基本目標Ⅵ：8本 ・基本目標Ⅶ：3本 ・基本目標Ⅷ：2本 ・基本目標Ⅸ：2本	・医療・健康・介護・福祉分野の情報化（フォローアップ） ・第10次労働災害防止計画（フォローアップを含む） ・今後の最低賃金制度の在り方（フォローアップ） ・地域雇用開発促進法に基づく地域雇用対策（フォローアップ） ・労働者派遣事業制度の在り方（フォローアップ） ・障害者雇用促進法に基づく障害者雇用対策の見直し ・介護事業運営適正化に関する介護事業者に対する規制の見直し ・戦没者の父母等に対する特別給付金制度
2006年度	・基本目標Ⅲ：事前評価2本・事後評価0本 ・基本目標Ⅳ：事前評価8本・事後評価0本 ・基本目標Ⅴ：事前評価5本・事後評価2本 ・基本目標Ⅵ：事前評価3本・事後評価3本 ・基本目標Ⅶ：事前評価1本・事後評価0本 ・基本目標Ⅷ：事前評価2本・事後評価0本 ・基本目標Ⅸ：事前評価3本・事後評価2本	・基本目標Ⅲ：15本 ・基本目標Ⅳ：12本 ・基本目標Ⅴ：13本 ・基本目標Ⅵ：7本 ・基本目標Ⅶ：10本 ・基本目標Ⅷ：4本 ・基本目標Ⅸ：2本	・労働者派遣事業制度の見直し ・地域雇用対策の見直し ・医療・健康・介護・福祉分野の情報化 ・職業能力開発基本計画策定（フォローアップ） ・男女雇用機会均等対策の見直し（フォローアップ）
2005年度	・基本目標Ⅲ：3本 ・基本目標Ⅳ：11本 ・基本目標Ⅴ：2本 ・基本目標Ⅵ：4本 ・基本目標Ⅶ：1本 ・基本目標Ⅷ：0本 ・基本目標Ⅸ：6本 ・この他に，終期付き事業に対する評価として事後評価5本実施。	・基本目標Ⅲ：15本 ・基本目標Ⅳ：14本 ・基本目標Ⅴ：0本 ・基本目標Ⅵ：18本 ・基本目標Ⅶ：10本 ・基本目標Ⅷ：4本 ・基本目標Ⅸ：5本	・今後の最低賃金制度の在り方 ・第7次職業能力開発基本計画 ・職場における男女均等取扱いの徹底 ・精神保健福祉施策（フォローアップ） ・介護保険制度（フォローアップ）
2004年度	・基本目標Ⅲ：0本 ・基本目標Ⅳ：16本 ・基本目標Ⅴ：4本 ・基本目標Ⅵ：4本 ・基本目標Ⅶ：0本 ・基本目標Ⅷ：4本 ・基本目標Ⅸ：7本 ・この他に、終期付き事業に対する評価として事後評価5本実施。	・基本目標Ⅲ：16本 ・基本目標Ⅳ：14本 ・基本目標Ⅴ：0本 ・基本目標Ⅵ：10本 ・基本目標Ⅶ：10本 ・基本目標Ⅷ：4本 ・基本目標Ⅸ：3本	・公的年金制度の安定的かつ適正な運営を図ること（国民年金法等の一部を改正する法律案） ・介護保険制度の適切な運営を図ること

2003年度	・基本目標Ⅲ：1本 ・基本目標Ⅳ：11本 ・基本目標Ⅴ：2本 ・基本目標Ⅵ：14本 ・基本目標Ⅶ：0本 ・基本目標Ⅷ：0本 ・基本目標Ⅸ：1本	・基本目標Ⅲ：13本 ・基本目標Ⅳ：13本 ・基本目標Ⅴ：4本 ・基本目標Ⅵ：9本 ・基本目標Ⅶ：10本 ・基本目標Ⅷ：5本 ・基本目標Ⅸ：2本	・労働災害防止計画 ・児童福祉法の一部を改正する法律案 ・港湾労働法施行規則の一部を改正する法律案
2002年度	・基本目標Ⅲ：1本 ・基本目標Ⅳ：15本 ・基本目標Ⅴ：6本 ・基本目標Ⅵ：10本 ・基本目標Ⅶ：0本 ・基本目標Ⅷ：0本 ・基本目標Ⅸ：8本	・基本目標Ⅲ：19本 ・基本目標Ⅳ：15本 ・基本目標Ⅴ：16本 ・基本目標Ⅵ：20本 ・基本目標Ⅶ：10本 ・基本目標Ⅷ：6本 ・基本目標Ⅸ：7本	・職業安定法及び労働者派遣事業の適正な運営の確保及び派遣労働者の就業条件の整備等に関する法律の一部を改正する法律案

出典：筆者作成。

性・総合性確保評価と客観性担保評価とがある。また総務省は政策評価の他に行政評価・監視を行う。行政評価・監視はかつての行政監察の後継となるものである。各府省の業務の実施状況を対象として総務省行政評価局が改善方策を提示するものであり、当然ながら福祉行政もその対象となる。

類似の機能を有する機関として会計検査院があるが、会計検査院は内閣の外からの監視を行い、改善方策を提示するものであり、総務省行政評価局の行政評価・監視は行政の内部にそうした機能を担う機関を設置するものである。

総務省は介護保険に関する調査を過去二回実施している。最初は二〇〇一年度に実施された「介護保険の運営状況に関する実態調査」であり、二〇〇二年四月に要介護等認定の適切な実施、介護サービス及び居宅介護支援の適切化等を勧告している。二回目の評価・監視は二〇〇八年九月五日に勧告が行われている（総務省行政評価局 2009）。

二回目の行政評価・監視は、このような状況を踏まえ、介護保険事業の安定的・継続的な実施の確保及び保険給付の適正化並びに有料老人ホーム及び高専賃の入居者保護の観点から、介護サービス従事者の確保の状況、二〇〇六年度に導入された予防重視型の事業の実施状況、介護給付費の不正受給の防止対策の実施状況、有料老人ホーム及び高専賃の運営状況を調査し、関係行政の改善に資するため実施したものである。

勧告後、当局には、介護サービスに従事する方、要介護者の家族、また実際に介護を受けている方等各方面から、それぞれの立場で在の介護保険制度に関する意見や、勧告に基づく厚生労働省の対応への期待が寄せられ、この問題への関心の高さを実感させられたという（総務省行政評価局 2009）。

また福祉政策に関しては「生活保護に関する行政評価・監視結果に基づく勧告——自立支援プログラムを中心として」ということで評価・監視を行い二〇〇八年八月一日に勧告が行われている。このほか、福祉政策に関する評価・監視としては、「厚生年金保険に関する行政評価・監視」（二〇〇六年）、「年金に関する行政評価・監視――国民年金業務を中心として」（二〇〇四年に二回）、「社会福祉法人の指導監督に関する行政評価・監視」（二〇〇三年）、「高齢者雇用対策に関する行政評価・監視」（二〇〇二年）がある。

総務省による政策評価では、複数の府省にまたがる政策の評価（統一性・総合性確保評価）として少子化対策と障害者の就業などが福祉政策関係では取り上げられており、それぞれ「少子化対策に関する政策評価書――新エンゼルプランを対象として」が二〇〇四年七月二〇日に、「障害者の就業等に関する政策評価書」が二〇〇三年四月一五日に出されている。それらの評価結果の反映状況についてもホームページで公表されている（http://www.soumu.go.jp/main_sosiki/hyouka/seisaku_n/ketsyka.html）。

事業仕分け

事業仕分けは政策評価の手法の一種で一九九七年に設立された非営利のシンクタンクである構想日本が開発した（構想日本編 2007）。その内容は、国や地方自治体が行っている行政サービスのそもそもの必要性や実施主体（国、県、市など）について、予算書の項目ごとに議論し、「不要」・「民間」・「市町村」・「都道府県」・「国」と分けていく作業である。官か民か、国か地方かの前に事業の要否について議論すること、そして、「外部の者」が参加し「公開の場」で議論することが、これまでにない特色であるとされる。また、事業の必要性を判断するというよりも事業の効果について、仕分け人と行政の担当者との議論を通じて明らかにする手法であると解されることもある。

当初は地方自治体レベルで導入され、二〇〇二年二月の岐阜県が最初の導入例である。二〇〇九年一一月に民主党政権で国が導入して注目を集めた。自民党政権時代にも「政策棚卸し」という名称で実施されたのだが、その際にはほとんど注目されなかった。

国の事業仕分けが注目されたこともあり、地方自治体でも行うところが増えてきている。

事業仕分けが開発され導入された背景には、国や多くの地方自治体の財政難、および府省の政策評価制度や自治体評価の成果が不十分という社会的な認識がある。

事業仕分けの目的は三つ、国・地方ともに行政サービスの要不要をチェック、国・地方間の役割分担を再整理（財源の再配分）、地方に対する国のコントロール（国に対する地方の依存）の原因のあぶり出し、であるとされる。

構想日本は事業仕分けを行財政改革の切り札と位置づけ、事業仕分けを行うことにより次のような効果が得られるとしている。直接的な効果としては、ムダの削減につながる、作業結果が予算編成の参考になる、地方に対する国のコントロールが浮き彫りになる、地方分権の議論で見落とされがちな、自治体の仕事の背後にある国の関与・規制を事業ごとにあぶり出すといった効果があるとされる。副次的な効果としては、仕分けの対象となった事業の具体的な内容（税金の使われ方）を市民が知ることができる、国や地方自治体の情報公開では出てこない情報がどんどん出てくる、行政職員の問題意識を高めて「内部改革」のきっかけとなる、行政内部からは問題提起されにくい事業のそもそもの必要性を考えるきっかけになる、外部からの質問に的確に答えたりわかりやすく説明したりする訓練になるといったことがあるとされる。

あらためて内容を確認すると、事業仕分けとは現在行政が実施している事業・サービスの必要性の有無と実施主体の妥当性を確認する検証作業である。手法は従来の評価をベースとしたものであり、外部評価が行われる点も共通であって事業仕分けだけの特徴とは言えない。ただし既存の評価と全く同じというわけではない。必要性という評価項目に焦点を絞った評価方法である点にこそ事業仕分けの特徴がある。必要性の評価とは「公的関与の妥当性」「手段の妥当性」「政策・施策目的に対する妥当性」に加えて「実施主体の妥当性」を何らかの基準により評価する作業であるとされる。もっとも、従来からの評価でも実施主体の妥当性は評価されてきたのも事実であり、事業仕分けはこの点を強調しているというのが実際のところであろう。

事業仕分けは政策評価なのか？

事業仕分けについては、そもそも政策評価なのか疑問視する見方もあった。二〇〇二年から行われてきた取り組みであるが、政策評価についての学会である日本評価学会で取り上げられることも少なかった。しかし、政策評価を、政策が社会に及ぼす直接・間接の影響（インパクト）を評価の対象とする、判定を行う、情報の収集と分析を通じて政策の改善策を立案する、という三つの要件を満たすものと定義するなら（窪田 2005: 7）、事業仕分けもまた政策評価の一種と見るべきだろう。

構想日本や民主党で事業仕分けの実施を主導した枝野幸男は、事業仕分けの源流を一九九〇年代にカナダで導入されたプログラム・レビューに求めるが（枝野 2010: 188-199）、事業仕分細に見れば両者は異なる点も多い。事業仕分けは日本独自の評価手法なのかそうではないのか。こうした点からも事業仕分けについては今後の研究の蓄積が待たれるところである。

国における事業仕分けは、現在までのところ第一弾から第三弾までが実施されている。第一弾が二〇一〇年度予算編成に係る事業仕分けであり、第二弾が独立行政法人や政府系の公益法人が行う事業についての事業仕分けであり、第三弾が特別会計の制度と事業の再仕分けである。これらのなかでは、民主党を中心とする連立政権への政権交代の熱気のなかで行われた第一弾がもっとも注目された。

国の事業仕分けの対象の候補となった事業は、主として四つのカテゴリーに分類される（枝野 2010: 16）。①会計検査院などが過去に税金の使い道に問題ありと指摘した事業、②仕分けを担当する議員が個別に取り上げたいと考えた事業、③二〇〇九年四月～六月に民主党が仕分けを行った際、その対象となった事業、④財務省が仕分け対象とすべきだと薦めた事業。

福祉政策については、第一弾では、雇用・能力開発機構やシルバー人材センターが対象となった。第二弾では、労働政策研究・研修機構、福祉医療機構、労働者健康福祉機構、高齢・障害者雇用支援機構、国立病院機構が対象となった。第三弾では、特別会計として労働保険特別会計と年金特別会計が対象となり、再仕分けとしてシルバー人材センター援助事業、生活衛生関係補助金、介護予防事業、医師確保、救急・周産期対策の補助金、所得水準の高い国民健康保険組合への補助金などが対象となった。

4 自治体評価と福祉政治・福祉政策

自治体評価

地方自治体において導入された評価を自治体評価という。日本では一九九〇年代後半に、三重県などの一部の先駆自治体が国に先行して評価を導入した。その動きが国の政策評価制度に影響を与え、さらに、その他多くの後発の地方自治体に影響を与えた。なお、多くの地方自治体で行政評価という言葉が用いられているが、内容的には先に見た総務省の行政評価とは大きく異なる。むしろ政策評価に近い内容である。

当初はその後に主流となった事務事業評価の他にも、公共事業の再評価やベンチマーキングといったいくつかの手法・制度が併存していた。その後の展開のなかで、基本的にすべての施策・事業を対象に、各施策・事業を担当する行政職員が自己評価として、簡略化された体系的評価を行うという評価方法に収斂していった。都道府県や大都市自治体から導入が始まった自治体評価は、現在では一定規模以上の自治体におおむね導入されている。しかし他方で、一部の自治体には一度導入した評価を廃止する動きも見られるようになっている。

国の政策評価は政策評価法に基づくものであるが、自治体評価は京都市のように条例に基づいて実施しているところもあるが、多くの自治体では要綱や要領に基づく柔軟で強制力の弱い制度として導入された。

自治体評価の導入背景としては以下のような社会経済情勢や地方自治体の事情があったとされる。それは、バブル崩壊後の厳しい経済情勢とその対策による財政難、大規模公共事業に対する住民による反対運動、建設・インフラ整備担当部局主導の開発主義から総務・企画部局主導の管理主義への転換、少子化・高齢化などに対応した政策転換の必要性、北川正恭元三重県知事に代表される改革派首長の存在、国（旧自治省、旧建設省、農水省など）による指導、他の自治体をまねる「横並び主義」などである（山谷 2006：第6章）。

自治体評価の起源

自治体評価の基礎になったのは一九九六年に三重県が導入した事務事業評価である。その内容は以下のようなものである（三好編 2008：山谷 2006：窪田 2005）。

ある地方自治体の全ての施策・事業が基本的には対象となる。それぞれの施策・事業の担当者が自己評価を行う。A4で一枚～数枚程度の評価表が施策と事業ごとにそれぞれ用意され、そのシートに記入する形で評価が行われる。シートに記載されるのは、責任者、連絡先、政策体系における位置づけ、概要

（目的、対象、何をするか、どのような変化を意図しているか）、指標（活動指標＝アウトプット指標と成果指標＝アウトカム指標）と年度ごとの目標値および実績値、投入される予算、投入される労働力、目標達成状況や投入された労働力・予算を踏まえた改善の方向性や具体策などである。

この手法については、業績測定そのものという見方と、単なる業績測定ではなく、業績測定にきわめて簡略化されているもののプログラム評価の要素が加わっている日本独自の手法であるという見方がある。

主な評価基準は目的の妥当性（必要性や主体の妥当性）、有効性、費用対効果である。評価結果は、総合計画の進行管理、予算編成、人事などの参考として活用される。

評価の目的は、役所の内外で政策情報の共有、アカウンタビリティ、歳出抑制による財政再建や人員削減といった行政財政改革、成果指向や顧客志向への職員の意識改革、施策・事業の改善、であるとされた。

自治体評価が三重県から拡がるなかで、どの目的を重視するか、政策体系をどの程度整備するか、政策体系のどの部分を評価するか（事業まで、施策まで、政策まで）、評価シートにどのような項目を含めるか、などによって導入した地方自治体ごとにバリエーションが多数生まれた。評価を担当するのは、企画部局や行革部局が担当の場合が多いが財政部局が担当の場合もある。評価を担当する部局によってもバリエーションが生まれた。

最近の自治体評価

ここでは自治体評価の最新の姿を京丹後市の評価を例として見てみたい。図6－2は京丹後市の「安心して暮らせる高齢者福祉の充実」施策の施策評価表である。京丹後市は二〇〇六年度から評価を導入している。評価を導入している多くの自治体と同じように、京丹後市でも導入当初から学識経験者や市民からなる外部評価委員会を設置して評価の客観性を高める努力をしている。毎年なんらかの改善が行われ、評価制度は「進化」を続けているが、大きな変更は二〇〇八年度と二〇一一年度に行われている。

二〇〇八年度には従来が事業レベルの評価であったのが、施策レベルを中心とした評価に変更された。京丹後市の現在の政策体系では施策が三七本あるが、毎年全体の三分の一程度の施策とそれに属する事業が評価されることになった。

二〇一一年度には、外部評価委員会の役割に、新たに歳出抑制の視点が加わった。これにより京丹後市の外部評価は以下の四つの視点から行われることになった。

最初の視点は施策目的についてである。施策目的が明確に示されているかという視点、および施策目的が複数である場合、その優先順位が行政の担当部局によって示されることになっているが、その順位づけが妥当であるかという視点から外部評価が行われる。

第二の視点は事業効果が有効であるかという視点である。施策の目的が施策方針に無理なく展開されているか、および各施策方針に属する事業は試作方針を実現する手段として妥当なものかという視点から外部評価が行わ

平成２３年度　施策評価

整理番号 16

■ 内部評価結果

施策名	安心して暮らせる高齢者福祉の充実

所管部局	所管部局長の氏名
健康長寿福祉部	中村 悦雄

1. 総合計画（後期基本計画）

基本方針	（政策）	Ⅲ　健やか安心都市	計画項目	（施策）	⑥　安心して暮らせる高齢者福祉の充実
施策目的	（何を対象に、どのような状態にしたいのか）	1.市民だれもが安心して暮らすことができる社会を目指す。 2.住み慣れた地域で健康で生きがいを持つことができる社会を目指す。 3.地域社会の支え合いによって健康で長寿を楽しむことができる社会を目指す。 4.市民一人ひとりが健康への認識を持ち、健康管理や介護予防に対する意識を高める。			

2. めざす目標

めざす目標	指標名	総合計画策定時（H17）	年度	後期基本計画策定時（H20）	年度	平成22年度実績値（現状）	年度	目標（H26）	年度
介護予防を進めるため地域支援事業を実施します	特定高齢者施策対象者（65歳以上人口に対する割合）	0%	H16	3.2%	H20	5.1%	H22	6.2%	H26
住み慣れた地域での介護サービスを確保します	介護保険地域密着型サービス事業所数	0ヵ所	H16	15ヵ所	H20	16ヵ所	H22	20ヵ所	H26
認知症に関する理解を深めるためサポーターを増やします	認知症サポーターの数	新規	―	1,733人	H20	4,639人	H22	4,000人	H26

3. 評価結果一覧

施策方針	事務事業 事業内容（実績）	担当課	予算額（単位：千円） H22決算額	予算額（単位：千円） H23予算額（一般財源）	評価結果 事務事業評価 根拠法令	財政負担	事業種別	対象	実施手法	関与必要性 数値	関与必要性 説明	今後の方向性	施策評価 施策貢献度	施策評価 今後の方向性
1 生きがい活動・社会活動の推進	1 老人ｸﾗﾌﾞ活動充実事業 老人クラブの活動に対して補助金を交付（114クラブ、3,525人）	長寿福祉課	9,028	9,765 (4,560)	国規定	府・一部	サービス	団体	補	2	特定サービス	縮小	A	縮小
	2 生きがい健康づくり事業 家に閉じこもりがちな高齢者等の外出機会を提供（すこやか大学・いきいき大学・高齢者大学）	長寿福祉課	1,828	- -	なし	単費	サービス	市民	直・委	5	生活支援安全網	現状維持	A	現状維持
	3 網野高齢者すこやかｾﾝﾀｰ施設管理事業 網野高齢者すこやかセンターの維持管理・運営（入浴利用16,111人）	長寿福祉課	10,431	10,179 (7,432)	市規定	単費	維持管理	市民	委	1	該当なし	縮小	B	縮小
	4 ｼﾙﾊﾞｰ人材ｾﾝﾀｰ運営助成事業 シルバー人材センター事業を助成（会員数855人、就業実人員819人）	長寿福祉課	23,743	23,743 (23,743)	なし	単費	サービス	法人	補	2	特定サービス	現状維持	A	現状維持
2 生活支援・在宅福祉対策の推進	1 老人保護措置事業 在宅での生活が困難な高齢者を養護老人ホームに入所措置(22年度末入所者数 74人)	長寿福祉課	154,478	157,310 (124,869)	国規定	単費	サービス	市民	委・扶	5	生活支援安全網	現状維持	A	現状維持
	2 福祉有償運送運営助成事業 福祉有償運送サービスを実施する事業者に補助金交付（利用者381人・14,664回）	長寿福祉課	14,308	12,000 (5,600)	市規定	単費	サービス	市民	補	5	生活支援安全網	現状維持	A	現状維持
	3 軽度生活援助事業 一人暮らしの高齢者宅へ買出しや洗濯、清掃など日常生活上の援助を行う者を派遣（38人・1,203日）	長寿福祉課	1,061	794 (794)	市規定	単費	サービス	市民	委	5	生活支援安全網	縮小	B	現状維持
	4 生活管理指導事業 社会生活の適応困難な高齢者に対し養護老人ホームの短期間宿泊サービスを提供（利用者13人・101回）	長寿福祉課	210	292 (292)	市規定	単費	サービス	市民	委	5	生活支援安全網	現状維持	A	現状維持
	5 生きがい活動支援通所事業 家に閉じこもりがちな高齢者に対して、デイサービスセンターの入浴や機能訓練等サービスを提供	長寿福祉課	24,844	17,958 (17,958)	市規定	単費	サービス	市民	委	5	生活支援安全網	縮小	A	縮小
	6 老人日常生活用具給付等事業 要援護老人及びひとり暮らし老人に対し日常生活用具を給付又は貸与（火災報知機・福祉電話）	長寿福祉課	263	368 (368)	市規定	単費	サービス	市民	扶	5	生活支援安全網	現状維持	B	現状維持
	7 地域包括支援センター事業 地域包括支援ｾﾝﾀｰを核とした各種関係機関との連携強化、高齢者の総合相談や実態把握	長寿福祉課	102,028	98,567 (34,639)	義務	国・一部	―	―	―	―	―	―	AA	現状維持
	8 家族介護支援事業 在宅介護を行っている家族への支援事業を実施（家族介護教室62回、家族介護交流111回）	長寿福祉課	8,920	10,239 (10,239)	国規定	国・一部	サービス	市民	直	6	生命財産権利保護	現状維持	A	現状維持
	9 成年後見制度利用支援事業 成年後見人制度の啓発を図るとともに、高齢者支援関係者への制度紹介及び申立て支援の実施	長寿福祉課	-	289 (289)	国規定	国・一部	サービス	市民	直	6	生命財産権利保護	現状維持	AA	現状維持
	10 福祉用具・住宅改修支援事業 介護保険における住宅改修費の支給の申請に係る理由書の作成に対して補助金を交付（2件）	長寿福祉課	4	20 (20)	国規定	国・一部	サービス	市民	補	6	生命財産権利保護	現状維持	A	現状維持
	11 地域自立生活支援事業 介護保険の要介護認定で「自立」と認定された高齢者等へ生活支援サービスを提供	長寿福祉課	76,996	76,459 (65,226)	国規定	国・一部	サービス	市民	委	6	生命財産権利保護	縮小	A	縮小
	12 高齢者安心生活支援事業 包括支援センター等との連携の下、高齢者を対象に保健師等が訪問指導を実施（延840件）	健康推進課	2,109	2,007 (1,007)	なし	府・一部	サービス	市民	直	5	生活支援安全網	現状維持	B	終了・廃止
3 社会参加を支える環境整備	1 介護予防安心住まい推進事業 住宅改修費用の一部を助成(対象費用16万円を上限として、2/3)(対象事業15件)	長寿福祉課	1,563	3,000 -	府規定	国等全額	サービス	市民	補	5	生活支援安全網	縮小	B	縮小
4 介護予防の推進	1 特定高齢者把握事業 生活機能低下のおそれのある高齢者を把握して介護予防に必要な取り組みを実施	長寿福祉課	26,549	28,586 (9,292)	義務	国・一部	―	―	―	―	―	―	A	現状維持
	2 通所型介護予防事業 要支援・要介護状態になるおそれのある65歳以上を対象に、機能向上・栄養改善ﾌﾟﾛｸﾞﾗﾑを実施	長寿福祉課	2,008	3,995 (1,300)	義務	国・一部	―	―	―	―	―	―	A	現状維持
	3 介護予防普及啓発事業 65歳以上の高齢者に対し、予防のための健康教育・各種教室・講座を開催（213回実施）	長寿福祉課	1,912	2,617 (851)	義務	国・一部	―	―	―	―	―	―	A	現状維持
	4 地域介護予防活動支援事業 食生活改善・福祉員などﾎﾞﾗﾝﾃｨｱの育成、グループ支援（148回実施）	長寿福祉課	199	1,104 (359)	義務	国・一部	―	―	―	―	―	―	A	現状維持
5 介護保険制度の充実	1 介護ｻｰﾋﾞｽ利用負担軽減事業 介護保険サービス利用者負担額の軽減を行う社会福祉法人等に助成金を交付（対象者749人）	長寿福祉課	17,994	15,200 (3,800)	市規定	府・一部	サービス	法人	補	5	生活支援安全網	現状維持	A	現状維持
	2 地域介護福祉空間整備推進補助金 地域密着型サービス等拠点整備を行う事業者に対し費用の一部を助成	長寿福祉課	210	- -	国規定	国等全額	施設整備	法人	補	4	民間補完福祉増進	現状維持	A	現状維持
	3 介護基盤緊急整備等特別対策事業費補助金 介護基盤の緊急的な整備を行う事業者に対し費用の一部を助成（明許繰越）	長寿福祉課	-	-	国規定	国等全額	施設整備	法人	補	4	民間補完福祉増進	現状維持	A	現状維持
	4 指定管理施設運営事業 高齢者福祉に関する施設のうち、指定管理者制度を導入している施設の運営管理（4施設）	長寿福祉課	10,867	10,881 (10,881)	市規定	単費	維持管理	市民	指	4	民間補完福祉増進	現状維持	A	現状維持
	5 地域介護福祉空間整備推進補助金（繰越） 地域密着型サービス等拠点整備を行う事業者に対し費用の一部を助成	長寿福祉課	3,088	- -	国規定	国等全額	施設整備	法人	補	4	民間補完福祉増進	現状維持	A	現状維持
	6 介護基盤緊急整備等特別対策事業費補助金（繰越） 介護基盤の緊急的な整備を行う事業者に対し費用の一部を助成	長寿福祉課	1,646	-	国規定	国等全額	施設整備	法人	補	4	民間補完福祉増進	現状維持	A	現状維持
	7 老人福祉施設建設資金借入金償還補助金 高齢者福祉の拠点施設整備を行った社会福祉法人に対し、施設整備債務の償還金額の一部を助成	長寿福祉課	52,935	46,399 (46,399)	市規定	単費	施設整備	法人	補	4	民間補完福祉増進	現状維持	A	現状維持
6 「健康大長寿」のまちづくり	1 敬老祝い事業 地区主催の敬老会を支援(参加率44.5%)、喜寿・米寿・100歳以上の方へ記念品贈呈(1,139人)	長寿福祉課	27,061	29,948 (29,948)	市規定	単費	サービス	団体	補	2	特定サービス	縮小	A	縮小
		計	576,283	561,720 (399,866)										

図６-２　京丹後市「安心して暮らせる高齢者福祉の充実」施策の施策評価表

出典：京丹後市行政評価委員会資料。

れる。

第三の視点は施策の見通しという視点である。各施策について自己評価の結果を踏まえて見直しと改善内容が示されているが、外部評価委員会としてそれぞれの委員の学識や経験を活かしてよりよい改善提案ができないかという視点である。

そして第四の視点が歳出抑制の視点である。今後、合併特例による地方交付税交付金の増額分がなくなることよって歳入の大幅な減少が予想されるなかで、必要性がある事業でも、有効性があり費用対効果がよい事業であっても、あえて縮小しなければならない場合がある。各施策について、もし縮小再編するならどのような歳出抑制策が考えられるかという視点である。

「安心して暮らせる高齢者福祉の充実」施策を例として具体的に言うと、施策目的として示されている四つの目的はそれぞれ妥当であるか、優先順位は妥当であるかがまず評価される。

次いで、四つの目的が、生きがい活動・社会参加の推進をはじめとする六つの施策方針に展開されるわけであるが、そのつながりが妥当であるかが評価される。続いて、それぞれの施策方針に属する事業が、施策方針を実現する手段として妥当なものであるかが評価される。たとえば、「健康大長寿」のまちづくりという施策方針の手段として敬老祝い事業が妥当なものであるかが評価されるのである。

さらに、各事業について実施した成果が妥当なものであるか、費用対効果は妥当なものであるかが評価されるが、この評価は事業ごとに一枚ずつ作成される事業評価表を使って行われる。

5　政策評価による福祉政治・福祉政策の改善は可能か

非難回避の政治と政策評価

本章で紹介してきた府省の政策評価制度や事業仕分けや自治体評価は、福祉政治における非難回避の政治の段階において、そしてそれに続く合意形成の政治に役に立っているのか、あるいは役立ち得るのだろうか。その問いは府省の政策評価制度や事業仕分けや自治体評価が果たして福祉政治・福祉政策の改善に役立つかという問いと同じである。この問いについて考えるにあたっては、政策評価制度と自治体評価は共通に扱えるしそうした方がよいだろう。そのあとで事業仕分けについて考えたい。

前提として重要なポイントを確認したい。政策評価がそれ自体によって政策を改善できるのは、社会に広く受け入れられた基準について、正確な測定ができる場合のみである。

公共政策は民主主義の合意形成過程を通じて決定され見直され終了される。それは様々な政治アクターが、自らの政策案を地方・国・国際のいずれかのレベルで政府政策として実現することを意図して、対内技術（味方を組織し、増やし、中小組織から大組織に進化させ維持する）・対抗技術（敵との戦闘、敵の分裂、敵の孤立化、敵との交渉・妥協）・大衆技術（大衆を味方につける、敵から引き離す）という三つの政治技術を駆使し、説得と暴力を媒体として闘争する過程である（松下 1991：第7章）。社会においてそして何より議会において多数を獲得することが基本である。しかし、本章の最初で政策評価がその専門研究の世界では主に調査研究と考えられてきたと説明したが、先に挙げた二つの条件を満たす政策評価が行われた時、その基本は覆され、多数派形成と関わりなく政策評価の結果に従って政策が決定されたり、あるいは終了されたりするだろう。

それ以外の場合、政策評価に関して政治や政策が改善されるとしたら、それは政策評価の結果が政治によって活用される場合である。その場合の政治や政策の改善は、政策評価そのものの力というより、評価結果を情報として活用する政治アクターの力による改善である。政策の評価の結果は政治技術の要素の一つ、情報として活用されることになる。あらためてまとめれば、この場合、政策評価が政治をよくするのではなく、政治が政策評価を活用するのである。その時の政治状況において優勢な政治勢力が自らの決断を正当化するために評価結果を用いるのである。

先ほど指摘したポイントはどの分野の政治・政策についても言えることであり、福祉政治・福祉政策の分野にも当てはまる。ところが、現状では二つの条件の一つまたは二つともが満たされていない場合がほとんどである。だから、政策評価の影響力が限定されているのである。

非難回避の政治には限定的

府省の政策評価制度と自治体評価の評価基準をあらためて確認すると、施策目的自体の妥当性、施策目標の妥当性、施策目的・目標と施策方針の妥当性、施策方針と事業が目的—手段の関係として妥当であるか否か、事業実施に無駄はないかなどが主な基準である。こうした基準を、必要性、有効性、費用対効果などと言い直せば、それ自体は社会で広く支持されている基準であると言ってもいいだろう。しかし、それを正確に測定できるかとなると、そうはいかない場合がほとんどとなる。

施策目的自体の妥当性、このなかには主体の妥当性も含まれるが、主体の妥当性だけを考えても、それは時代や地域によって、また議論の結果によって変わってくるものである。正確な測定で唯一の答えを導けるような基準ではない。

有効性や効率性についても難しい。確かにこれらの基準については、適切な人材と資金、時間を用意すれば、かなりの程度正確な測定が可能になる場合が多い。しかし、実際には国の府省にせよ地方自治体にせよ、有効性と効率性の双方について、否、有効性だけであっても適切な人材、資金、時間を用意できない場合がほとんどである。

府省の政策評価制度で総合評価方式を採用したとしても、学識経験者等を集めた委員会の数回の審議で評価が行われる場合が多い。地方自治体の評価で外部評価が行われる場合も同様に、学識経験者や市民からなる委員会が評価にあたるが、一つの施策については多くても二・三回、数時間があてられるにすぎない。

事業仕分けについては、さらに厳しい判断をせざるを得ない。事業仕分けについては、一般に次のような批判がある。政策体系を構成する施策・事業のごく一部を取り出して評価していることから、歳出抑制への貢献は限定的であり、行財政改革の切り札になっていないという批判があり、施策・事業の選択が恣意的であるという批判がある。また、個別の事業に焦点を合わせて必要性の評価と継続・廃止の判断をしているため、他の事業との関係が見えず、また政策体系全体での優先順位も見えないことも問題とされる。

これらの批判を脇においたとしても次のような問題が残る。事業の必要性に絞って評価し、その結果に基づいて事業の継続か廃止を決定するところに事業仕分けの特徴があるわけであるが、必要性の評価について明確な基準を設定せず（あるいはすでに見たように設定できないので）、評価者に任命された人が自分の価値観によって仕分けをしているというのが実態である。

以上のことから府省の政策評価に基づく政策評価や自治体評価や事業仕分けが無意味であると言いたいわけではない。それぞれの評価には政策情報を広く市民に提供するという意味がある。また、より強い批判を受けがちな事業仕分けについても、評価システムに改革を委ねるのではなく、評価を活用して人間が改革をするという姿勢を明確にしている点は高く評価されるべきであろう。

府省の政策評価制度、自治体評価、事業仕分けのそれぞれのよい点を活かし、よくない点を改善して国や自治体で制度化し、それを適切に運用することが求められる。ただ、府省の政策評価制度にせよ、自治体評価にせよ、事業仕分けにせよ、それ自体の力で福祉政治・福祉政策の改善に役立つのは限定された場合のみとならざるを得ないのである。

国や地方自治体が非難回避の政治に政策評価を活用すること、つまり政策評価の力に頼って福祉政策の縮小再編をしたり、政策評価の結果だけで福祉政策の縮小再編のための個別的な具体策を正当化したりということは困難であると言えよう。

合意形成の政治に有用

では、合意形成の政治に政策評価は役に立つのだろうか。つまり、市民からの視点から見て、信用できる大きな政府の形成、効率的で無駄のない大きな政府の実現、社会的連帯の実現、政策およびその負担についての社会的な合意、その前提としての社会における議論、こういった合意形成の政治の課題に政策評価は有用であり得るだろうか。

筆者はこうした点でこそ政策評価は貢献が可能であるし、よって政策評価は福祉政治・福祉政策の改善に有用であると考えている。

政策評価に関して政治や政策が改善されるとしたら、それは政策評価の結果が、政治家や行政職員、マスコミや研究者、引いては一般の市民によって活用される場合である。政策評価そのものの力によってというより、評価結果を活用する政治アクターの力によって福祉政治・福祉政策が改善されるのである。

国や地方自治体に政策評価――この場合は事業仕分けではなく、政策評価制度や自治体評価のような制度であるが――が制度化されていることにより、以下のことがわかったりできたりする。まず、国や地方自治体それぞれの政策体系がわかる。政策体系を構成する個別の施策や事業にどれだけの予算や人員が投入されているのかがわかる。他の地方自治体でどのような施策や事業が行われているか、どれだけの成果が上がっているか、費用対効果はどうかといったことがわかる。そして、研究者やジャーナリストや場合によっては一般の市民が評価研究を行うための基礎情報となり、評価研究を行うことが容易になる。

評価研究（evaluation research）とは、アメリカの評価論の研究者であるネーゲル (Stuart S. Nagel) による定義もあるが、政策評価の手法を用いて行われる研究と解してよい。それを行うのは一般には研究者と思われるが、適切な教育訓練を受けるか専門家の支援を受けることができれば一般の市民にも可能である。

評価研究は政策研究（policy studies）と似ている。両者の境界はやや曖昧である。すでに決定され実施されている政策やその目的・目標にどの程度こだわって研究するか――政策研究は比較的こだわらず評価研究はこだわる――という点で両者は区別される。

こうしたことがまさに合意形成の課題ではないだろうか。

政策評価には一般に三つの主要な目的があるとされ、それはアカウンタビリティ、政策の改善、そして市民への政策情報の提供である。政策評価は、国や地方自治体自身が変わり、質の高い福祉政治や福祉政策をうみだすことにもある程度貢献できるが、それ以上に、福祉政治や福祉政策について、市民自身が考え、意見をもち、議論をするきっかけや情報源になるのである。

福祉政治・福祉政策の評価のこれから

本章では政策評価を福祉や環境といった分野を超えて適用できる制度や手法として考えてきた。こうした考え方は政策評価論では一般的であるが、他方で環境評価や教育評価など、分野別の評価という研究や手法・制度の開発方向もあり得る。

福祉政治や福祉政策の専門家が自らの学識経験に基づくビジョンを示し、それに基づいて福祉について現在の日本社会で広く受け入れられる規準や基準を示し、それについて正確な測定をできるなら、福祉政治や福祉政策の改善に一定の影響を及ぼすことができるだろう。しかし、現代の先進社会では、国でも地方自治体でも市民の価値観が多様なので、福祉政治や福祉政策の専門家による評価に全てを委ねることは難しいだろう。また、国と地方自治体における福祉政策に関する施策・事業の数を考えても、福祉政策の専門家による評価研究者にすべてを委ねるのは困難である。

やはり、政策評価が福祉政治や福祉政策を改善することを期待するのではなく、そこから得られる情報を活用して、われわれ自身が福祉政治や福祉政策を改善することが求められるのではないだろうか。

【参考文献】

Dror, Yehezkel, *Pubic policy making reex-*

amined, new material this ed. Transaction Publishers, 1983.（ドロア／足立幸男監訳・木下貴文訳『公共政策決定の理論』ミネルヴァ書房、二〇〇六年。）

Weaver, Kent, "Politics of Blame Avoidance", *Journal of Public Policy*, Vol. 6, No. 4, 1986.

今井明「政策評価の実務と改善の取組み――雇用・社会保障分野における評価実施計画より」『評価クォータリー』第一一号、(財) 行政管理研究センター、二〇〇九年。

枝野幸男『「事業仕分け」の力』集英社新書、二〇一〇年。

窪田好男『日本型政策評価としての事務事業評価』日本評論社、二〇〇五年。

構想日本編『入門 行政の事業仕分け』ぎょうせい、二〇〇七年。

総務省行政評価局「介護保険事業等に関する行政評価・監視〈評価・監視結果に基づく勧告〉」『評価クォータリー』第八号、(財) 行政管理研究センター、二〇〇九年。

辻康夫・松浦正孝・宮本太郎編著『政治学のエッセンシャルズ――視点と争点』北海道大学出版会、二〇〇八年。

松下圭一『政策型思考と政治』東京大学出版会、一九九一年。

三好皓一編著『評価論を学ぶ人のために』世界思想社、二〇〇八年。

山谷清志編著『公共部門の管理と評価』晃洋書房、二〇一〇年。

山谷清志『政策評価の実践とその課題』萌書房、二〇〇六年。

第7章 比較福祉国家論における言説政治の位置
――政治学的分析の視角――

加藤雅俊

本章の目的は、福祉国家の動態を分析する理論枠組として近年注目を集めている「言説政治」論の特徴を明らかにすることを通じて、福祉国家の政治学的分析の可能性を検討することにある。まず、本章では、言説政治論の特徴を、その他の理論枠組（たとえば、権力資源動員論、階級交差連合論、福祉国家の新しい政治論など）との差異に注目し、アイデア的要因を重視する理論枠組として整理する。続いて、言説政治論内部の多様性として、政策アイデアに注目する議論、およびフレーミングに注目する議論を紹介した上で、既存の理論枠組の知見との統合を模索する言説的制度論の試みを紹介する。最後に、先行研究の知見を批判的に継承した、目標設定および支持調達という政治プロセスにおける二つのダイナミズムを射程に収めた理論枠組の可能性を考察する。

1 比較福祉国家論の現状

本章の目的は、福祉国家の動態を分析するための理論枠組として近年注目を集めている「言説政治」論の特徴を明らかにすることを通じて、福祉国家の政治学的分析の可能性を検討することにある。具体的には、①他の代表的な理論枠組との差異は何か、および、②

言説政治論内部の多様性は何か、という二つの論点を検討することによって言説政治論の特徴を整理する。その上で、各理論枠組の知見を統合したモデルの可能性について考察する。

比較福祉国家論は、分析の対象である福祉国家それ自身の変容という現実面の変化、および、比較福祉国家論内部における議論の進展という理論面の変化に合わせて、理論枠組を発展させてきた。たとえば、比較福祉国家論の初期では、近代化プロセスの結果として、家族や地域などの伝統的な共同体に代わり、国家が福祉供給を担うようになった点が注目を集め、産業化論が提示された（Wilensky 1975）。産業化論が近代化プロセスの進展による福祉国家の収斂を含意していたのに対して、各国ごとの福祉国家の発展の差異が認識され、この差異を説明するための理論枠組として、権力資源動員論が提示された（Korpi 1983 : 1985 : 2001）。この権力資源動員論の知見は、エスピン－アンデルセンによる福祉レジーム論（Esping-Andersen 1990）へと発展的に継承され、福祉国家の形成・発展を説明する代表的な理論枠組となった。その一方で福祉国家は、一九七〇年代以降、その危機が主張されてきたにもかかわらず、持続・安定していることに注目が集まり、この持続性を説明する理論枠組として福祉国家の新しい政治論が提出された（Pierson 1994; 1996; Pierson (ed.) 2001）。最近では、経済のグローバル化の進展およびポスト工業社会への移行に伴い、福祉国家の再編が生じていることに注目が集まり、この変容を分析するための理論枠組として、言説政治論が提出されている。

ここで重要な点として、この理論的な展開の流れは、現実の福祉国家の変容、および、福祉国家論内部の議論の展開に関連しているだけでなく、政治学における理論枠組の発展と強い関連をもっている。たとえば、上述のように、産業化論は、近代化プロセスの結果として福祉国家が形成されると考える点で、近代化論と関係がある。権力資源動員論は、権力資源の直接的・短期的な行使だけでなく、間接的・長期的な投資に注目して、行動論に基づく多元主義的な権力観を強く批判していた。また、権力資源動員論は、体制分析として、議会を通じた社会主義への移行の可能性を示唆しており、マルクス主義国家論への批判という側面をもつ。そして、権力資源動員論は、合理的アクターの戦略的相互行為に注目する点で、合理的選択制度論とも関連している。一方、福祉国家の新しい政治論は、制度の歴史性がもつダイナミズムを重視する歴史的制度論を理論的な背景としている。さらに、言説政治論は、制度の静態性に注目し、制度変化が十分に説明できないという新制度論の限界を、アイデア的要因に注目することで克服しようと試みる言説的制度論と強い関係をもつ。したがって、福祉国家の動態を分析するための理論枠組の潮流を整理することは、政治学の理論枠組の展開を把握する機会となる。

近年注目を集めている「言説政治」とは、「だれが、いかなる言説やアイデアをもって、人々にどのように働きかけたかを独自に考察する」ことと理解されている（宮本 2008 : 37）。

この「言説政治」は、ある政策や制度の実現をめぐる利益の組織化と動員プロセスを分析する「利益政治」とともに、福祉政治を構成するものとして考えられてきた。「利益政治」が政治アクター間の福祉国家をめぐる利益対立に注目するのに対して、「言説政治」はアクターの利益がアイデア的要因によってどのように形成され、目的実現のためにアクターがアイデア的要因をどのように利用したかに注目する。したがって、両者は排他的な関係というよりも、福祉政治が実際に展開されるプロセスのなかで密接に絡み合っていると考えられる。

本章の目的は、①他の理論枠組との関係性、および、②言説政治論内の多様性を整理することを通じて、言説政治論の特徴を明らかにした上で、既存の理論枠組の知見をふまえたモデルを提示することにある。そのため、本章では福祉政治の多面性を前提としつつ、福祉国家の動態を説明する理論枠組の一つの潮流として、言説政治論をとらえる。第二節では、福祉国家の動態を説明する要因としてどの変数を重視するかという点から既存の理論枠組を整理し、言説政治論の特徴を、アイデア的要因を重視するものと位置づける。第三節では、言説政治論内部の多様性の一例として、政策アイデアに注目する議論、および、フレーミングに注目する議論を紹介した上で、既存の理論枠組との統合を模索する言説的制度論の試みを紹介する。第四節では、本章の結論として、目標設定局面と支持調達局面という二つの政治的ダイナミズムを射程に収めるため、先行研究の知見を統合した理論枠組が必要とされていることを指摘し、言説的制度論を発展させたモデルがその可能性をもっていることを確認する。

2　比較福祉国家論における　アイデア・利益・制度

本節では、比較政治経済学における諸アプローチをレビューしたホール（Hall 1997）の整理を手がかりとして、既存の福祉国家論の理論枠組を、利益中心アプローチ、制度中心アプローチ、アイデア中心アプローチに整理し、それぞれの特徴を明らかにする。福祉国家論では、利益中心アプローチとして、権力資源動員論とその批判者が挙げられ、制度中心アプローチとして、福祉国家の新しい政治論とその批判者が挙げられ、アイデア中心アプローチとして、言説政治論が挙げられる。本節では、既存の理論枠組との関係性を検討することで、アイデア的要因に注目する言説政治論の特徴を明らかにする。

利益中心アプローチ

福祉国家論における利益中心アプローチは、権力資源動員論とその批判者である比較政治経済学という二つの理論枠組から構成される。このアプローチの特徴は、各アクターの利益が経済社会状況から導かれることを前提とした上で、異なる利益をもつアクターの戦略的相互行為の結果として、福祉国家の変容がもたらされると想定する点にある。権力資源動員論（Korpi 1983; 1985; 2001; Esping-Andersen 1985など）は、その理論的基礎の次元において、行動論に基づく多元主義的な権力観を批判し、権力資源行使の多様性に注目する。すなわち、権力資源の不平等性、非ゼロサム性、その行使にコストが必要なことを前提として、戦略的アクターの相互作用の結果として、アウトカムがもたらされることを強調する（また、アクターの利益を所与として、戦略的相互行為に注目するため、合理的選択制度論との関係性も強い。合理的選択制度論に関しては、Weingast 2002）。ここで重要な点は、戦略的なアクターは、自らの目標達成のため、短期的／直接的に権力資源を行使するだけではなく、長期的／間接的に権力資源の投資を行うという点にある。つまり、アクターは目的実現のために、短期的な視野に基づき、政策決定の場などで直接的な権力行使を行うだけでなく、長期的な観点から、自らの権力資源を高めるような制度形成を行うなど間接的な権力行使も行うと想定される。したがって、福祉国家の諸制度も、短期的視野だけでなく、長期的視野ももつ諸アクターの戦略的な相互行為の産物とみなされる。

以上の権力観を理論的な基盤として、権力資源動員論は、福祉国家のダイナミズムを規定する要因として階級に注目する。つまり、権力資源動員論に立つ論者は、主に、左派・労働勢力を福祉国家の支持者とみなし、右派・ビジネス勢力を福祉国家の敵対者と想定して、それらの間の権力バランスの差異が各国の差異を説明すると考える。階級間の対立に注目する初期の権力資源動員論による分析は、エスピン－アンデルセン（Esping-Andersen 1990）によって、福祉国家を支える政治連合への注目という形で継承され、現在では福祉国家の形成期を説明する主要な理論枠組として定着している。

権力資源動員論に対しては、様々な批判が提出されてきた。次項で紹介する福祉国家の新しい政治論もその一つであるが、ここでは権力資源動員論と理論的前提を共有する比較政治経済学（階級交差連合論と資本主義の多様性論）の批判を紹介する。彼らは、権力資源動員論の左派バイアスを批判し、ビジネス勢力が福祉国家の形成・発展に果たしてきた積極的な役割を重視する。階級交差連合論（Swenson 1991; Pontusson and Swenson 1996など）が福祉国家諸制度の政治的基盤（階級〔交差〕連合によって支えられることが多い）に注目し、資本主義の多様性論（Hall and Soskice 2001; Mares 2003; Ebbinghaus and Manow 2001など）が各国の経済諸制度によって影響づけられるビジネスの調整能力の差異に注目する点で、両者には差異がある。しかしその一方で、スキル投資へのインセンティヴ付与や労働勢力の取り込みによる安定化の実現など、社会政策がビジネス勢力の利益になることに注目する点で、両者は共通している。彼らの主張のポイントは、福祉国家の形成・発展が、階級間の対立によってもたらされるとは限らず、特定の経済社会状況を前提として、ある社会政策に対して利益を共有する複雑な政治連合（階級連合や階級交差連合）によってもたらされると理解する点にある。したがって、比較政治経済学の貢献は、福祉国家の形成・発展に対するビジネス勢力の利益・選好に関する想定を理論的に豊かにすることによって、福祉国家の政治的基盤の多様性を明らかにした点にあると言える。

以上のように、利益中心アプローチの意義は、ある経済社会環境におけるアクターの利益・選好を所与として、政治アクターの相互行為に注目することによって、福祉国家形成・発展のダイナミズムをとらえる点にある。つまり、産業化論における政治アクター軽視という傾向を批判し、政治アクターの重要性を強調した点で、利益中心アプローチは意義がある。しかし、このアプローチが説明力をもつためには、福祉国家形成・発展のアクターが自明であり、かつ、そのアクターの利益・選好を所与とできることが必要となる（すなわち、左派・労働勢力が福祉国家の推進勢力、右派・ビジネス勢力がそれに対抗する勢力）。福祉国家の削減期や再編が生じている現在においても、これらの条件が満たされているかについては、別途検討が必要となる。言い換えれば、福祉国家の成熟化に伴い生じている、福祉政治の変容を考慮する必要がある。

制度中心アプローチ

続いて、福祉国家論における制度中心アプローチの概要を検討する。ここで制度中心アプローチとは、アクター間の相互行為に注目しつつも、それらに与える制度的要因の影響力を重視するアプローチを指す。つまり、福祉国家のダイナミズムを説明する要因として、制度的要因に注目するのである。福祉国家論における制度中心アプローチは、制度のもつ歴史性を重視する歴史的制度論（Pierson 2004; Thelen 1999; Thelen and Steinmo 1992）に依拠したP・ピアソンの研究を端緒とする「福祉国家の新しい政治」論である（Pierson 1994; 1996; 2001）。上述の利益中心アプローチが、福祉国家形成・発展期を説明する代表的な理論枠組とされるのに対して、福祉国家の新しい政治論は、福祉国家の持続・安定性を説明する代表的な理論枠組として評価されている。

まずピアソン（Pierson 1994; 1996）は、なぜ経済のグローバル化やポスト工業社会への移行などの変容圧力が存在するにもかかわらず、福祉国家は持続しているのかを問う。これに対して、福祉国家を取り巻く政治が大きく変容していることを、重要な要因として挙げる。すなわち、①政策決定者の政治的目標が異なり、②政治的文脈に大きな変化があるため、福祉国家の形成・発展期と持続・縮減期では、政治が質的に異なるのでる。つまり、①縮減という不人気な目標は再選要求と衝突するため、実現が困難であること、および、②福祉国家の成熟化に伴い生じる、受益者団体の台頭および人々の福祉国家への埋め込みなどの政策フィードバック効果によって、福祉国家の縮減は困難となる。このような状況のなかで、彼は、避難回避（blame avoidance）が成功し、反対を極小化できる場合に縮減が可能と考える。避難回避のための諸戦略（たとえば、曖昧化戦略・分断化戦略・補償戦略など。その他の戦略については、新川〔2005〕による整理を参照）が存在するが、これらの利用可能性には限界があり、プログラム構造に大きく依存することを主張する。つまり、ピアソンによれば、福祉国家の成熟化によって生じる、福祉政治の変容の結果、プログラム構造という福祉国家諸制度が発展の差異を説明するのである（cf. プログラム構造〔選別主義と普遍主義〕が信頼醸成の差異をもたらす点に注目する論者として、Rothstein〔1998〕;〔2005〕）。また、政策目標および政治的文脈の変化というピアソンの理論枠組を前提として、プログラム構造以外にも、公的政治制度の重要性（Bonoli 2000; Swank 2002 など）や政党システム（Green-Pedersen 2002 など）の重要性など、様々な制度的要因の重要性が指摘されている。

以上のように、制度中心アプローチは、福祉国家の成熟化に伴い生じた、形成・発展期と縮減期の政治の違いを強調し、新たな前提（縮減政策は不人気のため、実現が困難であり、全体として持続性を示す）に基づき、諸制度が重要という理論枠組を提示したという点で大きな意義がある。つまり、福祉国家の新しい政治論は、福祉国家の成熟化のために、利益中心アプローチのアクターに関する想定が不適切であることを明らかにしたと言える。福祉国家の新しい政治論は、政治アクターの相互行為に注目するという点は継承しつつも、福祉国家という制度の歴史性を重視して、縮減を目指すアクターの相互行為に与える制度的要因の影響力に注目している。この理論枠組は、福祉国家の成熟化がもたらす政治的インパクトの重要性を指摘した点で重要な貢献をなしているが、以下のような問題点を抱えている。まず第一に、福祉国家の持続性を前提とするため、変化（の性格）を分析の対象外にする傾向がある。第二に、新たな前提に基づき、諸制度の重要性を強調するため、政治アクターの主体的な対応（たとえば、縮減以外の多様な政策対応の可能性）を軽視することにつながりやすい。縮減とは異なる福祉国家の再編が生じている現在においては、政治アクターの主体的な対応をとらえるための分析視角が必要となっている。

アイデア中心アプローチ

本項では、福祉国家論におけるアイデア中心アプローチとしての言説政治論の特徴を、上述の二つのアプローチとの差異に注目して整理する。とくに、言説政治論が、福祉国家の再編という現実世界の変容と関係している一方で、上述の二つのアプローチの知見を継承しつつ、抱えている問題点を克服する試みであることを確認する。

ここでアイデア中心アプローチは、アクター間の相互行為におけるアイデア的要因の重要性に注目して、政治現象を説明するアプローチを指す。次節で紹介するように、福祉国家論においては様々なかたちでアイデア的要因に注目が集まっているが、そこには、福祉国家の形成・発展を説明する上で、アイデア的要因をめぐる政治プロセスに注目するという共通点がある。つまり、利益中心アプローチのように、経済社会環境から利益が導かれるアクターの戦略的相互行為に注目するのではなく、また制度中心アプローチのように、福祉国家の成熟化に起因する制度的要因の影響に注目するのではなく、アイデア中心アプローチは、アクターの利益がアイデア的要因によってどのように形成され、目標達成のためにアクターがアイデア的要因をどのように利用したかという政治プロセスを重視する。

このアイデア的要因への注目は、現実世界における福祉国家をめぐる諸改革の進展と大きく関係している。一九九〇年代以降、先進諸国では、経済のグローバル化の進展やポスト工業社会への移行などによって生じる諸課題に対応するため、いわゆる縮減とは一線を画する福祉国家の諸改革を進めてきた（Pierson 2001）。たとえば、財政支出を抑制するための福祉縮減だけでなく、経済社会環境の変化によって生じつつある「新しい社会リスク」（Armingeon and Bonoli 2006; Taylor-Gooby 2004）に積極的に対応するための政策の導入など、諸改革が実施されてきた。この新しい社会リスクに対応するなかで、「社会的投資」という側面に重点を置いた新しい社会政策のパラダイムが生じつつある（Jenson and Saint-Martin 2006）。これは、失業者などに加え、女性や若者など新しい社会リスクに直面する集団を対象に、積極的に社会進出・参加できるように諸条件を整備する政策の導入（たとえば、スキル形成や教育・訓練の支援、介護や保育などの社会サービスの充実、フレキシキュリティへの注目、および、雇用形態の変化に応じたカバー原理の導入など）を含む。つまり、福祉国家は、性別役割分業を前提とした雇用形態および家族形態の安定性（例、男性稼得者の長期雇用および女性の家庭におけるケア労働への依存）に依拠し、男性稼得者が労働から所得を得られなくなった場合の補償を充実させる「福祉国家の黄金時代」から、長期失業者などの社会的に排除されている人々や、女性や若者などの新しい社会リスクに直面する人々を、社会的に包摂するための諸政策の実施が求められる「ポスト産業社会の福祉国家」の時代へと、大きく転換しているのである（Armingeon and Bonoli 2006, また Jessop 2002 も参照）。言い換えれば、現代社会は、福祉国家の形成・発展期や持続・縮減期とは異なる、福祉国家の「再編期」を迎えていると言える。

この福祉国家の時代転換は、以下で確認するように、既存の理論枠組では十分に説明できない点があるため、新たな理論枠組の模索へとつながった。まず第一に、利益中心アプローチや制度中心アプローチのアクター（の利益・選好）の想定は、十分とは言えない。まず、形成・発展期とは異なり、再編期においては、主要な政治主体として、福祉国家の推進勢力としての左派・労働者階級、および、それに対抗する勢力としての右派・ビジネス勢力のみに注目することはできない。すなわち、福祉国家の新しい政治論が指摘したような受益者団体の台頭や福祉国家へのロックイン効果があるだけでなく、福祉国家の成熟化に伴い、雇用形態の流動化や人々のアイデンティティの多様化が進み、階級を前提とした集団を、福祉国家をめぐる主要な政治主体として想定することが難しくなっている。また、グローバル化した経済のもとでは、従来型の財政出動を行うことが困難になる一方で、社会的保護や経済的効率性を提供するという福祉国家の機能を前提とすると、一方的な縮減を行うことも難しい。言い換えれば、党派性にかかわらず、政治アクターの選択肢は、制約されていると言える。福祉国家をめぐる政治的争点は、「縮減もしくは維持」から、「再商品化」、「費用削減」および「再調整」をめぐるものへと変化しているとされる（Pierson 2001）。さらに、経済のグローバル化の進展およびポスト工業社会への移行という課題は、各政治アクターにとって未知の経験であり、不確実性が極度に高い状況であったと考えられる。このような状況では、アクターの利益・選好は諸環境から導き出すことができず、アクターが依拠していたアイデアが重要となる（Blyth 2002; Hay 2006）。つまり、不確実性が高い状況では、アイデアがアクターの利益を形成するのである。以上のように、再編期では、新たな集団が台頭しているだけでなく、諸環境の不確実性の高さのために、利益・選好を所与とすることはできない。

　また第二に、制度中心アプローチのように、持続性を重視することは十分とは言えない。上述のように、福祉国家の時代転換に伴い、「社会的投資」という新たな政策パラダイムが形成されつつあるにもかかわらず、福祉国家の新しい政治論のように、持続性に重点を置くことは、新たに生じている変化を軽視することにつながりやすい。ここで重要な点は、この変化が「福祉国家の黄金時代」の諸政策の量的な拡大・縮小とは質的に異なるという点にある。つまり、過去のモデルとは質的に異なる政策が追求されるという福祉国家の大規模な再編が生じていると言える。この社会政策のパラダイム転換を分析する上では、政治アクターが現状の諸課題をどのように解釈し、意味づけていったかという点、および、改革の諸障壁をどのように乗り越えていったかという点の分析が不可欠となる。つまり、政治アクターの主体性を考慮した理論枠組が必要と言える。福祉国家の新しい政治論が依拠する歴史的制度論は、経路依存性の概念などに注目し、制度の持続性をもたらすメカニズムを解明したという点、および、制度変化に関する、多様な漸進的変容パターンを析出したという点で大きな貢献をなしているが（Pierson 2004; Hacker 2004; Thelen 1999; Mahoney 2000; Mahoney and Thelen 2010; Streeck and Thelen 2005）、制度変化のダイナミズムの解明という点では課題が多く残されている。

　以上のように、現実世界における福祉国家の変容、および、それを分析する上での既存アプローチが抱える諸課題を受けて、「言説政治」論が注目を集めることになった。したがって、福祉国家分析においてアイデア的要因に注目する言説政治論は、アクターの利益がアイデア的要因によってどのように形成され、目的実現のためにアクターがアイデア的要因をどのように主体的に利用したかという政治プロセスを重視することによって、既存の理論枠組の問題点を克服し、福祉国家再編のダイナミズムを説明することを目標としている。つまり、言説政治論は、既存の理論枠組の知見（たとえば、利益中心アプローチにおける政治アクターの相互行為への注目、および、制度中心アプローチにおける福祉国家の成熟化のインパクトへの注目）を前提としつつ、アイデア的要因をめぐる政治プロセスに注目することで、それらの限界点（たとえば、制度変化（の性格）の軽視、アクターの利益・選好の想定の不適切性など）を克服する試みと評価することができる。次節では、アイデア的要因に注目する言説政治論内部の多様性について検討する。

3 アイデア的要因への注目としての言説政治

本節では、福祉国家論におけるアイデア的要因に注目する議論内部の多様性について検討し、言説政治論内部の特徴を明らかにする。ここでは、変化（の性格）の分析を重視する「政策アイデア」に注目する議論、政治アクターによる利益・選好の形成を分析する「フレーミング」に注目する議論、そして、利益中心アプローチと制度中心アプローチの知見を継承しつつ、制度変化プロセスにおけるアイデア的要因の役割に注目する「言説的制度論」の試みを紹介する（本節で言及する以外の最近の業績としては、Kuipers 2006; Stiller 2010; Weishaupt 2011 など）。

政策アイデアへの注目

政策アイデアに注目する論者は、制度変化の際に導入される政策アイデアに注目することで、制度変化（および、その性格）が十分に説明できないという既存研究の限界を克服しようと試みる。福祉国家論において政策アイデアに注目する論者としては、ホールの政策パラダイム論を批判的に継承している、ベランが挙げられる。ホール（Hall 1993）は、政策目標を達成するための手段だけでなく、政策目標それ自体が変化する場合には、政策パラダイムの転換が生じていることを示唆する。つまり、大規模な制度変化（の性格）を理解する上では、新たに導入される政策アイデアに注目することが有益となる。ベランは、なぜ特定の政策形態が採用されたかという論点を新制度論が十分に説明できないことを批判し、ホールの知見を利用する。彼は、制度変化をもたらすメカニズムとして、「政策フィードバックや社会学習」に注目し、政策形態を説明するための「政策パラダイム」とそれを導入する政治アクターである「政策企業家」の役割を強調する（Béland and Hacker 2004; Béland 2005）。これらを前提として、彼は、アメリカの福祉政策の転換を、大規模な政治経済的な変化が起きた時のアクターが依拠していた政策パラダイムの内容に注目しながら分析している。その他の論者として、テイラーグッビィは、英独仏の三国における労働市場政策の変化を分析した研究において、消極的労働市場政策からアクティベーション化への移行が、福祉国家改革に関する政治的再編と同時に生じた政策パラダイムの変化と関連していることを主張している（Taylor-Gooby 2005）。

以上のように、福祉国家論における政策アイデアへの注目は、制度変化プロセスにおける政策アイデアの変化に注目することによって、「福祉国家の変化」だけでなく、「その性格」についても分析対象とする点で意義がある。ここでは「政策企業家」などアクターの重要性は指摘されているが、政治アクターがアイデア的要因を用いて、どのように他のアクターに働きかけるかという点については十分に検討されていない。この点については、フレーミングに注目する論者の知見が有益となる。

フレーミングへの注目

フレーミングに注目する論者は、政治アクターによる主体的な働きかけの結果として、その他のアクターの利益・選好が変容していくプロセスに注目する。つまり、政治アクターが、アイデア的要因を用いて、目標達成のために主体的に行為するという点に注目することによって、制度変化の政治的ダイナミズムをとらえる試みと言える。たとえば、コックスは、言説による縮減政策の正統化という点に注目して、オランダ・デンマークにおける福祉縮減政策の成功とドイツにおける失敗を説明する（Cox 2001：464）。ここで重要な概念となるのが、「改革イニシアティブの幅広い支持をもたらす方法でイシューをフレーミングする」という「経路形成」である。この概念は、縮減政策への支持がアクターによるフレーミングを通じて形成されることを示唆している。したがって、彼によれば、縮減政策の成否は、アクターが正統化言説の構築に成功するか否かに大きく依存しているのである。また、ロスは、イギリスにおける福祉国家改革が必ずしも不人気ではなかったことを指摘する（Ross 2000：21）。彼女によれば、「福祉国家の人気は固定的なものとみなすべきではなく」、「政治的リーダーは福祉国家に対する人々の態度を形成する余地をもっている」のである。つまり政治家は、フレーミングを通じて、自らの立場をある程度一般の人々に受容させることができるのである。同様に、トルフィングは、デンマークにおける福祉政策の変容を、経済・社会的要因の変化によってもたらされたという機能主義的な説明に陥らないようにするため、構造的競争力と構造的失業という言説の変化をめぐるダイナミズムに注目して分析している（Torfing 1999）。

フレーミングに注目する論者は、福祉国家の変化を説明する上で、政治アクターによる言説の利用などの正統化プロセスに注目する。これらの分析は、目標達成のために、政治アクターが主体的に他のアクターに働きかける局面を射程に収めることによって、政治の重要性を明らかにした点で、大きな意義がある。しかし、フレーミングに注目する論者は、制度変化プロセスにおける政治アクターの主体性に注目するものの、どのような性格の変化が生じるかという点については、十分な考察がなされていない。この点については、上述の政策アイデアに注目する論者の知見による補完が必要となる。

言説的制度論の試み

ここまでアイデア的要因に注目する議論として、政策アイデアとフレーミングに注目する議論を、簡単に紹介してきた。両者は、アイデア的要因に注目することで、既存研究の問題点を克服しようと試みてきたと言えるが、福祉国家の動態を説明する上ではそれぞれ課題が残されていた。政策アイデアへの注目は、変化およびその性格を説明する上で貢献をなしているが、政治アクターがどのように他のアクターに働きかけるかについてのさらなる考察が必要であった。他方で、フレーミングへの注目は、言説を通じた正統化プロセスに注目するという点で貢献をなしているが、どのような性格の変化が生じるかという点についてはさらなる検討が必要であった。ここで興味深い点は、両者の知見が補完的な関係にあるため、各知見を統合することによって、より説明力をもった理論枠組を形成できるという点である。しかし、アイデア的要因への注目内部から得られる知見を統合するのみでは不十分と考えられる。なぜならば、アクター間の相互作用への注目という利益中心アプローチの知見、および、制度的要因の影響力への注目という制度中心アプローチの知見も統合する必要があるからである。言い換えれば、ここまで紹介してきた既存研究の諸知見を統合する、新たな理論枠組が求められていると言える。この新たな理論枠組を模索する一つの試みとして評価できるのが、「言説的制度論」である。

そもそも「言説的制度論」（Campbell and Pedersen 2001; Schmidt 2006; 2008）は、従来の新制度論における制度変化に関する説明が静態的なものになっていることを批判し、制度変化プロセスにおけるアイデア的要因の果たす役割に注目することによって、その政治的ダイナミズムをとらえようと試みる。「言説的制度論」の他にも、「構成主義的制度論」（Hay 2006）と呼ばれることもある。本項では、代表的な論者であるシュミットとブライスの議論を簡単に紹介する（シュミットとブライス以外には、Campbell 2004; Peters et al. 2005; Liberman 2001; Rothstein 2005なども参照）。次項では、この「言説的制度論」を発展させることによって、各理論枠組の知見を考慮した包括的なモデルの可能性について検討する。

シュミットは、①一連のアイデアと価値のセットおよび②相互作用プロセスから構成される「言説」に注目する（Schmidt 2002）。まず、アイデアとしての言説は、政策プログラムの合理性を示すことにより正当化（justify）に役立つ「認識的機能」、および、適切性を示すことにより正統化（legitimize）に役立つという「規範的機能」を果たす。その上で、彼女は、制度変化を分析する上では、アイデアのみに注目するのは不十分として、アイデアがどのように受容されていったかというアクター間の相互作用プロセスに注目する必要性を主張する。ここで相互作用としての言説は、政策アクター間に共通の準拠枠組を提供するのに役立つという「調整的機能」と市民を説得する手段として役に立つという「伝達的機能」の二種類の機能を果たす。ここで重要な点は、相互作用としての言説が公的政治制度のタイプと関連性をもつことにある。すなわち、権力集中型のシングルアクターシステムでは伝達的機能が重要となり、権力分散型のマルチアクターシステムでは調整的機能が重要となる。シュミットの見解を整理すると、公的政治制度という制度条件のもとで、政治アクターは、特定の相互作用に重点を置きながら、政策アイデアの合理性や適切性を示すことによって、制度変化をもたらすと考えられる。

このシュミットの整理は、アイデア的要因

をめぐる相互作用としての言説と公的政治制度を結びつけることで、アイデア的要因に関する知見だけでなく、利益中心アプローチや制度中心アプローチの知見も統合しようと試みている点で意義がある。しかし、制度変化に向かう政治アクターの利益・選好がどのように形成されるかという論点の検討、および、制度変化プロセスにおけるアイデア的要因の果たす役割をさらに整理する必要性が残されている。この点については、ブライスの知見が大きな貢献をなしている。

ブライスは、アイデアと利益の関係性を再検討し、両者を相互排他的にはとらえられない瞬間があることを指摘する（Blyth 2002）。彼は、経済学者のフランク・ナイトから着想を得た「ナイト的不確実性」という概念を提示する。これは、アクターの利益自体が何であるか分からないほど、特殊な事態とみなされる状態を指す。このような状況では、アクターの利益は、構造的な要因によっては与えられず、アクター自身がもつアイデアによってのみ定義されるとする。つまり、極度に不確実性が高い状況では、アクターの利益は、依拠するアイデアに言及することによって初めて確定されるのである。

この点に加えて、彼は、アイデアが制度変化プロセスに与える因果的影響力を検討し、仮説を提示している。つまり、いつ、なぜ、どのようにアイデアが重要となるかを明確にしようと試みる。ブライスによれば、アイデアの制度変化プロセス全体に与える因果的影響力は、以下の五つの仮説にまとめられる（アイデアの役割に関する仮説化の試みとして、Campbell 2004 では一二の仮説が提示されている）。①危機の時期では、アイデア（制度ではなく）が不確実性を縮減する。②不確実性の縮減に続き、アイデアは集合行為や連合形成を可能にする。③既存制度に対する闘争において、アイデアは武器となる。④既存制度の脱正統化に続いて、新しいアイデアは制度的な青写真として機能する。⑤制度形成に続いて、アイデアは制度的安定を可能とする。ブライスの見解を整理すると、不確実性の高い状況下において、アクターの利益はアイデアによって規定され、その後、アイデアは、アクターによって利用されることによって、その後の制度変化プロセスに大きな影響力を与える。

ブライスの試みは、不確実性の高い状況下ではアクターの利益が主観的なものであることを指摘した点、および、制度変化プロセスにおけるアイデアの因果的影響力を整理した点で意義がある。しかし、ここでは、公的政治制度のインパクトやアイデアそれ自身の特徴に関して、十分な検討がなされていない。この点は、シュミットの知見によって、補完される必要がある。

以上のように、シュミットとブライスによる「言説的制度論」は、アイデア的要因の役割に注目することで、制度変化プロセスの政治的ダイナミズムをとらえようとした点で意義がある。ここで重要な点として、両者の知見には補完性があるため、両者を統合することは、アイデア的要因への注目内部の知見だけでなく、利益中心アプローチおよび制度中心アプローチの知見も統合した、包括的な理論枠組の形成につながる可能性をもっていると言える。しかし、この方向性を追求する上では、政治プロセス全般におけるアイデアと利益の関係性をどうとらえるかという論点が残されている。以下では、この論点について検討した上で、包括的な理論枠組の可能性を検討する。

既存の理論枠組の知見の統合に向けて

そもそも政治学では、アイデアが二つの役割を果たすと考えてきた（Bleich 2002; Blyth 2002; 2003; Hay 2002など。また、近藤 2007；2008；加藤 2012も参照）。すなわち、①アイデアがアクターの利益を規定するととらえる「構成的役割」、および、②目標達成のためにアクターがアイデアを主体的に利用すると捉える「因果的役割」である。ここで重要な点は、まず第一に、アイデアの各機能が政治の二つの役割（目標設定と支持調達）と密接に関係している点である。つまり、構成的役割は、漠然とした社会現象を解釈・意味づけることによって達成すべき政治目標を設定するという点で、政治の目標設定機能とリンクしている。因果的役割は、特定のアイデアにより設定された目標に向けて、フレーミングなどを駆使することにより支持を調達するという点で、政治の支持調達機能とリンクしている。言い換えれば、アイデアの二つの役割を政治プロセスに位置づけることによって、目標設定と支持調達という二つの政治的ダイナミズムを分析の射程に収めることができる。第二に、政治プロセスにおいては、「構成的役割→因果的役割」という時間的順序をたどると考えることによって、両者の役割を統合することが可能となる。つまり、アイデアによってアクターの利益が規定された後に、アクターは、そのアイデアを主体的に利用することで、目標を達成すると考えられる。これは、不確実性の高さにかかわらず、利益は主観的な性格をもっていることを示唆している（Hay 2006。近年ではシュミットとブライスも利益の主観性を強調している。たとえば、Schmidt 2008; ブライス 2009; シュミット 2009）。

以上のように、アクターの利益が主観的性格をもつこと、および、政治プロセスにおいて、「アイデアの構成的役割→因果的役割」という順序をたどることを前提として、シュミットおよびブライスの知見を統合すると、利益中心アプローチの知見および制度中心アプローチの知見も考慮した、政治プロセス一般に関する理論枠組が形成される（本章とは立場は異なるが、既存の理論枠組の統合を目指しているものとして、Scharpf and Schmidt 2000; Huber and Stephens 2001など）。すなわち、経済社会環境および諸制度を前提として、アイデア的要因によって利益が規定されたアクターは、フレーミングの駆使や間接的・長期的な権力資源の投資など、目標達成のために戦略的相互行為を行い、その結果としてアウトカムがもたらされると考えられる。どの相互行為が重要となるかは、シュミットが示唆していたように、公的政治制度の影響を受けると考えられる。

したがって、福祉国家の政治的ダイナミズムを分析するためには、①経済社会環境および諸制度を前提として、アイデア的要因によ

表７－１　比較福祉国家論の理論枠組のまとめ

	利益中心アプローチ 権力資源動員論と比較政治経済学	制度中心アプローチ 福祉国家の新しい政治論	アイデア中心アプローチ 言説政治論
アウトカムをもたらす要因	政治アクターの経済社会環境における位置が利益・選好を規定→戦略的相互行為の結果としてアウトカムが生じる	ある制度状況における制度的要因がアクターの利益・選好を形成→戦略的相互行為の結果としてアウトカムが生じる	戦略的相互行為における、アイデア的要因に注目
理論的基礎	行動論に基づく多元主義的な権力観への批判、および、合理的アクター間の相互行為への注目（合理的選択制度論と親近性あり）	制度の歴史性に注目する歴史的制度論	制度変化プロセスにおけるアイデア的要因の役割に注目する言説的制度論
特　　徴	・権力資源動員論：左派・労働勢力を福祉国家を推進する勢力，右派・ビジネス勢力を福祉国家の拡大を阻止する勢力として，両者の権力バランスに注目 ・比較政治経済学：社会政策がビジネス勢力にとってプラスになる場合に注目→ビジネス勢力の主体的役割を重視	・福祉国家の成熟化に伴う，福祉政治の変化に注目 ①縮減が不人気なため，再選目標と衝突 ②受益者団体の台頭や人々が福祉国家に埋め込まれていく →非難回避戦略が採用できる場合のみ，縮減が可能となる（戦略採用の可能性は，制度的要因によって規定される）	・政策アイデアへの注目：変化（の性格）を説明するために，制度変化が生じる際の政策アイデアに注目 ・フレーミングへの注目：政治アクターが，アイデア的要因を用いて，目標達成のために主体的に行為する点に注目 ・言説的制度論：新制度論の静態性を克服するため，制度変化プロセスにおけるアイデア的要因の役割に注目
課　　題	・アクターの利益・選好の想定が，福祉国家の持続・縮減期や再編期と合致しない ・利益・選好形成のダイナミズムの軽視	・制度の持続性に注目し、変化（の性格）を軽視する ・政治アクターの主体性の軽視	・アイデア中心アプローチ内部の知見だけでなく，利益中心および制度中心の各アプローチの知見を統合する必要
新たな理論モデルの方向性	○政治プロセスにおける，アイデアの二つの役割（構成的役割と因果的役割）の時間的連続に注目（形成・発展期，持続・縮減期，再編期のいずれにも該当） 第一段階：経済社会環境および諸制度を前提として，アイデア的要因によって，アクターの利益が形成される局面（目標設定局面） 第二段階：既存の政治制度下で，権力資源の多様な行使やフレーミングの駆使などにより，アクターが，目標達成のために相互行為（新たな制度に向けた支持連合の形成，制度の導入と安定化など）を行う局面（支持調達局面）		

出典：筆者作成。

って、アクターの利益がどのように形成され（目標設定局面）、②既存の政治制度下で、アイデア的要因の駆使や権力資源の多様な行使などにより、アクターが、目標達成のために、どのような相互行為（新たな制度に向けた支持連合の形成、制度の導入と安定化など）を行ったか（支持調達局面）を分析する必要がある。

この一連の政治プロセスを通じて、利益・制度・アイデアの各要因は、相互作用を繰り返しながら、アウトカムに影響をもたらすと考えられる。ここで重要な点として、このモデルは、福祉国家の形成・発展期、持続・縮減期、再編期のいずれにおいても利用できる。言い換えれば、どの段階においても、福祉国家の政治的ダイナミズムを説明する上では、目標設定局面と支持調達局面を分析の射程に収める必要があると言える。

4　福祉国家の政治学的分析に向けて

本章では、福祉国家の動態を分析する理論枠組として近年注目を集めている「言説政治」論の特徴を検討することを通じて、福祉国家の政治学的分析の可能性を検討してきた。まず、利益・選好を所与としたアクターの相互行為に注目する利益中心アプローチ、および、福祉国家の成熟化などの制度の歴史性の影響力に注目する制度中心アプローチとの差異に注目し、言説政治論の特徴を、福祉国家のダイナミズムを説明する上で、アイデア的要因に注目する議論として整理した。アイデア的要因への注目は、既存の理論枠組の知見（アクターの相互行為への注目および制度の歴史性への注目）を継承する一方で、アクターの利益に関する想定の不十分性および制度変化（の性格）の軽視という既存研究の問題点を克服する意図をもっていることを確認した。その上で、言説政治論の内部の多様性として、変化（の性格）の説明に重点を置く「政策アイデア」に注目する議論、および、政治アクターによる利益・選好の形成を重視する「フレーミング」に注目する議論を紹介し、両者の知見を統合する試みといえる、制度変化プロセスにおけるアイデア的要因の役割を重視する「言説的制度論」を紹介した。その上で、利益中心アプローチ、制度中心アプローチ、および、言説政治論のそれぞれの知見を統合した理論枠組として、目標設定（アイデア的要因によるアクターの利益の形成）および支持調達（既存の政治制度下での、権力資源の多様な行使やフレーミングの駆使などによる、目的達成のための相互行為）という福祉国家の二つの政治的ダイナミズムを射程に収めたモデルを提示した。

　しばしば、利益中心アプローチは、福祉国家の形成・発展期を説明する理論枠組として、制度中心アプローチは、持続・縮減期を説明する理論枠組として、そして、言説政治論に代表されるアイデア中心アプローチは、再編期を説明する理論枠組としてとらえられることがある（宮本 2006では、各理論枠組の継起的関係性が指摘されている）。しかし、政治プロセスが目標設定および支持調達という二つの政治的ダイナミズムから構成されるとするならば、各理論枠組の知見の有効性は、福祉国家の時代区分によって制約されるものではない。ホール（Hall 1997：197）が指摘するように、そもそも政治が「権力を求める争いだけではなく、利益の解釈をめぐる争い」でもあるならば、政治現象を説明するための理論枠組は、目標設定（利益の解釈）と支持調達（権力の追求）という両側面を射程に収めることが必要となる。したがって、重要な点は、各理論枠組の知見をふまえ、どの段階にも適応可能な、福祉国家の政治的ダイナミズム（目標設定局面および支持調達局面）を説明するためのモデルを形成することである。本章では、その一つの可能性として、言説的制度論を発展させるかたちで、政治プロセスにおけるアイデアの二つの役割（構成的役割と因果的役割）に注目したモデルを提示した。このモデルを利用して実証分析を行うことは今後の課題として残されているが、福祉国家論における動態を説明するための理論枠組の関係性を整理し、その到達点と課題および今後の方向性を示すことができたならば、本章の目的は達成されたことになる。

【参考文献】

Armingeon, Klaus and Bonoli, Giuliano (eds.), *The Politics of Post-industrial Welfare States*, Routledge, 2006.

Béland, Daniel, *Social Security*, University Press of Kansas, 2005.

Béland, Daniel and Hacker, Jacob S., "Ideas, Private Institutions and American Welfare State 'Exceptionalism': the Case of Health and Old-age Insurance, 1915-1965", *International Journal of Social Welfare*, 13, 2004, 42-54.

Bleich, Erick, *Race Politics in Britain and France*, Cambridge University Press, 2003.

Blyth, Mark, *Great Transformations*, Cambridge University Press, 2002.

———, "Structure Do Not Come With an Instruction Sheet: Interests, Ideas, and Progress in Political Science", *Perspectives on Politics*, 1, 2003, 695-706.

Bonoli, Giuliano, *The Politics of Pension Reform*, Cambridge University Press, 2000.

Campbell, John L. , *Institutional Change and Globalization*, Princeton University Press, 2004.

Campbell, John L. and Pedersen, Ove K. (eds.), *The Rise of Neoliberalism and Institutional Analysis*, Princeton University Press, 2001.

Cox, Robert H., "The Social Construction of an Imperative: Why Welfare Reform Happened in Denmark and the Netherlands but Not in Germany" *World Politics*, 53, 2001, 463-498.

Ebbinghaus, Berhard and Manow, Philip (eds.), *Comparing Welfare Capitalism*, Routledge, 2001.

Esping-Andersen, Gøsta, *Politics Against Market*, Princeton University Press, 1985.

———, *The Three Worlds of Welfare Capitalism*, Polity Press, 1990.（岡沢憲芙・宮本太郎監訳『福祉資本主義の三つの世界』ミネルヴァ書房、二〇〇一年。）

Green-Pedersen, Christoffer, *The Politics of Justification*, Amsterdam University Press, 2002.

Hacker, Jacob S., "Privatizing Risk without Privlatizing the Welfare State : The Hidden Politics of Social Policy Retrenchment in the United States", *American Political Science Review*, 98, 2004, 243-260.

Hall, Peter A., "Policy Paradigms, Social Learning, and the State: The Case of Economic Policymaking in Britain" *Comparative Politics*, 25, 1993, 275-296.

———, "The Role of Interests, Institutions, and Ideas in the Comparative Political Economy of the Industrialized Economy" M. I. Lichbach and A. S. Zukerman (eds.), *Comparative Politics*, Cambridge University Press, 1997, 174-207.

Hall, Peter A. and Soskice, David, "An Introduction to Varieties of Capitalism" P. A. Hall and D. Soskice (eds.), *Varieties of Capitalism*, Oxford University Press, 2001, 1-68.

Hay, Colin, *Political Analysis*, Palgrave, 2002.

———, "Constructivist Institutionalism", R. A. W. Rhodes, S. A. Binder and B. A. Rockman (eds.), *Oxford Handbook of Political Institutions*, Oxford University Press, 2006, 56-74.

Huber, Evelyne and Stephens, John D., *Development and Crisis of the Welfare State*, Chicago University Press, 2001.

Jenson, Jane and Saint-Martin, Denis, "Building Block for a New Social Architecture: The LEGO Paradigm of an Active Society", *Policy & Politics*, 34, 2006, 429-451.

Jessop, Bob, *The Future of Capitalist State*, Polity Press, 2002.

Korpi, walter, *The Democratic Class Struggle*, Routledge, 1983,

Korpi, Walter, "Developments in the Theory of Power and Exchange: Power Resources

Approach vs. Action and Conflict: On Casual and Intentional Explanations in the Study of Power", *Sociological Review*, 3, 1985, 31-45.

———, "Contentious Institutions: An Augmented Rational-Action Analysis of the Origins and Path Dependency of Welfare State Institutions in Western Countries", *Rationality and Society*, 13, 2001, 235-283.

Kuipers, Sanneke, *The Crisis Imperative*, Amsterdam University Press, 2006.

Lieberman, Robert, C. "Ideas, Institutions, and Political Order: Explaining Political Change" *American Political Science Review*. 96, 2002, 697-712.

Mahoney, James, "Path Dependence in Historical Sociology", *Theory and Society*, 29, 2000, 507-548.

Mahoney, James and Thelen, Kathleen, "A Theory of Gradual Institutional Change", J. Mahoney and K. Thelen (eds.), *Explaining Institutional Change*, Cambridge University Press, 2010, 1-37.

Mares, Isabela, *The Politics of Social Risk*, Cambridge University Press, 2003.

Peters, Guy, B., Pierre, Jon and King, Desmond S, "The Politics of Path Dependency: Political Conflict in Historical Institutionalism", *The Journal of Politics*, 67, 2005, 1275-1300.

Pierson, Paul, *Dismantling the Welfare States?*, Cambridge University Press, 1994.

———, "The New Politics of the Welfare State" *World Politics*, 48, 1996, 143-179.

———, *Politics in Time*, Princeton University Press, 2004.

———, (ed.), *The New Politics of Welfare States*, Oxford University Press, 2001.

Pontusson, Jonas and Swenson, Peter, "Labor Markets, Production Strategies, and Wage Bargaining Institutions: The Swedish Employer Offensive in Comparative Perspective", *Comparative Political Studies*, 29, 1996, 223-250.

Ross, Fiona, "Interests and Choice in the 'Not Quite so New' Politics of Welfare", *West European Politics*, 23, 2000, 11-34.

Rothstein, Bo, *Just Institutions Matter*, Cambridge University Press, 1998.

———, *Social Traps and the Problem of Trust*, Cambridge University Press, 2005.

Scharpf, Fritz W. and Schimdt, Vivien. A., (eds.), *Welfare and Work in the Open Economy*, Vol. 1.2, Oxford University Press, 2000.

Schmidt, Vivien, A. *The Futures of European Capitalism*, Oxford University Press, 2002.

———, "Institutionalism", C. Hay, M. Lister and D. Marsh (eds.), *State*, Palgrave, 2006, 98-117.

———, "Discursive Institutionalism: The Explanatory Power of Ideas and Discourse", *Annual Review of Political Science*, 11, 2008, 303-326.

Stiller, Sabina, *Ideational Leadership in German Welfare State Reform*, Amsterdam University Press, 2010.

Streeck, Wolfgang and Thelen, Kathleen, "Introduction: Institutional Change in Advanced Political Economy", W. Streeck and K. Thelen (eds.), *Beyond Continuity*, Oxford University Press, 2005, 1-39.

Swank, Duane, *Global Capital, Political Institutions, and Policy Change in Developed Welfare States*, Cambridge University Press, 2002.

Swenson, Peter, "Bringing Capital Back in, or Social Democracy Reconsidered: Employer Power, Cross-Class Alliances, and Centralization of Industrial Relations in Denmark and Sweden", *World Politics*, 43, 1991, 513-544.

Taylor-Gooby, Peter, (ed.), *New Risks, New Welfare?* Oxford University Press, 2004.

———(ed.), *Ideas and Welfare State Reform in Western Europe*, Palgrave, 2005.
Thelen, Kathleen, "Historical Institutionalism in Comparative Politics", *Annual Review of Political Science*, 2, 1999, 369-404.
Thelen, Kathleen and Steinmo, Sven, "Historical Institutionalism in Comparative Politics" S. Steinmo, K. Thelen and F. Longstreth (eds.), *Structuring Politics*, Cambridge University Press, 1992, 1-32.
Torfing, Jacob, "Towards a Schumpeterian Workfare Postnational Regime: Path-shaping and Path-dependency in Danish Welfare State Reform", *Economy and Society*, 28, 1999, 369-402.
Weingast, R. Barry, "Rational-Choice Institutionalism", I. Katznelson and H. V. Milner (eds.), *Political Science*, W. W. Norton & Company, 2002, 660-692 .
Wilensky, Harold, L, *The Welfare State and Equality*, University of California Press, 1975.（下平好博訳『福祉国家と平等』木鐸社、一九八四年。）
Weishaupt, Timo J. , *From the Manpower Revolution to the Activation Paradigm*, Amsterdam University Press, 2011.
加藤雅俊『福祉国家再編の政治学的分析』御茶の水書房、二〇一二年。
近藤康史「比較政治学における『アイデアの政治』」日本政治学会編『政治学の新潮流』木鐸社、二〇〇七年。
———『個人の連帯』勁草書房、二〇〇八年。
シュミット、ヴィヴィアン／加藤雅俊訳「アイデアおよび言説を真摯に受け止める」小野耕二編『構成主義的政治理論と比較政治』ミネルヴァ書房、二〇〇九年。
ブライス、マーク／加藤雅俊訳「構成主義理論と政治経済学について」小野耕二編『構成主義的政治理論と比較政治』ミネルヴァ書房、二〇〇九年。
新川敏光『日本型福祉レジームの発展と変容』ミネルヴァ書房、二〇〇五年。
宮本太郎編『比較福祉政治』早稲田大学出版部、二〇〇六年。
———『福祉政治』有斐閣、二〇〇八年。

第8章 ワークフェアと福祉政治
――カリフォルニア州の福祉改革の分析――

小林勇人

本章は、第1節で、福祉改革のアイディアの一つであるワークフェアが普及する一般的な条件を整理し、第2節で、ワークフェアの発祥国であるアメリカの福祉改革の背景と分析視角を示し、第3節で、カリフォルニア州の福祉改革について制度・政策分析を行い、第4節で、アメリカの福祉制度が抜本的に再編された要因について福祉政治の観点から考察する。

1 再編期福祉国家の福祉改革

再編期にある欧米の福祉国家において、ワークフェア（あるいはウェルフェア・トゥー・ワーク）と呼ばれる方向での福祉改革が展開され、日本の政策動向にも影響を及ぼしている。ワークフェア（workfare）とは、work と welfare の合成語であり、広義には労働と社会保障を連携させる政策を指す。発祥国のアメリカのワークフェアは、狭義のものに相当するが、公的扶助（福祉）受給者に対して受給条件として労働あるいは労働に関連する活動を義務づけることを意味する。ワークフェアは、アメリカからイギリスを中心にヨーロッパに普及するなかで、公的扶助のみならず社会保障全般に制度領域を広げて用いられるようになった。

だが福祉国家には社会民主主義・保守主義・自由主義レジームという異なった三つのタイプがあり、再編への道筋も多様である

(Esping-Andersen 1999=2000)。にもかかわらず、欧米の福祉国家全般にワークフェアが普及し、各国の福祉改革の方向性がワークフェアに収斂しているようにも見えるのはなぜか。それは先進工業国が共通の課題を抱えておりその解決策にも一定の共通性が生じるからである。ワークフェアが対象とする社会保障制度の領域として、アメリカでは公的扶助が、ヨーロッパでは公的扶助と社会保険の両方が、言及されることが多い。そこで欧米に共通する領域である公的扶助に範囲を限定し、ワークフェアが国際的に普及するための一般的な条件を整理する。

従来の福祉国家は、男性が一家の稼ぎ手で女性が主婦という性別役割分業による安定した雇用と家族を前提とし、想定される典型的なリスクに対処するよう社会保障制度を発展させてきた。一般的に、社会保障制度は、社会保険制度を核として、社会福祉制度、公的扶助制度の三層からなるが、想定された典型的なリスクには社会保険によって対処すると考えられていた。すなわち、失業や退職など、一家の稼ぎ手が十分な家族賃金を獲得する能力を失うリスクを想定し、それが顕在化したときに雇用保険や年金保険などを通して所得保障を行うといった具合である。また例外的なリスクには資産調査や受給資格要件つきの公的扶助で所得保障を行うが、社会保険が十分に整備されるとともに児童手当のような社会福祉で補完されることによって、公的扶助の役割は次第に縮小すると考えられていた。

しかし、グローバル化や脱工業化ならびに少子高齢化によって雇用と家族が不安定なものになり、福祉国家の前提が大きく揺らぐとともにリスク構造が変化した。労働市場において完全雇用は困難となり非正規雇用者や長期失業者が増加し、低所得・失業・貧困問題が深刻化した。他方で家族のあり方も多様になり、非婚や離婚が増加するにつれて母子世帯の貧困問題が増大する一方で、女性の就労の増加によってそれまで主婦によって担われていた育児や介護の問題が顕在化した。これら想定外のリスクに対して社会保険で対処するのは困難であり、社会保障制度のなかで公的扶助の役割が増大することになった。

公的扶助は、受給者数が増加するにつれて、社会保障のなかの他の制度よりも注目され論争の的となり、費用の削減を意図して、就労可能な受給者に就労を通した自立を促す政策としてワークフェアが導入されるようになった。就労促進政策には、教育・訓練プログラムの拡充や保育・介護サービスの提供といったアメの要素と、受給条件や受給資格基準の厳格化などムチの要素がある。ワークフェアには、アメの要素も含まれるが、その本質は、就労要請のような規則に従わない場合に課される、給付金の減額や停止といった制裁の脅威がもたらす抑止効果にある。そのためワークフェアの導入は、理念的には一定の条件さえ満たせば受給することができた従来の公的扶助に、根本的な変化を引き起こした。

一般的に社会保障制度のなかで、社会保険は、被保険者間の所得再分配を促進するものとして了解されているのに対して、公的扶助は、その規範的な価値をめぐって様々な解釈や言説が流布している。社会保険からの給付金は、それまでに受給者がなした貢献（保険料の拠出）に基づき獲得された権利として理解されるのに対して、公的扶助からの給付金は、一方的な交換関係から生じるため「贈与」の性質をもつと理解されてきた。だが従来の社会保障制度では対処できない新しいリスクに自ら対処せざるをえない中間層にとって、公的扶助の負担感が高まるようになると、公的扶助のあり方が問い直されるようになった。そこで、公的扶助への広範な合意をとりつけるために、ワークフェアによって就労要請を導入し公的扶助における権利と義務（あるいはアメとムチ）のバランスを変更することで、公的扶助について契約の結び直しが行われるようになったのだ（Lødemel and Trickey (eds) 2001: xii-iii）。

他方で、再編期の福祉国家をめぐって、ワークフェア以外にも様々な福祉改革のアイディアが提起されているが、福祉国家の再編を推進していく福祉政治をとらえるモデルとして、言説政治論が注目されている。福祉国家をめぐる福祉政治の分析枠組として、福祉国家の形成期では、諸集団の権力が制度を形成する局面を扱うモデルが、また福祉国家の削減期では、制度が諸集団の利益や政治戦略を決める局面を扱うモデルが求められた。これに対して、再編期の福祉政治は、新しい社会的リスクに対処するため制度自体の改革が争点となり、特定の政治アクター間のみならず、有権者と利益集団を巻き込むかたちで、改革の方向をめぐる新しいアイディアや言説が提起され、広範な合意形成が図られる点に特徴がある。そのため、制度改革をめぐる様々なアイディアや言説の分析が課題となり、言説政治論が有力となる（宮本 2006: 68-75）。

ただし社会保障制度には安定性と持続性が要求されるとともに、いったん形成された制度は固有の受益層を生み出し制度の削減には受益層からの抵抗を伴うため、再編期の福祉政治が制度の明確な廃棄や置換をもたらすのは一般的ではない。にもかかわらず、アメリカではワークフェアというアイディアが公的扶助制度の置換という抜本的な制度再編に結びついた。これに対して、改革のアイディアをまず実験的な福祉プログラムとして実施し、得られた成果を活用して制度改革を推進していくという、福祉実験を通した福祉政治が注目されている（Rogers-Dillon 2004）。

日本国内においても近年雇用と家族の不安定化が進み低所得・失業・貧困問題が拡大していくなかで、社会保障制度のなかでも公的扶助（生活保護）制度のもつ重要性が増している。だが受給者数が増加するなかで本格化した生活保護の改革議論では、分権化の議論を巻き込みながら、費用の削減を意図する地方自治体がアメリカの福祉改革を参照しながらワークフェア的なアイディアを積極的に提案している（小林 2012）。つまり、日本も雇用と家族の不安定化という先進工業国に共通する課題を抱え、生活保護ならびに社会保障制度の改革の方向をめぐって様々なアイディアや言説が飛び交っているのだ。

しかし、一般的に就労を通した自立を志向するワークフェア的な方向での福祉改革は、雇用政策と同様に多数の要因が複雑に絡み合うため、その効果を一義的に成功や失敗として評価するのは困難である。評価が多義的である場合、たとえば費用削減のような特定の意図に沿ってワークフェアというアイディアが福祉政治によって活用される、言い換えると言葉だけが一人歩きすることにならないよう、留意しなければならない。そのためには、あるアイディアが具体的にはどのような制度・政策やプログラムから成り立つのか、その内実を把握しておくことが重要となる。

　このような問題意識から、本章では、アメリカの福祉改革についての分析視角を提示した上で、福祉実験をとおした福祉政治に注目しながら、カリフォルニア州の福祉改革を分析することで、連邦レベルで抜本的な制度再編が行われた一要因を明らかにする。* カリフォルニア州を事例とするのは、同州が全米で最大規模の受給者数を抱えるとともに連邦政府に先立って実験的な福祉改革プログラムを実施し、アメリカの福祉改革の方向に大きな影響力をもつため、事例として最適であると考えるためである。

* 以下本章は、カリフォルニア州の福祉改革について具体的なプログラム分析を行った小林（2010）を大幅に加筆修正して、福祉政治の観点から考察を行う。同州の福祉改革の詳細については同書を参照のこと。

2 アメリカの福祉改革の背景と分析視角

福祉改革の背景

アメリカで福祉と言えば主に公的扶助の一範疇である「要扶養児童家族扶助」（Aid to Families with Dependent Children: AFDC）を指し、アメリカのワークフェアによって行われる福祉改革とはＡＦＤＣの改革に他ならなかった。ＡＦＤＣは、扶養が必要な児童のいる貧困家族への現金扶助であり、一九三五年の社会保障法の成立以来六一年間に渡って存続してきたもっとも重要な福祉制度であった。公的扶助のなかで、ＡＦＤＣ以外の成人カテゴリーと呼ばれる視覚障害者・高齢者・障害者への扶助では、受給者が「扶助に値する」とみなされるのに対して、ＡＦＤＣは予算規模としては小さいものの児童を扶養するシングルマザーなど就労可能な者を含んでいた。そのためＡＦＤＣ受給者が扶助に値するかどうかが議論になっていた。そして一九九六年福祉改革法と呼ばれる「個人責任と就労機会調停法」（Personal Responsibility and Work Opportunity Reconciliation Act）によって、ＡＦＤＣは廃止され、「貧困家庭への一時扶助」（Temporary Assistance for Needy Families: TANF）に置換された。

　そもそも連邦政府の施策としてＡＦＤＣに重点が置かれるようになったのは、一九六〇年代以降であった。当時失業や貧困問題が顕在化するようになるなかで、公民権運動の隆盛やそれに付随する福祉権運動の展開をとおして、一九六〇年代後半にはＡＦＤＣ受給者数は「福祉爆発」と呼ばれる程に急増していた。一般的に連邦政府から州政府にＡＦＤＣ費用の五〇％の補助金が交付されていたが、受給者数の増加は州政府の財政を圧迫し、連邦政府は何らかの対応を迫られた。

　ジョンソン政権下では「貧困との戦い」が

展開され、教育・訓練プログラム等の就労支援をとおして受給者を就労させることで、福祉からの脱却さらには就労を通した自立が意図され、それによる受給者数や費用の削減が見込まれた。しかし、受給者数は増加する一方で、受給者の就労は困難であった。そこで一九六七年には「労働促進プログラム」(Work Incentive Program: WIN) が制定され、就労可能な受給者に対して、就労支援プログラムへの参加が義務づけられるようになった。

だがその後も受給者の就労は困難であり受給者数は増加し、ニクソン政権によって抜本的な公的扶助改革案が提起された。同案は貧困対策としてワーキング・プアにまで公的扶助の対象を拡大するものであったため、全米を巻き込んだ論争を引き起こした。結局、同案は否決され、一九七〇年代には、公的扶助の成人カテゴリーの受給者が「扶助に値する」者とみなされる一方で、就労可能であるが働いていないＡＦＤＣ受給者に対しては労働義務が強化されるようになった。

当初ＡＦＤＣは夫と死別した寡婦を想定してつくられたが、一九七〇年代後半から受給者の大半を離婚・非婚のシングルマザーが占めるようになる一方で、女性の労働市場への参加が増加した。そのためＡＦＤＣを受給するシングルマザーには、非婚で子どもを生み働かないで福祉で生活する自堕落な「ウェルフェア・マザー」というイメージが伴うようになった。このイメージと、福祉が貧困を緩和するのではなく助長するという福祉観などによって、一九八〇年代以降、受給者個人の行動様式が問題視され、就労可能な受給者に対する労働義務が強調されるかたちで福祉改革は進められた（杉本 2003）。

一九九六年福祉改革法で設立されたＴＡＮＦでは、就労準備・就労・結婚を促して「福祉依存」を減らすことや、両親家庭の形成・維持を奨励することなどが目的とされた。ＴＡＮＦは、その目的に沿って福祉政策に対する州政府の裁量権を大幅に拡大するとともに、包括補助金の交付を通して現金扶助と就労支援プログラムを結合し、就労を前提とする一時的な救済措置として扶助を位置づけ直すものであった。そのため受給期間が生涯で五年間に制限されるとともに、受給者は受給開始後二年以内に労働することを義務づけられた。すなわち、現金扶助は、ＡＦＤＣのもとで一定の要件さえ満たせば支給される権利（entitlement）の性質を有していたが、ＴＡＮＦのもとで権利の性質を失ったのであった（U. S. House of Representatives, Committee on Ways and Means 1998; 根岸2006: 143-152）。

福祉改革の分析視角

ワークフェアは、時系列でとらえた場合、一般的に一九七〇年代の旧型と一九八〇年代の新型に区別される。旧型ワークフェアとは、「福祉の受給者は給付を受ける見返りとして働くべきである——必要なら仕事を創り出してでも仕事をするべきである——という考え」を指す。他方で新型ワークフェアとは、「職業紹介から職業訓練、教育プログラム、さらにコミュニティ・ワークなどの一連の活動から成る、国民に義務の履行を求める国家的プログラム」を指す（Wilson 1987=1999:

269)。

旧型ワークフェアが登場した背景には、上述のように一九六〇年代の民主党政権による福祉政策によって受給者数が急増し財政的な問題が生じたことが挙げられる。リベラルな福祉政策が支持を失っていくなかで、旧型は就労可能な受給者に労働義務の貫徹を求める保守派を主として支持を広げていった。だが一般的に職に就けない受給者に対して政府が「最後の雇い手」となって割り当てる仕事は、労働市場で就ける民間の仕事に比べて劣位なものにされる傾向があり、旧型はリベラル派や福祉事務所の職員から非難された。

これに対して新型ワークフェアは、「職業訓練や教育プログラムの財源を増やすための政治的根拠や支援」を与え、さらには短期の雇用を創出するものとして、リベラル派が受け入れやすいものとなっていた。他方で保守派においては、チャールズ・マレイやローレンス・ミードなどの論客の見解に代表されるように、福祉を受給することは自立への意欲を失わせ、長期の「依存」状態が「アンダークラス」特有の精神状態を育み増幅させることにより、受給者を周囲から孤立させるとともに受給者にスティグマを与えるとみなされ、その対処が求められていた。そのため保守派にとっても新型は、「福祉依存」が人々に悪影響を及ぼすという前提のもとに「福祉依存」を減らすことに積極的に貢献するものとして支持された。すなわち、新型は「リベラル派と保守派の間の政治的妥協」を具現化していたのであった（Nathan 1993: 2）。

概念的にはワークフェアは、即座の就労斡旋プログラムを重視し保守派から支持される「労働力拘束」（Labor-Force-Attachment: LFA）モデルと、教育・訓練プログラムを重視しリベラル派から支持される「人的資本開発」（Human-Capital Development: HCD）モデルに分類される（Peck 2001）。一般的に、人的資本開発モデルは、学歴や職歴が不十分な長期受給者に有効であり、教育・訓練の効果が現れるには時間がかかるので長期の評価期間を必要とするのに対して、労働力拘束モデルは、学歴や職歴のある短期受給に有効であり、はじめのうちは雇用能力の高い層が職に就くため短期間に成果を出しやすい。二つのモデルは、就労支援を充実させるのか、労働義務の貫徹を求めるのかで、強調点が異なるが、「福祉依存」を問題視し就労を通した自立を志向する点では共通している。

時系列に沿った変遷に当てはめてみると、ワークフェアは、一九七〇年代には労働力拘束モデルを意味していたが、一九八〇年代には労働力拘束モデルに人的資本開発モデルが組み合わされた混合物を意味するようになったといえる。両モデルに共通性があるからこそ組み合わせることも可能になるわけだが、一九八〇年代以降の福祉改革を分析するためには、両モデルの差異に留意しなければならない。すなわち、二つのモデルの混合物である制度・政策やプログラムを、労働力拘束モデルの要素と人的資本開発モデルの要素に分けて分析することが重要となる。

他方でアメリカの制度的特徴として分権的な連邦制が挙げられるが、アメリカの福祉改革は分権化を伴って進展したため、連邦・

州・地方それぞれの次元やそれらの相互関係に注目する必要がある。そこで本章では、ワークフェアの二つのモデルに連邦・州・地方の次元を組み合わせることによって、アメリカの福祉改革についての分析視角とする。後述するが、図8-1で示すように、アメリカでは分権化の流れのなかで、州政府を主なアクターとする福祉政治によって、連邦政府を媒介とする「上から」の福祉改革と、地方政府を通した福祉実験による「下から」の福祉改革という、二重の福祉改革が進展したのであった。

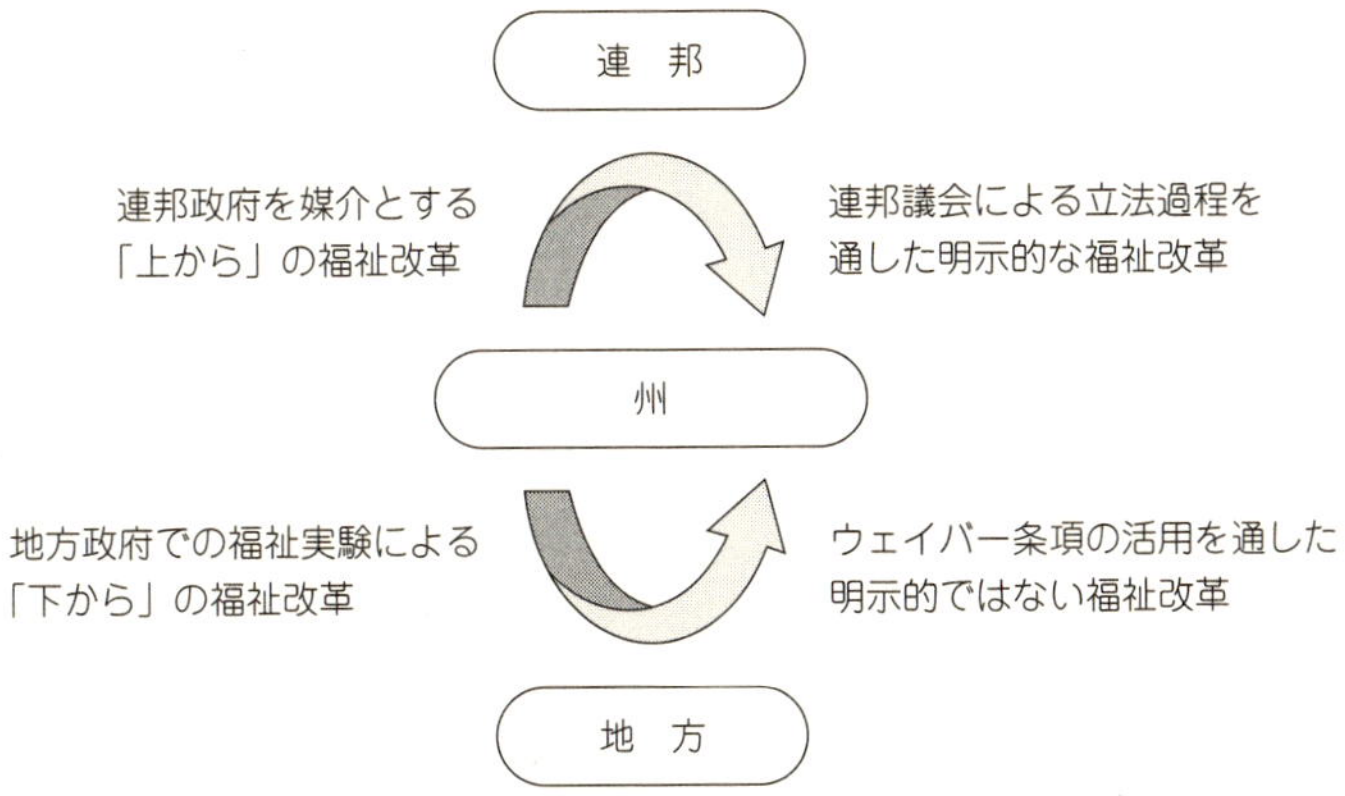

図8-1　アメリカの福祉改革の分析視角

出典：筆者作成。

　一九九六年福祉改革法によるAFDCからTANFへの置換は、連邦レベルにおける福祉改革の枠組みが人的資本開発モデルから労働力拘束モデルへ転換したことを意味し、これを受けて州レベルの福祉改革の枠組みも労働力拘束モデルへ転換していった。しかし、それに先立って一九八〇年代にはいくつかの州で労働力拘束モデルの要素を組み込んだ福祉改革プログラムが地方レベルで実験的に行われていた。この福祉実験の成果が活用されることによって、州レベルでは労働力拘束モデルが優勢になるとともに、連邦レベルでは立法過程を通した福祉改革が労働力拘束モデルの方向で進展した。

　州政府が実験的な福祉プログラムを実施するためには、連邦政府がAFDCに設けている規定を放棄する制度（ウェイバー条項）を活用する必要があった。州政府がウェイバー条項を活用するためには、保健福祉サービス省の長官に申請して承認されなければならなかったが、州政府は同省との交渉に際して連邦議会の議員を通して圧力をかけることができた。すなわち、連邦議会による立法過程をとおした福祉改革が明示的であるのに対して、ウェイバー条項の活用を通した福祉改革の過程は、州政府の利害に沿って連邦議会の議員が非公式に影響力を行使する「準立法的な」ものであり明示的なものではなかった。一九八〇年代のリベラル派は、立法過程をとおした明示的な福祉改革を拒否するにはまだ十分な勢力を保っていたが、ウェイバーの承認過程における交渉を押し留めることはできなかったのである（Teles1998: 141-143）。

3　カリフォルニア州の福祉改革

カリフォルニア州の福祉政治

連邦の一九九六年福祉改革法に影響を及ぼ

したカリフォルニア州の福祉改革の起源は、レーガン州知事の福祉改革にまで遡ることができる。二期目から本格的に福祉改革に取り組んだレーガンは、福祉改革案を州議会へ提出する一方で、この改革プログラムを実施するために必要なウェイバー条項の活用についてニクソン大統領と交渉を行った。一九七一年に福祉改革法を成立させた後には、一九七二年から一九七四年にかけてコミュニティ労働経験プログラムを実施した。ワークフェアの労働力拘束モデルの典型例であるコミュニティ労働経験プログラムは、カリフォルニア州を中心にいくつかの州で実験的に実施されたものであり、実施期間は限定されていたもののワークフェアがアイディアから政策に結びついた初期の事例であった。

カリフォルニア州のコミュニティ労働経験プログラムは、正規雇用に就けない福祉受給者にコミュニティへの奉仕活動を通して無報酬で六カ月から一年間働くことを義務づけ、その活動時間は受給金額を最低賃金で割って算出された。コミュニティへの奉仕活動とは、たとえば、ビルの管理、公園や街路の清掃、学校の廊下監視、警察・消防・図書館・社会福祉・駐車場・娯楽施設や他の公共機関における事務補助といった活動である。これらの活動を通じて労働経験と訓練を重ねることで、正規雇用への参加が見込まれる一方で、福祉費用を負担する納税者の住むコミュニティに対して貢献することが意図されていた (Nathan1993 : 18-19)。

以後、レーガン州知事が福祉改革に着手した一九七〇年から一九九〇年代前半まで二〇年以上にわたって、カリフォルニア州の福祉改革は、「政治的均衡」を特徴とする福祉政治によって方向づけられることになった (Waste 1995 : 55-64)。「政治的均衡」とは、共和党の州知事によるワークフェアの労働力拘束モデルに基づく福祉改革の提案と、それに対する民主党に統御された州議会や福祉権擁護団体による福祉改革の緩和化であった。

州知事レーガンによる労働力拘束モデルの方向での福祉改革は、ブラウン州知事の民主党政権を途中にはさみつつも、一九八〇年代のデュークメジアン州知事(一九八三～九〇年)と一九九〇年代のウィルソン州知事(一九九一～九八年)の共和党政権においても継承された。

これに対して州議会では、就労可能な受給者に対する労働義務を強化することの是非をめぐって、民主党と共和党の間で相対的に民主党に有利なかたちで妥協が行われた。すなわち就労要請を強化する福祉改革を立法化する際に、相対的に寛容な給付水準を維持し、就労訓練プログラムを充実化させ、児童を扶養するシングルマザーに対する就労要請を免除することなどによって、労働力拘束モデルの要素が緩和化された。この福祉改革の背景には、不法入国者や他州からの合法移民の福祉受給を非難する共和党と、合法移民や密入国者の福祉権を擁護する民主党の対立が含まれていた。加えて福祉権擁護団体が、州議会に働きかけて追加給付金など福祉改革を補足する措置を立法化させ、裁判訴訟を成功させることなどによって、労働力拘束モデルの要素はさらに緩和化された。

レーガンが大統領となった後のカリフォルニア州の福祉改革は、レーガン政権下の連邦政府から影響を受けるとともに、レーガン州知事が実施した労働力拘束モデルの方向が継承されるなかで、リベラル派と保守派の妥協の産物として実施された。すなわち同州では、「政治的均衡」を特徴とする州の福祉政治のもと、労働力拘束（ＬＦＡ）モデルに人的資本開発（ＨＣＤ）モデルが組み合わされることによって、ワークフェアが政策として次第に定着していったのであった。

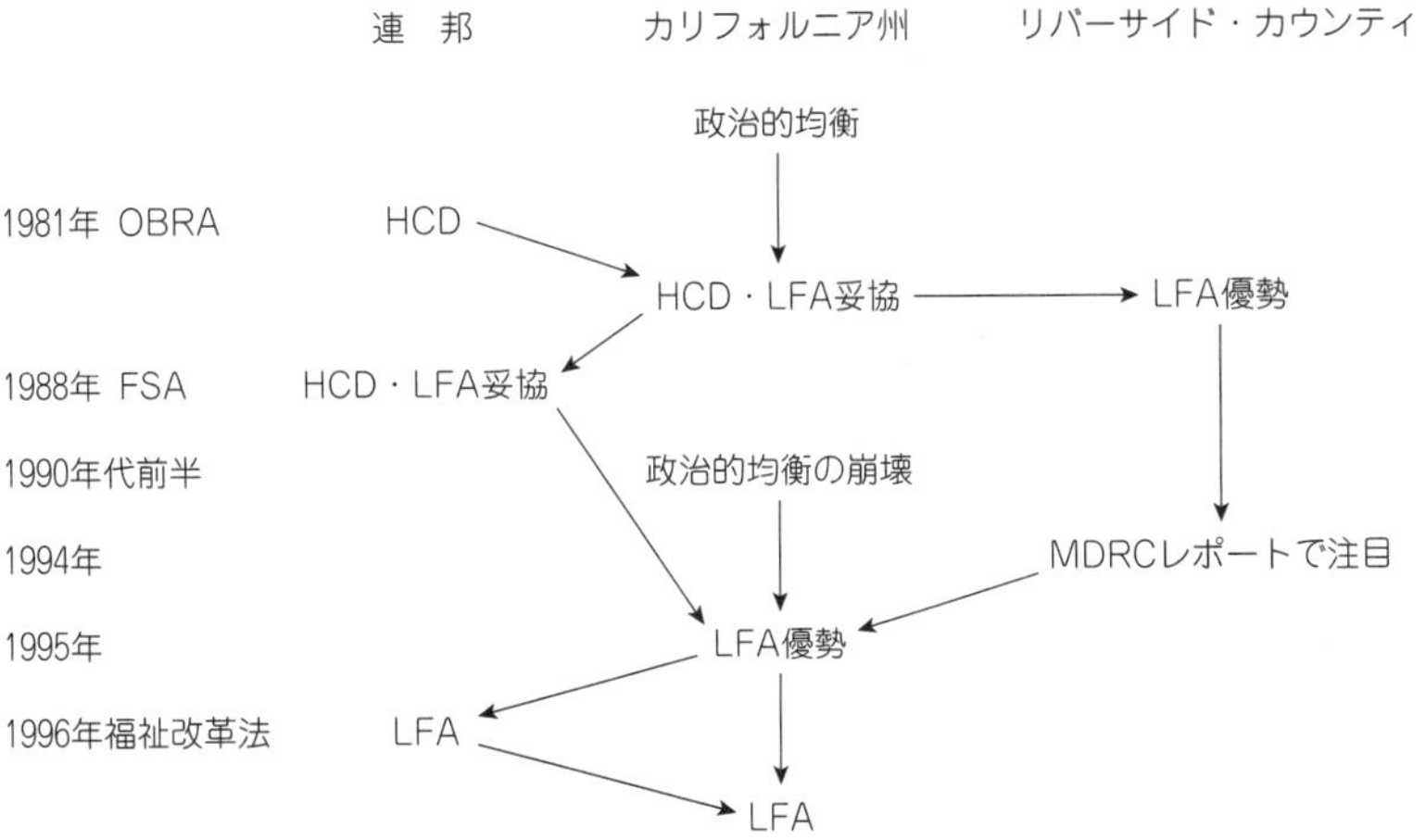

図８－２　カリフォルニア州の福祉改革の過程

出典：筆者作成。

図８－２は、一九八〇年代以降のカリフォルニア州の福祉改革の過程について、本章の分析視角から整理したものである。以下、これに沿うかたちで同州の福祉改革を分析し、一九八〇年代にはワークフェアの二つのモデルが競合していたにもかかわらず、なぜ一九九〇年代後半には労働力拘束モデルが支配的になったのかについて考察を行う。

連邦政府による福祉改革からの影響

一九八一年に大統領に就任したレーガンは、州知事時代にウェイバー条項を活用して行った福祉改革の経験をもとに、連邦レベルでの福祉改革に取り組んだ（根岸 2006: 89-104）。レーガン政権は、就労可能なＡＦＤＣ受給者に労働や労働関連の活動に従事する義務を履行させる州政府の取り組みを強化させることを意図して、一九八一年「包括予算調整法（Omnibus Budget Reconciliation Act: OBRA）」を連邦議会で通過させた（U. S. CBO 1987: 23）。

受給者に対する就労要請は、一九六七年に制定された労働促進プログラム（ＷＩＮ）に規定されており、ＷＩＮは、基本的に六歳未満の児童を扶養する者を除いて就労可能な受給者に労働関連プログラムへの参加を義務づけるものであった。だが州政府によるＷＩＮの運用は徹底されておらず、受給者数の減少にも寄与しないことが問題視されていた。そこでレーガン政権は、ＷＩＮを廃止してコミュニティ労働経験プログラムに置き換えることによって、就労可能な受給者への就労要請を州政府に徹底させようと試みたのであった（U.S. GAO 1987: 16）。しかし、この時期の連邦における福祉改革の枠組みは、まだ人的資本開発モデルが優勢であり、連邦議会は、広範にわたる労働関連プログラムの実施について州政府の裁量を拡大させるようにＯＢＲＡ

の立法化を行った。

一九八一年ＯＢＲＡによって、希望する州政府は、コミュニティ労働経験プログラムを実施できるようになるとともに、ＷＩＮを代替するプログラム（ＷＩＮデモンストレーション）を設立し、就労可能な受給者に対してプログラムへの参加を要請することが可能となった（U.S. CBO 1987: 23-5; U. S. GAO 1987: 16-7）。ＷＩＮは、連邦の保健福祉サービス省と労働省が合同で管理しているため効率的な運用が妨げられていると考えられており、州政府の裁量の拡大が求められていた。これに対してＷＩＮデモンストレーションでは、連邦の保健福祉サービス省の監督下で州政府の福祉局が一元管理することが認められ、プログラムの設計や資源配分にも州政府の裁量が拡大された。

一九八一年ＯＢＲＡを受けて、カリフォルニア州では、コミュニティ労働経験プログラムとともに、ＷＩＮデモンストレーションの一環としていくつかの新しい福祉プログラムが実施された。第一に、一九八二年からサンディエゴ・カウンティで求職・労働経験（Job Search and Work Experience）プログラムが実施された。これはカウンティ・レベルでワークフェア・プログラムを実施する実験的な試みであった。同プログラムは、求職活動の支援に短期間の労働力拘束モデルのワークフェアを組み合わせたものであり、稼得所得の増加が報告され全米から注目されるようになった。

第二に、メージェント上院議員の働きかけによってウェイバー条項の申請が認められた後、一九八五年に福祉改革を行うための法が州議会で立法化され、一九八六年からいくつかのカウンティで「自立のための大道（Greater Avenues for Independence: GAIN）」プログラムが開始された（Quaid 2002: 54）。「政治的均衡」のもとで州議会におけるリベラル派と保守派の妥協の産物として考案されたＧＡＩＮは、レーガン州知事のコミュニティ労働経験プログラムに始まり、サンディエゴ・カウンティの求職・労働経験プログラムに継承された、これまでの実験的なワークフェア・プログラムが結実した包括的なプログラムであった（U. S. GAO 1987: 37-38）。

他州の実験的なプログラムの大半が短期間だけの参加を要請し教育を重視しなかったのに対して、全米の約六分の一の受給数を抱えるカリフォルニア州が実施したＧＡＩＮは、教育を重視する一方で就労可能な福祉受給者に継続して参加を要請した点に特徴があった（Riccio et. al. 1989: vii）。一九八一年ＯＢＲＡを受けて各州で行われた福祉改革プログラムのなかで、ＧＡＩＮは、マサチューセッツ州の雇用訓練選択（Employment and Training Choices）プログラムと並ぶ二大プログラムであり、全米から多大な注目を集めた（U. S. CBO 1987: 28）。

これら州政府の実験的な福祉改革プログラムをモデルにして、レーガン政権は一九八八年「家族支援法」（the Family Support Act: FSA）を同年一〇月に立法化させた。一九八八年ＦＳＡによって、ＷＩＮが廃止され、「就労機会基本技能訓練」（Job Opportunities and Basic Skills: JOBS）プログラムに置換されるとともに、州政府はＪＯＢＳの実施を義務づけられた（Congressional Quarterly 1989: 353）。ＪＯＢＳは、「扶養児童のいる貧困家族が長期間の福祉依存に陥らないよう教育・訓練を受け職に就くことを保証する」ことを目的とし、三歳未満の児童を扶養する者と一六歳未満の者を除いて就労可能なＡＦＤＣ受給者に、教育・訓練プログラムへの参加を義務づけるものであった。すなわち、就労要請が強化される一方で、教育・訓練プログラムへの参加も就労要請を満たすことが可能となり財源も確保されるようになったのであり、連邦の福祉改革の枠組みにおいても、人的資本開発モデルと労働力拘束モデルが共存することになった。

一九八八年ＦＳＡを受けて、カリフォルニア州では、一九八一年ＯＢＲＡのもとで実施していたＧＡＩＮを修正して、ＪＯＢＳのカリフォルニア版として実施することになった。修正後のＧＡＩＮは、一九八九年からいくつかのカウンティで実施され始め、一九九一年には州内の全五八カウンティに展開された。なかでも労働力拘束モデルに基づき一九八七年一二月から実施されたリバーサイド・カウンティの「成果」が注目され、ＧＡＩＮは一九九六年福祉改革法の成立に影響を及ぼすことになった。

リバーサイド方式とＧＡＩＮの評価

リベラル派と保守派の妥協の産物として考案されたＧＡＩＮの枠組みは、人的資本開発モデルと労働力拘束モデルの両要素を併せもっていた。ＧＡＩＮは、求職活動プログラム、教育プログラム、訓練プログラム、労働経験活動プログラムを組み合わせたものであったが、プログラム参加に必要であれば育児サービスや交通費が提供される一方で、参加を拒む者には給付金削減の制裁が行われた。ＧＡＩＮの鍵となる特徴は、教育水準や基礎技術水準をもとに基礎教育が必要か否かで参加者を振り分けた点にあった（Riccio et. al. 1994: xxiii-iv）。基礎教育が必要な者は、基礎教育クラスに参加するか、はじめから求職活動を行うかを「選択」できたが、基礎教育の必要がない者は、はじめから求職活動に参加しなければならなかった。カリフォルニア州は、各カウンティが州政府の社会サービス省の監督のもとでＡＦＤＣの運用を任されており、カウンティの多様性と裁量を特徴とした。そのため、ＧＡＩＮも州政府から基本的なモデルが提示されるものの、具体的なプログラムの考案や運用はカウンティに裁量が与えられていた。

一九八一年ＯＢＲＡのもとでＧＡＩＮを実施したのは一〇カウンティであり、その大半は人的資本開発モデルを重視した。だが他よりも遅れてリバーサイド・カウンティがＧＡＩＮを実施する頃には、先行して実施したカウンティの調査結果から、プログラム参加者のうち基本的な英語の読み書きができない者が予想よりもはるかに多いことが明らかになっていた。これはＧＡＩＮが就労支援プログラムから大規模な補償教育プログラムに変化しつつあることを示す一方で、そのようなプログラムは参加者の福祉受給期間を長引かせ費用を増加させるため、参加者を補償教育よりも求職活動に従事させる圧力が強化されることも意味した（Handler 1995: 66-7）。加えて深刻な財政難によってＧＡＩＮの予算が削減されるなか、リバーサイド・カウンティは、リバーサイド方式と呼ばれる独自のプログラム運用方法を用いたのであった。

　リバーサイド方式には、第一に、綿密なケースマネージメント、第二に、積極的な雇用開拓、第三に、即座の就労斡旋という相互に連関する特徴があった（Peck 2001: 172-82）。同方式によって、綿密なケースマネージメントのもとで、基礎教育が必要であっても求職活動を行うことを「選択」するよう圧力をかけ、いかなる職であっても忌避することなく即座に就かせるために、制裁措置のもたらす脅威のもとで受給者の「態度」矯正が行われた。すなわち、リバーサイド・カウンティは、人的資本開発モデルの要素を最小化するとともに労働力拘束モデルの要素を最大化するようにプログラムを考案し運用したのであった。

　ＧＡＩＮは、一九八八年ＦＳＡ成立以前はＪＯＢＳのモデルとなり、一九八八年ＦＳＡ成立以後はＪＯＢＳの成功例として全米から注目され、一九九六年福祉改革法の成立にも影響を与えた。その背景には、プログラムの結果を観察・評価し普及させた「労働力実証調査団体」（the Manpower Demonstration Research Corporation: MDRC）の影響力があった。一九九四年には、ＭＤＲＣから初期三年間におけるＧＡＩＮの調査を行った報告書（以下、ＭＤＲＣレポート）が提出された（Riccio et. al. 1994）。ＭＤＲＣレポートは、研究者やシンクタンクならびにメディアや政策立案者などから頻繁に引用され、一九九六年福祉改革法の成立に大きな影響を及ぼしたと考えられる。ＭＤＲＣレポートによってＧＡＩＮが全米で注目されるようになったのは、リバーサイド・カウンティが、ＡＦＤＣを受給する一人親世帯の稼得所得を高め福祉費用を減少させたからであった。

　しかし、二〇〇〇年に「全米経済研究所」（National Bureau of Economic Research: NBER）から、ＧＡＩＮの再評価を試みる報告書（以下、ＮＢＥＲレポート）が提出された（Hotz et al. 2000）。ＮＢＥＲレポートでは、上述のＭＤＲＣレポートで使用されたデータを拡張した九年間のデータを用いて、ＧＡＩＮの再評価が行われた。その結果、雇用に重点を置くリバーサイド・カウンティの「成果」は、教育や訓練に重点を置く他のカウンティと比べて、長期的に見ればあまり差異はないことが明らかにされた。各カウンティのプログラムで選ばれた母集団の違いに注目すると、アラメダ・カウンティやロサンゼルス・カウンティでは長期受給者に、リバーサイド・カウンティでは全受給者に、焦点が当てられていた。そのためリバーサイド・カウンティは、他のカウンティに比べてもともと雇用能力が高い者が多く、そのような層が職に就くことによって短期的に「成果」をあげることができた。すなわち、ＭＤＲＣによって肯定的に評価されたリバーサイド・カウンティの稼得所得についての短期的な「成果」は、九年間という長期的な期間で見ると失われていたのであった。

　ＮＢＥＲレポートの議論によって明らかに

なったのは、GAINはきわめて複雑であるとともに両義的であるため評価が困難であったということである。すなわち、連邦・州・地方という三つの行政レベルを行き来しながら、ワークフェアの二つのモデルの要素が複雑に交錯したことによって、GAINは評価が困難になったのであった。

第一に、GAINでは地方政府に裁量が与えられたため、福祉改革の二つのモデルについて連邦・州・地方のレベルによる三重の枠組みが存在した。リバーサイド方式は、連邦レベルでの人的資本開発モデルが影響力を失っていく枠組みと、州レベルでの人的資本開発モデルと労働力拘束モデルの妥協という枠組みと、カウンティ・レベルでの労働力拘束モデルが優勢な枠組み、という三重の枠組みのなかで運用された。

第二に、GAINは、保守派とリベラル派の妥協の産物として考案されたため、労働力拘束モデルと人的資本開発モデルの両要素から構成されていた。そのためリバーサイド・カウンティの「成果」は、一方で、労働力拘束モデルの支持者から見れば、カウンティ・レベルの枠組みが注目され、同モデルの方向で福祉改革を推進するための根拠となる「成功例」であった。他方で、人的資本開発モデルの支持者から見れば、連邦や州レベルでの枠組みが注目され、雇用能力の低い受給者が福祉から脱却して「自立」できる職に就けるよう職業訓練・教育プログラムを拡充する必要があることを示していた。

4　福祉実験と福祉政治

「政治的均衡」の崩壊

では、なぜ両義的であったGAINの「成果」によって、カリフォルニア州で労働力拘束モデルが優勢となったのであろうか。一九九〇年代前半には、州政府の実験的な福祉改革プログラムについて多くの評価研究が実施されたが、様々なアプローチが受給者の雇用や稼得所得について有意義な効果をもつことが示されたものの、決定的な処方箋を示すには至らなかった。ウィーバーによれば、評価研究が限られた効果しか示さない場合には、そこから政策立案者が福祉改革について引き出す含意が重要となる（Weaver 2000: 158-60）。

MDRCレポートでは、GAINによってどれだけの受給者が労働市場へ復帰し福祉から脱却できたのかは必ずしも明らかではなかった。実際、同カウンティでは初期三年間のプログラム実施後、就労しながらその分いくらか減額された給付金を受け取る者も含めて、参加者の四一％が依然としてAFDCを受給していた（Gueron 1996: 522）。しかし、受給者の就労を通した自立にとって明白な効果がないからこそ、福祉改革について政治が果たす役割が増したのである。

デュークメジアン州知事は、一九九〇年に「GAINは本物の『ワークフェア』・プログラムに転換されるべきだ」とし、参加者を教育・訓練プログラムに参加させる前に求職活動に従事させることや、職業訓練・基礎教育プログラムを六カ月間に限定しその後は求職活動に従事させることを提案した（Deukmejian 1990）。すなわち、「本物」のワークフェアへの転換とは、ＧＡＩＮのなかの労働力拘束モデルの要素を強化するという提案であった。

以前からデュークメジアンは、コミュニティ労働経験プログラムの復活を主張するなど、労働力拘束モデルの方向で福祉改革について提案を行ってきたが、民主党優位の議会によって阻まれていた（Kirp 1986）。だが深刻な財政難が続き納税者の支持が失われるなかで、カリフォルニア州の福祉改革を特徴づけていた「政治的均衡」は一九九〇年代前半には失われてしまった。代わりに、他州に比べて高かった給付水準の切り下げと不法移民に対する受給資格審査の厳格化という方向で、超党派的なコンセンサスが形成され、州知事のイニシアチブが飛躍的に高まることになった（Waste 1995: 71-4）。

このような経緯を経てウィルソン州知事（一九九一～九八年）のもとで行われた福祉改革によって、ＧＡＩＮの労働力拘束モデルの要素は徐々に強化されていった。一九九五年のＧＡＩＮ改革では、ＭＤＲＣレポートの評価に後押しされた政策立案者によって、リバーサイド方式が採り入れられ、労働力拘束モデルが優勢になった（Klerman et al. 2001: 253）。

だがカリフォルニア州の福祉改革の枠組みのなかで労働力拘束モデルへの転換が行われたのは、連邦政府による一九九六年福祉改革法が制定されてからであった。同法の制定を受けて、カリフォルニア州でも五年の受給期限が設定されるとともに教育・訓練プログラムに参加する前に求職プログラムへの参加が義務づけられるようになった。すなわち、一九九六年福祉改革法によって連邦レベルの福祉改革の枠組みが労働力拘束モデルに転換されたことを受けて、カリフォルニア州の枠組みも労働力拘束モデルが支配的になったのであった。

「上から」と「下から」の福祉改革

一九八一年ＯＢＲＡによって州政府の裁量が強化されるなかで、様々な福祉実験が行われたが、それらは統計的に有意ではあるもののきわめて限定的な効果しかもたらさなかった。にもかかわらず一九八八年ＦＳＡが成立し福祉改革が推進されたのは、「福祉依存」の問題に対する懸念のもと州レベルで福祉改革への支持があったからである。全米州知事協会の委員長であったクリントンを中心に州の自治（autonomy）が強調され、それはレーガン政権の意図と合致するものであった。だが連邦政府、連邦議会と州知事たちの間で、どの程度の権限が州に移譲されるべきなのか、受給者に対して労働を義務づけるかべきかどうかで意見が分かれた。レーガン政権は、連邦の補助金を増加させない範囲で州に福祉実験を行う権限を与えようとしたが、州知事たちは、州の裁量を強化し連邦の関与を最小限に抑えつつも連邦の補助金を増加させることを望んでいた（Winston 2002: 35-7）。このようななか連邦議会は、ＧＡＩＮを参考にしながら、人的資本開発モデルと労働力拘束モデルを妥協させるかたちで一九八八年ＦＳＡを制定させたのであった。

しかし、一九八八年ＦＳＡの制定は、経済

不況と受給者数の急激な増加と重なり、受給者数の急増は、多くの州が採用していた人的資本開発モデルを疑問視させることになった。これと同時にプログラムの効果が短期的に評価されたことによって、基礎教育プログラムだけでは雇用に効果がほとんどあるいは全くないことが示された。リバーサイド・カウンティのような短期間の「成果」は、労働力拘束モデルの方向で福祉改革を推進するための根拠となったが、それは他の多くの州で実施された福祉改革の結果とも一致するものであった。労働力拘束モデルに向けての一般的な再編成は、一九九六年福祉改革法の実施以前から、多くの州によってウェイバー条項を活用して提案された福祉改革案のなかに現れていた（Strawn et al. 2001: 224）。つまり、リバーサイド方式は、カリフォルニア州を含めて福祉改革を労働力拘束モデルの方向で実施したい州政府の要望に合致していたのである。

ウェイバー条項を活用した福祉実験は、新しい福祉改革のアイディアが実際に実施されているという具体例を提供することによって、何が政治的に可能なのかを再定義し、受給期限の設定のようなより極端な労働力拘束モデルのアイディアが実行可能であることを証明した。すなわち、実際の結果ではなく実験の存在自体が重要だったのであり、その最たる例がＧＡＩＮであった。ＧＡＩＮによって、労働力拘束モデルは実際に実行可能であり、悲劇的な結果をもたらすことはないと証明されたのであった（Shaw et al. 2006: 31）。

ワークフェアは、人的資本開発モデルであれ労働力拘束モデルであれ、就労を通した自立という政策目標に対して決定的な効果を示すことはできないものの、それぞれが限定的な効果を示すかたちで一九八〇年代後半には二つのモデルが競合していた。しかし、カリフォルニア州では、深刻な財政難が続き納税者の支持が失われるなかで、一九九〇年代前半には同州の福祉政治を特徴づけていた「政治的均衡」が崩壊し、共和党の州知事のイニシアチブが飛躍的に増した。この新たな福祉政治のもとで、リバーサイド・カウンティの長期的に見ると失われてしまう「成果」を根拠として、まず「下から」の福祉改革によって州レベルの枠組みが労働力拘束モデルの方向に強化され、さらに他州からの支持を得て一九九六年福祉改革法を制定する「上から」の福祉改革によって、連邦レベルの枠組みが労働力拘束モデルに転換されたのであった。

以上本章でカリフォルニア州の事例分析を通して明らかにしたように、アメリカでは分権化の流れのなかで、州政府を主なアクターとする福祉実験を通した福祉政治によって、ワークフェアというアイディアが次第に政策として定着し、公的扶助制度の置換という抜本的な制度再編に結びついたのであった。

【参考文献】

Congressional Quarterly, *Congressional Quarterly Almanacs*, 1988, 1989.

Deukmejian, George, "Clear away Obstacles to Workfare," *Los Angles Times*, July 27, B7, 1990.

Esping-Andersen, Gøsta, *Social Foundations of Postindustrial Economies*, Oxford University Press, 1999.（渡辺雅男・渡辺景子訳『ポスト工業経済の社会的基礎――市場・福祉国

家・家族の政治経済学』桜井書店、二〇〇〇年。）

Gueron, Judith M., "A Research Context for Welfare Reform", *Journal of Policy Analysis and Management*, 15 (1), 1996, 547-561.

Handler, Joel F., *The Poverty of Welfare Reform*, Yale University Press, 1995.

Hotz, Joseph. V. Imbens, Guido W. and Klerman, Jacob A., "The Long-Term Gains from GAIN: A Re-Analysis of the Impacts of the California GAIN Program", *NBER Working Paper Series*, 8007, 2000.

Kirp, David L., "The California Work/Welfare Scheme", *Public Interest*, 83, 1986, 34-48.

Klerman, Jacob Alex, Zellman, Gail L., Tammi, Chun, Humphrey, Nicole, Reardon, Elaine, Farley, Donna, Ebener, Patricia A. and Steinberg, Paul, 2001, *Welfare Reform in California: State and County Implementation of CalWORKs in the Second Year*, RAND, 2001.

Lødemel, Ivar and Heather Trickey, "Preface: Workfare in International Perspective", Ivar Lødemel and Heather Trickey (eds.), *An Offer You Can Refuse: Workfare in International Perspective*, The Policy Press, 2001, xi-xxi.

Nathan, Richard P., *Turning Promises into Performance: The Management Challenge of Implementing Workfare*, Columbia University Press, 1993.

Peck, Jamie, *Workfare States*, The Guilford Press, 2001.

Quaid, Maeve, *Workfare: Why Good Social Policy Ideas Go Bad*, University of Toronto Press, 2002.

Riccio, James Goldman, Barbara, Hamilton, Gayle, Martinson, Karin and Orenstein, Alan, *GAIN: Early Implementation Experiences and Lessons*, Manpower Demonstration Research Corporation, 1989.

Riccio, James A., Friedlander, Daniel and Freedman, Stephen, *GAIN: Benefits, Costs, and Three-Year Impacts of a Welfare-to-Work Program*, Manpower Demonstration Research Corporation, 1994.

Rogers-Dillon, Robin H., *The Welfare Experiments: Politics and Policy Evaluation*, Stanford University Press, 2004.

Shaw, Kathleen M., Goldrick-Rab, Sara, Mazzeo, Christopher and Jacobs, Jerry A., *Putting Poor People to Work: How the Work-First Idea Eroded College Access for the Poor*, Russell Sage Foundation, 2006.

Strawn, Julie, Greenberg, Mark and Steve Savner, "Improving Employment Outcomes under TANF", R. M. Blank and R. Haskins (eds.), *The New World of Welfare*, The Brookings Institution, 2001, 223-244.

Teles, Steven M., *Whose Welfare?: AFDC and Elite Politics*, University Press of Kansas, 1998.

U. S. Congressional Budget Office (CBO), *Work-Related Programs for Welfare Recipients*, 1987.

U. S. House of Representatives, *Committee on Ways and Means, 1998, Green Book*, 1998.

U. S. Government Accounting Office (GAO), *Work and Welfare: Current AFDC Work Programs and Implications for Federal Policy*, 1987.

Waste, Robert J., "From Workfare for the Poor to Warfare on the Poor in California", D. F. Norris and L. Thompson (eds.), *The Politics of Welfare Reform*, SAGE Publications, 1995, 55-78.

Weaver, R. Kent, *Ending Welfare as We Know It*, Brookings Institution Press, 2000.

Wilson, William Julius, *The Truly Disadvantaged: The Inner City, the Underclass, and Public Policy*, The University of Chicago Press, 1987.（青木秀男監訳『アメリカのアンダークラス——本当に不利な立場に置かれた人々』明石書店、一九九九年。）

Winston, Pamela, *Welfare Policymaking in the States: The Devil in Devolution*, Georgetown University Press, 2002.

小林勇人「カリフォルニア州の福祉改革——ワークフェアの二つのモデルの競合と帰結」渋谷博史・中浜隆編『アメリカ・モデル福祉国家Ⅰ——競争への補助階段』昭和堂、二〇一〇年、六六～一二九頁。

———「ワークフェアと生存権——ニューヨーク市の福祉改革からの含意」山森亮編『労働と生存権』大月書店、二〇一二年、一七一～二〇三頁。

杉本貴代栄『アメリカ社会福祉の女性史』勁草書房、二〇〇三年。

根岸毅宏『アメリカの福祉改革』日本経済評論社、二〇〇六年。

宮本太郎「福祉国家の再編と言説政治——新しい分析枠組み」宮本太郎編『比較福祉政治——制度転換のアクターと戦略』早稲田大学出版部、二〇〇六年、六八～八八頁。

第9章 ポスト社会主義国における福祉政治
――「社会主義型福祉世界」から「多様な福祉世界の並存」へ――

仙石　学

ポスト社会主義諸国は、かつては社会主義型の政治経済システムのもとで、それに適合するかたちの福祉枠組みが存在していた点、および社会主義体制の解体後に民主主義と市場経済に依拠する政治経済のシステムへの転換を実現した点では共通しているにもかかわらず、現在この諸国の間では、福祉のかたちに明らかな違いが存在している。本章では、ポスト社会主義国の福祉のかたちはどのように異なっているのか、また同じような歴史を経験した諸国の間で違いが生じたのはなぜかということについて、ポスト社会主義国のうち中東欧の八カ国を事例として、比較福祉政治の視点から検討を行っている。

1 なぜ「ポスト社会主義国の福祉政治」なのか

この章のタイトルは「ポスト社会主義国における福祉政治」であるが、これを論じるためには、「ポスト社会主義国」がどこを指すのか、およびなぜこの諸国を一つのまとまりとして取り扱うのかということについて、先に説明しておく必要があろう。

まず「ポスト社会主義国」の範囲であるが、これは第一次もしくは第二次世界大戦の後から一九九〇年前後まで「社会主義体制」が存在していた地域を広く指すときに用いられ、ロシアやウクライナ、ベラルーシなど、かつて存在したソビエト連邦に属していた諸国、および「中東欧」と称される旧ソ連以外のヨーロッパの旧社会主義国がここに含まれる。このポスト社会主義国には、現在ではコソヴォを含めて二九の国が存在しているが、本章ではそのなかで、二〇〇四年にEUに加盟した中東欧の八カ国（チェコ、エストニア、ハンガリー、ラトヴィア、リトアニア、ポーランド、スロヴァキア、スロヴェニア）を事例として、福祉政治に関する現状を整理していく。

次に本章でこの八カ国を取り上げる理由であるが、これには次の二つの点を挙げることができる。この八カ国は、当初は社会主義型の政治経済システムのもとで同じような福祉枠組みを有していたことや、および社会主義体制が崩壊した後は民主主義と市場経済に基づく新しい政治経済の枠組みを構築し、その結果として二〇〇四年にEUへの加盟を認められたことなど、同じような歴史的経験を有している。だがそれにもかかわらず、現在この八カ国の間には、次節以降で見るように、福祉のかたちに明確な違いが現れている。そこから一つ目の理由として、この八カ国を対象とした分析を行うことで、同じような環境におかれてきた諸国の間で、なぜ異なるかたちの福祉の枠組みが形成されたのかという問題に、説得的な答えを提起できるということを挙げることができる。

二つ目の理由として、この八カ国の福祉枠組みについて分析を行うことは、日本ではあまり知られていないポスト社会主義国における福祉の現状の一例に関する理解を深めるために有益であるのは当然のことながら、同時にこれまでの、西欧諸国を主な事例として構築されてきた福祉政治に関わる議論、たとえば「福祉レジーム論」や「権力政治論」などの議論の限界や問題点を明らかにして、そこから福祉政治について新たな議論を提起することをも可能にするということがある。

このように現在のポスト社会主義国は、福祉政治に関する事実の面でも理論の面でも、興味深い議論を提起するものとなっている。以下で実際に議論を行うのは中東欧の八カ国に限られるが、それでもこの章の議論からは、ポスト社会主義国の福祉を学ぶことの意味および魅力が、明らかになるはずである。

2 社会主義型福祉から多様な福祉枠組へ

社会主義型福祉の特質

ポスト社会主義国の福祉について議論するためには、まずこの諸国に二〇年ほど前まで存在していた社会主義型の福祉枠組について、簡単に説明しておく必要があろう。ここで取り上げる中東欧八カ国の場合であれば、独立する以前のドイツないしオーストリア帝国の時代、もしくは独立した直後の時期に、主として公務員やホワイトカラーを対象とする医療保険や老齢年金、あるいは労災保険などの制度が整備されたが、広い範囲の国民を対象とする包括的な福祉の枠組が形成されたのは、この諸国が社会主義体制となった第二次世界大戦後のことである。

社会主義の時代に形成された福祉の枠組は、

国ごとに多少の差は存在していたものの、おおむね以下の特質を有していた点では共通していた（仙石 2010：63など）。

① 社会主義体制は、勤労を国民の義務としていたが、その代わりに国家が職の供給を保障していたため、一応の完全雇用を達成していた。

② 年金や医療保険は就労を前提としてサービスを提供する、いわゆる「ビスマルク型」の制度であったが、完全雇用が達成されていたことで、水準は低いものの一応の国民皆年金・皆保険が実現されていた。ただし就労が必須とされたことの裏返しとして、失業や貧困対策などの就労から外れた場合の生活支援の制度や、就労が困難な障害者に対する施策は、十分には整備さなかった。

③ 福祉のなかで国家による価格統制や現物支給、あるいは企業・労働組合の提供する福祉サービスが、重要な役割を果たしていた。

④ 女性の社会進出が推奨され、これを実効的なものとするために託児や就学前保育施設、もしくは育児休暇制度など、女性の就労を支援する制度の整備が進められた。

社会主義体制は、政治面での共産党の独裁と経済面での計画的管理を軸として経済発展を追求するシステムであり、トップダウン的な意思決定が重視されたことから、共産党の意向に反する政治的な動きは厳しく弾圧された。その一方で、社会主義体制は資本主義市場経済のもとで抑圧されていた労働者を解放し、その立場を改善することを追求していた。そこから不完全ながらも、社会主義期以前には福祉の対象とされていなかった労働者に対して、その生活を保障するための枠組みが整備されることとなった。そこから社会主義体制を支持する労働者も当時は少なくはなかったし、また現在でも、社会主義体制のマイナス面だけを見ることには批判的な見方もある。

この社会主義型の政治経済のシステムが一九八〇年代の末に解体すると、当然のことながらそれを前提とした福祉の枠組を維持することは不可能となった。そこから各国は、新しい民主主義および市場経済の枠組にあわせたかたちで、それまでの福祉枠組を改編していくこととなる。だが出発点となる、社会主義型の福祉枠組はほぼ共通していたにもかかわらず、現在のポスト社会主義国の福祉の枠組みには、明らかな違いが現れている。ここではまずこの違いについて、先にあげた八カ国を事例として、簡単に見ていくこととしたい。

中東欧八カ国の現状（1）——指標面での違い

まず最初に表9-1では、中東欧八カ国における福祉の現状を見るための指標を整理している。これを見ると、八カ国の社会的支出の比率はどの国もEU全体の平均より低い点、およびその一方で所得調査に基づく支出の比率も低い点では共通しているものの、社会的支出をもとに実施される各国における福祉の効果に関しては、明らかな違いがあることが確認できる。この違いについては、大きく次の二つのグループを分けることができる。

表9-1　中東欧諸国の福祉の現況に関する基本的な指標

	社会的支出（GDP比％）	社会的支出のうち所得調査分（GDP比％）	ジニ係数	所得格差(1)	社会支出移転前貧困率（％）	社会支出移転後貧困率（％）
チェコ	18.7	0.38	24.7	3.4	20.0	9.0
ハンガリー	22.7	1.21	25.2	3.6	30.4	12.4
スロヴァキア	16.0	0.72	23.7	3.4	18.4	10.9
スロヴェニア	21.5	1.77	23.4	3.4	23.0	12.3
エストニア	15.1	0.06	30.9	5.0	24.7	19.5
ラトヴィア	12.6	0.24	37.7	7.3	30.2	25.6
リトアニア	16.2	0.26	34.0	5.9	27.2	20.0
ポーランド	18.6	0.78	32.0	5.1	25.1	16.9
EU平均	26.4	2.80	30.7	5.0	23.6	12.3

出典：Eurostat〈http://epp.eurostat.ec.europa.eu/〉2008年のデータ。
注：(1)所得格差は，所得の「下位20％」の層が得た所得に対して，「上位20％」の層が何倍の所得を得ているかを表した比率。

① チェコ・ハンガリー・スロヴァキア・スロヴェニアの四カ国は、社会的支出の比率が相対的に高く、他方でジニ係数や所得格差の値は低く、社会支出の移転前と移転後の貧困率の差が大きいことから、福祉枠組が格差の是正や低所得者層の状況の改善に、ある程度貢献している可能性が高い。

② エストニア・ラトヴィア・リトアニア・ポーランドの四カ国は、社会的支出の比率は相対的に低く、他方でジニ係数や所得格差の値が高く、また社会支出の移転前と移転後の貧困率の差も小さいことから、福祉枠組が格差の是正や低所得者層の状況の改善にはあまり作用していない可能性が高い。

このように、現在の中東欧諸国の間では、福祉の効果としての格差や貧困の程度には、明らかな違いが現れている。このような違いが生じたのには、当然ながら国ごとに、福祉の枠組に違いがあることが作用している。次項ではこの違いについて、簡単に見ておくこととしたい。

中東欧八カ国の現状（2）——制度面の違い

中東欧諸国における福祉枠組の違いについて、ここではひとまず、就労している人が働けなくなった時に受けられる所得補償の枠組と、就労とは関係なく人々が基本的な生活を維持していくための支援の枠組みについて、それぞれの制度を見ていくこととする。

病気や出産、あるいは加齢のために働けなくなった人に対する支援の枠組として、ここでは各国の老齢年金、疾病休業時の所得補償、および育児支援の各制度を取り上げることとする。表9-2には、各国の所得補償制度の大まかな概要をまとめているが、この表をもとにすると、中東欧諸国の間では次のような違いがあることがわかる。

① チェコ、スロヴァキア、リトアニア、そしてポーランドの四カ国は、制度が必ずしも十分に整備されていない上に、現在の制度においても、所得代替率が低い、あるいは支給の上限額が低いために、働

表9－2　中東欧諸国の所得補償に関する枠組

	年金制度		疾病休業制度		育児支援制度	
	平均賃金代替率(1)(％)	上限額(2)(％)	平均賃金代替率(1)(％)	上限額(2)(％)	在宅育児手当(3)(％)	育児休暇期間の所得補償率(％)
チェコ	44.4	なし(4)	72	定額	○	なし
ハンガリー	75.4	225	70	なし	○	70
スロヴァキア	48.6	250	80	定額	○	定額
スロヴェニア	68.7	あり(5)	100	なし(6)	×	100
エストニア	51.6	なし	80	なし	○	100
ラトヴィア	58.2	500	80	なし	○	70
リトアニア	53.4m(7)	500	85	350	×	100
ポーランド	56.9m(7)	300	80	200	×	定額

出典：仙石（2011b）の表9－8，9－9，および9－10から作成。
注：(1)いずれもネットの代替率。(2)平均賃金に対する比率。(3)すべて定額の手当。
(4)ただし平均賃金を超える分の代替率は大幅に低くなる（平均賃金の2倍で25.4％）。
(5)最低賃金の900％が上限。(6)厳密には「当人の所得」が上限とされる。
(7)いずれも男性の水準，両国とも女性についてはこの代替率より低くなる。

けなくなった場合の所得補償の水準が（リトアニアの育児休業補償を除いて）総じて低い状態にある。

②　逆にエストニア、ラトヴィア、そしてスロヴェニアの三カ国は、制度の整備が①の諸国よりは進んでいる上に、所得代替率がある程度高い、もしくは支給上限額が高い（ない）ことで、働けない時の所得補償の程度も高くなっている。

③　ハンガリーは、老齢年金の給付水準は高いが支給上限額が低く、逆に疾病休業や育児休暇については所得代替率が低いが上限はないという点で、他の国とは制度のあり方が異なっている。

次に就労をしていない人も含めて広く人々の生活を支援する枠組として、ここでは生活に必要な所得が得られない世帯を支援する最低生活保障制度と、支出が多くなる学齢期の子どもを育てる家庭への支援を行う児童手当制度をみていく。制度の概要は表9－3のとおりだが、これを見ると中東欧諸国の生活支援の枠組については、以下のような相違が見られることがわかる。

①　バルト三国とポーランドに関しては、いずれの制度でも他の四カ国より給付の水準が低い上に、とくに最低生活保障ではバルト三国において給付期間の制限があり、またリトアニアとポーランドでは資産調査があるというように、給付の条件が厳しくなっている。

②　チェコ、スロヴァキア、およびスロヴェニアについては、児童手当の制度では条件が厳しい部分があるものの（チェコとスロヴェニアでは所得制限があり、またチェコとスロヴァキアの給付水準は低い）、最低生活保障に関しては①の諸国よりやや寛容な制度が導入されている。

③　ハンガリーは比較的寛容な児童手当の制度を有しているが、最低生活保障の一般的な制度が存在しないという点で、やはり他の国とは異なる状況にある。

所得補償と生活支援の枠組みとの組み合わせから判断すると、中東欧諸国の福祉枠組のかたちは、次の五つのパターンに分けること

表９－３　中東欧諸国の生活支援に関する枠組み

	最低生活保障制度			児童手当制度		
	給付期間	資産調査	平均賃金に対する給付額の比率（％）(1)	給付上限年齢(2)	所得制限	平均賃金に対する給付額の比率（％）
チェコ	定めなし	なし	15.3	14（25）	あり	3
ハンガリー	（一般的制度が存在しない）			18（23）	なし	7
スロヴァキア	24カ月	なし	28.7	15（25）	なし	3
スロヴェニア	定めなし(3)	なし	17.2	17（25）	あり	8
エストニア	毎月更新	なし	12.1	15（18）	なし	3
ラトヴィア	3カ月更新(4)	なし	9.1	15（19）	なし	2
リトアニア	3カ月更新	あり	16.5	12（23）	なし	3
ポーランド	定めなし	あり	14.7	17（20）	あり	2

出典：最低生活保障はMISSOC〈http://ec.europa.eu/employment_social/spsi/missoc_en.htm〉2010年，児童手当制度はOECD Family Database〈http://www.oecd.org/els/social/family/database/〉2007年のデータ。

注：(1)単身者への支給モデル額に対する比率。家族がある場合は一般に増額される。

(2)給付上限年齢の（　）内は，大学進学など学業を続けた場合の上限年齢。

(3)当初は３カ月ないし６カ月給付で，その後状況改善の見込みがない場合には期間の定めがなくなる。

(4)１年間に９カ月までという制限がある。

が可能となる。そしてこのパターンの違いは同時に、先に挙げた福祉の現況とある程度連関していることがわかる。

①　チェコとスロヴァキア　この両国では、所得の低い層の生活支援を重視している反面、ある程度所得がある層の所得補償は公的な福祉からは排除する枠組が構築されている。このように低所得者層を主たる対象とする制度は、いわゆる「基礎保障型」の枠組に属すると見ることができる。* そこから両国では、福祉枠組を通して貧困や格差がある程度は是正されることとなる。

②　スロヴェニア　低所得層への配慮と、所得の高い層への報酬比例的な所得補償の制度を組み合わせることで、低所得者層と中間層の両方を福祉の対象としている点で、北欧諸国に近いかたちの「包括保障型」の枠組みが存在していると見ることができる。このような制度の存在に加えて、スロヴェニアは社会政策に対する支出の程度も高いこともあり、ここでも福祉を通して貧困や格差がある程度は解消されている。

③　リトアニアとポーランド　生活保障も所得補償も不十分で、かつ福祉の対象を所得調査などで「必要とされる層」に限定している、アングロ・サクソン諸国に近い「選別型」の制度が存在している。ただし両国では、貧困や格差が十分には是正されていないことから、現在の制度の効果は必ずしも高くはないと考えられる。

④　エストニアとラトヴィア　低所得者への生活保障が不十分な一方で、所得補償はある程度充実しているという点で、一般的な福祉枠組とは異なるかたちの福祉枠組が形成されている。両国において福祉が格差や貧困の是正と結びついていない理由の一つは、以下でみるように、制度そのものがこれらの問題の解決に適したものとなっていないことも作用してい

る。

⑤　ハンガリー　福祉枠組に明確な方向が存在していないように見えるが、それでも国内の貧困や格差の程度は必ずしも高くはない。このハンガリー特有の状況については、第四節で具体的に議論していく。

次節では、同じ社会主義型の福祉枠組からこのような異なる福祉枠組が生じた理由について、福祉政治の視点から検討していく。

＊　「基礎保障型」、「包括保障型」、および「選別型」という福祉枠組の類型は、福祉政治研究者のコルピとパルメにより提唱されたものである。両者は福祉の制度は福祉をめぐる政治の形と関連していること、具体的には、基礎保障型や選別型の制度のもとでは、福祉の対象となる低所得者層と、福祉の対象から外れて負担のみを強いられる中間層との間での対立を生じる可能性が高く、そこから「福祉の削減」が政治的な争点となりやすいのに対して、一定の所得がある中間層をも福祉の対象とする包括保障型の制度のもとでは、福祉の拡充への抵抗が少なくなり、その結果としてさらに福祉の整備が進むという議論を提起している（日本語によるこの議論の紹介として、宮本〔2006：71-73〕を参照）。

3　中東欧福祉政治の「三つの軸」

労働組合と福祉枠組

比較福祉政治の議論においては、福祉枠組の整備と労働者・労働組合の動向との連関に焦点を当てて、国ごとの相違を議論することが多い（アンデルセン 2001 など）。そこでここでも、中東欧八カ国における労働組合の影響力を確認するところから、作業を始めることとしたい。

八カ国における労働者および労働組合の現状に関する主要なデータは、表9－4に挙げたとおりである。これを見ると、かつては労働者を重視する同じ社会主義体制が存在していた諸国の間でも、現在の労働組合の組織力や影響力には違いが生じていることがわかる。

当初は社会主義体制が解体した後は、市場経済への移行や経済のグローバル化に伴い、労働組合の影響力は衰退していくと考えられていた。だが現在の中東欧八カ国では、労働組合の影響力が限定的になっているバルト三国およびポーランドと、労働組合がある程度組織力および影響力を保持しているチェコ、スロヴァキア、およびスロヴェニアとが分かれていて、ハンガリーは組織率は低いが団体交渉力などはある程度維持しているという点で両者の中間にあるというように、ここでも国ごとに違いが生じていることがわかる。

ちなみに中東欧八カ国の間で労働組合の影響力にこのような違いが生じた理由としては、労働組合が影響力を維持した諸国では社会主義期以来の製造業が市場経済に転換した後も存続することができたのに対して、労働組合が衰退した諸国では旧来の製造業が市場化のなかで生き残ることができず、主要な産業がアパレルや食品、ＩＴ、金融・サービス産業など、労働組合が影響力を維持することが難しい産業へと転換したことが影響している（仙石 2011a）。

表9-4　中東欧諸国の労働組合の影響力に関する主な指標

	労働組合の組織率（%）	組合の職場代表率（%）	団体交渉のカバー率（%）	賃金交渉集権度(1)	賃金交渉調整度(2)
チェコ	22.0	44	35	0.27	1.0
ハンガリー	17.0	36	42	0.26	2.0
スロヴァキア	30.0	50	50	0.33	2.0
スロヴェニア	44.0	64	100	0.43	4.0
エストニア	14.0	25	22	0.25	1.0
ラトヴィア	16.0	27	20	0.30	1.5
リトアニア	14.0	23	15	0.23	1.0
ポーランド	17.0	22	35	0.20	1.0

出典：仙石（2011a）の表8，および仙石（2011b）の表9-6から作成。
注：(1)賃金交渉集権度は完全に分権的な場合が0，すべて中央で決定される場合が1となる。
(2)賃金交渉調整度は，全国・産業レベルでの調整が最も高い場合が5，全国・産業レベルでの調整がまったく行われない場合が1となる。

この労働組合の影響力の違いと、先に示した福祉枠組のあり方の違いとを結びつけると、おおよそ次のような関係があることが確認できる。

① チェコ、スロヴァキア、およびスロヴェニアにおいては、労働組合が組織や交渉力で一定の影響を有していることから、労働組合の意向が福祉にも反映されている可能性が高い。ただし福祉の水準については、所得の高くない層が主たる対象となるチェコおよびスロヴァキアと、ある程度所得のある中間層も対象となるスロヴェニアという違いがある。

② リトアニアとポーランドでは労働組合の影響力が弱く、労働者の意向が福祉に反映されにくい状況にあることが、残余的な福祉枠組みと結びついている可能性が高い。

③ エストニア、ラトヴィア、そしてハンガリーの諸国については、労働組合の影響力とそれぞれの国の福祉のあり方を直接結びつけて説明することは、難しい状況にある。

つまり労働組合に関しては、その影響力の違いは一部の国においては福祉枠組のあり方との関係が見られるものの、これだけで現在の中東欧諸国の福祉のあり方の違いをすべて説明することは難しいと考えられる。ここから、中東欧諸国における福祉枠組の現状について検討するためには、より具体的に福祉に関していかなる政治が展開されたかをみていくことが必要となる。

福祉をめぐる「包摂と排除」

社会主義体制の解体直後の中東欧諸国では、福祉の問題は政治的に重要な問題として認識されていなかった。その理由としては、当初は計画経済から市場経済への転換という経済システムそのものの転換が重視されていて、福祉の問題は後回しとされたこと、および市場経済への移行が順調に進めば、その過程で「自然に」貧困や格差を含む福祉に関わる問題も解決すると考えられていたということがある。だが経済システムの変革は同時に失業者や貧困世帯の急増をもたらしたが、先の社会主義型福祉の説明のところでも述べたように、旧来のシステムはこれらの問題に対処する手段を有していなかった。そのため各国は、失業や貧困の問題に対処するための新たな枠組を整備する必要に迫られることとなった。そこから各国の事情に応じたかたちで、福祉枠組の再編が進められることとなる。

ここでポイントとなるのが、各国においてどのような層が福祉の主体となり、また逆にどのような層が福祉から取り残されているかという、いわゆる福祉をめぐる「包摂と排除」に関わる問題である。中東欧諸国の間で福祉の対象が異なっていることを指摘する議論としては、体制転換期のエリートが制度改革への抵抗を抑制して改革を円滑に進めるために、特定のグループに利益を与えその支持を獲得する一方で、政治的な影響力を有さない弱者に体制転換に伴うコストを負担させたことに着目する「分断戦略」の議論がある。分断戦略とは、体制転換期のエリートが制度の改革に対する抵抗を抑えるために、特定の層を優遇する一方で政治的な影響力を有さない弱者に制度の変革に伴うコストを負担させることで、潜在的な抵抗勢力を分断し不満が表に出るのを防ごうとした手法である（詳細は仙石〔2011a: 24〕を参照）。この議論は、ラトヴィアとハンガリーの事例比較をとおして、ハンガリーでは中間層や古くからの労働者を福祉面で優遇する一方で低所得者層やロマを排除することにより、ラトヴィアでは「ラトヴィア人」に対して福祉を提供する一方で、少数派のロシア語系住民を福祉から実質的に排除することにより、それぞれ制度の変革に対する抵抗を抑えたことが確認されたことから導かれたものである。この分断戦略の議論を利用するならば、国ごとに福祉に関して異なる枠組みが導入された理由について、どのような層を福祉により救済（あるいは福祉に「包摂」）し、逆にどのような層に改革のコストを負担させた（あるいは福祉から「排除」した）かという視点から説明を行うことができるようになる。

ただ分断戦略の議論だけでは、エリートがあたかも一元的に行動し、かつ意図的に特定の層の救済ないし排除を行っているかのような説明を行っているために、各国のエリートがなぜそのような戦略をとったのかという点について説明することができないという問題がある。この点を解決するために本章では、エリートを一元的な存在として見るのではなく、政党や労働組合を中心とする福祉に関わる政治アクターの複合体としてとらえた上で、それぞれのアクターが福祉に関していかなる指向を有し、またその対立や合意がどのようなかたちで展開したかを見ていくことをとおして、どのようなグループの利益が福祉枠組に反映され、逆にいかなるグループが福祉から排除されているかを確認していくという方法をとることとする。このようなかたちで、福祉をめぐる政治のメカニズムを具体化していくことをとおして、国ごとの違いを説明していくこととしたい。

福祉政治の「三つの軸」

ここで中東欧八カ国の国ごとの福祉をめぐ

る対立の形の違いについて確認するために、次の三つの軸に焦点を当てることとしたい。

○階層軸―労働者を中心とする低所得者層と、一定の所得を有する中間層との関係
○ジェンダー軸―女性と男性との関係
○民族間軸―国内の多数派の民族と少数民族との関係

この三つの軸をもとにすると、中東欧諸国における福祉のかたちの違いは、以下のような対立のかたちの違いと連関していると見ることができる。

① チェコとスロヴァキアでは「階層」での対立を軸としながら、これに「ジェンダー」の軸も作用するかたちで、現在の福祉枠組が構築されている。
② スロヴェニアでは「階層」および「ジェンダー」の両方の軸で、対立を抑制し広い層に福祉を供給するようなかたちで、福祉枠組が構築されている。
③ リトアニアとポーランドでは、すべての軸において福祉の整備を求める動きが弱く、スロヴェニアとは逆の意味で福祉をめぐる対立が存在しないことで、福祉の対象が限定的なものとなっている。
④ エストニアとラトヴィアでは「民族」軸の対立が中心となり、これが「階層」および「ジェンダー」の軸と結びつくことで、自民族を優遇する枠組みが導入されている。
⑤ ハンガリーでは「階層」軸が特殊なかたちで現れていて、これがハンガリーの福祉枠組を他の国とは異なるものとしている。

この五つのパターンごとの対立のかたちの違いについて、第四節で具体的に説明していく。なお以下の事例説明は著者のこれまでの原稿に依拠していることを、あらかじめお断りしておく（仙石 2011a; 2011b）。

4 福祉政治の五つのパターン

チェコとスロヴァキアの事例

チェコとスロヴァキアでは、影響力のある労働組合の支援を受けて、労働者の利益の保護・強化を追求する社会民主主義系の政党と、中間層を主たる支持基盤として負担増には反対するリベラル系の政党が対立していて、またそれゆえに雇用の保護や公的年金の維持など、労働者の利益に関わる問題が政治的なイシューの一つとなっている。両国で労働組合が影響力を保持した理由は先にも述べたが、社会主義期以来の製造業が体制転換後も産業の中心となっていたということがある。ただし社会主義期とは異なり、国が「完全雇用」を保障する必要がなくなったことから、市場経済のもとで多くの企業は余剰人員を削減することが必要となった。その際に人員整理の主たる対象となったのは、賃金水準が低いことで仕事を失うことによる機会費用が低い一方で、産休や育休を取得する可能性があるため雇用に伴うコストは高くなる（当人への賃金保障と代わりの人員の賃金という二重のコスト負担が生じる）女性労働者であった。ここで両国においては、階層間対立と女性へのコスト転嫁を軸として、福祉枠組みが構築される

こととなる。

労働組合は福祉を求めるものの、その中身は雇用の保護や年金の確保など、現在働いている人にとって重要な利益となる所得の確保に関わる枠組みに関する要求が中心であり、そこから自由主義的な政党が与党となった場合でも、労働者が強く抵抗する雇用および所得補償関連の制度を変革することは難しい状況にあった。だが他方で、同じ福祉の中でも、いわゆる積極的労働政策や女性向けの就労促進・育児支援政策など、新たな雇用を創出するための制度に関しては、組合はこれを現在の（男性）労働者の雇用や所得を脅かすものととらえていたことで、左派政党が与党の時でもこれらの政策を求めることがなかったばかりか、リベラル系の政権によるこれらの施策に対する予算削減にも、抵抗することがなかった。さらには児童手当における所得制限の導入や給付額の削減についても、一見するとこれらは労働者の利益を脅かすように見えるものの、これらの施策により、所得の低い女性は働いて収入を増やすよりも、仕事をやめて手当を受ける方を選択するようになり、その結果として女性を労働市場から退出させ男性の雇用を維持することが可能となることから、やはり組合はこれに強く反対することはなかった。

このような状況から両国では、所得の高くない男性労働者を主たる対象として雇用と所得補償を提供する形の、現在の制度が構築されることとなる。

スロヴェニアの事例

スロヴェニアでも労働組合が影響力を維持していたが、ここではチェコおよびスロヴァキアとは異なり、中間層や女性をも福祉の枠組みに取り込んだ普遍的、包括的な福祉の枠組みが構築されている。

スロヴェニアで普遍的な福祉枠組が構築された理由としては、次の二点を挙げることができる。まず一つは、スロヴェニアでは社会主義期から主要産業である製造業が西側市場を主たる対象としていて、体制転換やユーゴスラヴィアの解体によっても輸出および雇用が縮小しなかったことで、チェコやスロヴァキアに見られたような、ジェンダーによる就労の差別化が生じなかったということがある。もう一つは、スロヴェニアの意思決定システムが、社会主義期の制度に由来する主要政党に加えて労働組合や経営者団体などの職域団体、および地域代表といった多様な利益代表の参加による、合意に基づく政治運営の枠組みを維持していて、その枠組みのなかで福祉に関しても、労働組合や左派政党のみでなく経営者団体や保守・中道政党を含めたかたちで、包括的な合意のもとに制度が整備されたことで、階層による福祉の選別も生じなかったということがある。

女性の高い就労率と合意に基づく意思決定の存在に支えられるかたちで、スロヴェニアでは北欧諸国に近いかたちの、広い層を対象とする普遍的な福祉枠組が構築されることとなる。

リトアニアとポーランドの事例

リトアニアとポーランドに関しては、労働

組合の影響力が限定的で、かつそのために政党システムにおいて福祉の拡充を主張する政党の影響力も限定的であることから、福祉の整備ということそのものが政治的なイシューとならず、そのために福祉の範囲も限定的・選別的なものとなっている。

ただし両国の経緯には相違がある。リトアニアでは体制転換の直後から、福祉の整備というイシューそのものが、いかなる軸においても議論の対象となっていなかった。これに対してポーランドでは、労働組合が影響力を残していた一九九〇年代には、現在の男性労働者の利益を守るために労働組合が政治的な働きかけを行い、そこから年金給付における男性優遇策や家庭での在宅育児に対する支援策の整備など、チェコやスロヴァキアと同様の、男性の雇用を守り女性を家庭に戻すような福祉枠組が整備されかけていた。だがポーランドの労働組合は、その組合員の多くを造船や鉄鋼、あるいは鉱業（石炭）部門などの「衰退産業」に依拠していたために、体制転換が進むにつれて労働組合の組織そのものが弱くなり、その結果として二一世紀に入り財政再建の必要性やＥＵ加盟への対応のために福祉の削減が進められても、これに抵抗することができなくなったという経緯がある。

ここでリトアニアとポーランドにおいて福祉が政治のイシューとならない理由について、文化的な要因、とくに両国が家族の役割を重視するカトリックの国であることが作用していることを指摘する研究もある。だがカトリックという要因を強調すると、今度は同じカトリックの国であるスロヴェニアと両国との違いを説明することができないという問題が生じる。文化的な要因が作用していないと言い切ることまではできないが、少なくとも宗教や文化の違いを中心として中東欧諸国の相違を説明することは、今の段階では適切ではないと考えられる。

エストニアとラトヴィアの事例

エストニアとラトヴィアの場合、基本的な生活保障の枠組みが弱い一方で、働けない時にはある程度手厚い所得補償を行うという点で、福祉が格差や貧困の解消を目的とはしていないという点に、一つの特徴がある。これはある意味、働いている人に福祉を供給するという社会主義型の福祉がかたちを変えて存続しているという側面もあるが、このような制度が導入された背景には両国における「民族」軸の存在も大きく作用している。

両国では、歴史的経緯もありロシア語系住民が国内で一定の比率を占めているため、その処遇は独立前から様々な点で政治的イシューとなっていた。ここにおいて両国では、「自民族」を優遇しロシア語系住民に負担を転嫁する分断戦略がとられることとなるが、ＥＵ加盟に伴う少数民族への配慮の必要もあり、自民族以外を差別的に扱うことは難しい状況にあった。ここでポイントとなるのは、民族軸が実はある程度階層軸とも重なっているということである。ロシア語系住民は一般に、社会主義期には中心産業であった製造業に従事していたことが多く、そのために体制転換後にこれらの産業が衰退すると、ロシア語系住民は各国における多数派の民族より失業する可能性が高くなり、仮に職を維持することができても賃金は以前よりも低くなることが多かったとされる。それに対して多数派の側は、体制転換に伴い新たな人材が必要とされた公的部門や、金融やＩＴなどの新しい産業に就業することで、相対的に収入の高い職を確保することができるようになっていた。このように体制転換後には、民族軸と階層軸が結びつく状況が現れていたことで（小森 2009 参照）、両国では国内の居住者に一律の保障を行いつつもその一律保障の程度を下げ、他方で報酬比例の比重を高めることで、実質的にロシア語系住民への給付を削減するという手段がとられることとなった。

他方で両国では、ジェンダーに関してはこれを取り込む方向での制度が整備されたことは、別に記しておく必要があろう。両国では体制転換の後に、主要な産業が製造業からアパレルやＩＴ、あるいはサービス業へと転換したことも作用して、男性労働者の既得権益が失われる一方で女性の就労率が上昇するという現象が生じた。だが、これは同時に出生率の低下を伴うものであったため、両国の政府は出生率向上の対策を迫られることとなった（ここにも「民族」軸が作用している可能性は高いが、この点は別に検討が必要である）。他方で両国では、社会主義期から正規の婚姻率の低下と非婚同棲率の上昇という現象が進んでいたために、女性を家庭に戻すという方法で少子化対策を行うことも難しい状況にあった。そのために政府および主要政党は、比例報酬の度合いが高い給付を伴う育児休暇の導入や、公的な育児施設の整備などを行うことで、働く女性をサポートする仕組みを形成していった。このような状況から両国では、ジェンダーの軸においては、女性を排除しない枠組みが構築されることとなった。

ハンガリーの事例

ハンガリーに関しては、労働者と中間層の対立、およびジェンダーにおける女性の排除という現象が見られる点ではチェコおよびスロヴァキアと近い部分があるが、福祉政治におけるの対立のかたちは、この両国とは異なるものとなっている。

ハンガリーでは早い時期から、左派の社会党と保守系のフィデスの二大政党が政治の軸となっていたが、社会党は財政再建や経済の自由化を重視したことで労働組合との関係を悪化させ、他方のフィデスは労働組合を抵抗勢力とみなしてその影響力を弱めるような施策をとってきたことで、労働組合が政治に対して働きかけを行うことは難しい状況にあった。他方で二大政党の側では、社会党は一九九五年の経済危機以降財政健全化のために福祉の削減を進めてきたのに対して、保守系のフィデスは伝統的な国家観に基づいて家族への支援を重視し、とくに一九九八年に政権を獲得した後は「正しい家族への支援」のスローガンのもと、社会党が大幅に縮小した子どもを養育する世帯に対する包括的な手当を復活および拡充し、その結果として子どものいる家族への支援は（少なくとも現金給付については）拡充されることとなった。その一方でフィデスは、低所得者層やロマなどの少数派への支援に対しては、これを福祉に依存する層を生み出す反国家的な政策とみなしていたことから、普遍的な生活保障を拡充することには抵抗していた。そこからこのフィデス政権の時期にハンガリーでは、普遍的な家族政策と低所得者層への支援の欠如という矛盾した枠組みが、構築されることとなる。*

またこの枠組みでは、家庭で育児を行う女性が重視されたことで、ジェンダーの側面では働く女性と家庭にいる女性という女性の間での利害対立が現れ、その結果として一般論として反対の少ない家庭への支援は拡充される一方で、女性への就労支援などの整備は遅れることとなる。そして同時にこのことが、間接的ではあるがチェコやスロヴァキアと同様のかたちで、男性労働者の利益を保護する方向に作用している。

＊ なおその後政権は再び社会党に移るものの、この時には社会党は貧困層に多子世帯が多いことに注目して、政治的対立が少ない家族手当の維持および増額で貧困層を救済するという路線を採用した。その結果としてハンガリーでは、包括的な生活扶助の仕組みがないにもかかわらず、福祉を通してある程度格差が改善されるという状況が現れている。

5 今後の可能性

以上本章では、ポスト社会主義国のうち中東欧の八カ国を題材として、現在の福祉枠組の相違とその背景を、各国における福祉政治のかたち、とくに包摂と排除の形の違いから整理してきた。労働組合の影響力を重視する考え方は一部の国では有効ではあるものの、それだけでは各国の違いをすべて説明するには不十分であること、および国ごとの違いを説明するためには、各国ごとの福祉政治における「階層」、「ジェンダー」、および「民族」軸の作用のかたちの違いに着目する必要があることが、ここでの議論から明らかになったと考えられる。ここで展開した議論については、今後八カ国以外のポスト社会主義国の事例にもあてはめることによって、その一般性を確認していくことが必要であろう。

ただポスト社会主義国の福祉枠組は、これで確立したものとなったわけではない。現在では例えばスロヴェニアで福祉のリベラル化が議論されつつある一方で、エストニアでは社会の安定のために格差を是正する必要性が議論されはじめている。また今回取り上げた八カ国はEUに加盟していることから、今後はEUの影響を受けるかたちで、制度の変革が行われる可能性もある。近年の変化がどのように制度の再編に作用するかについては、今後の動向を見ていく必要があろう。

【参考文献】

Esping-Andersen, Gosta, *The Three World of Welfare Capitalism*, Polity Press, 1990.（アンデルセン、G・エスピン、岡沢憲芙・宮本太郎監訳『福祉資本主義の三つの世界――比較福祉国家の理論と動態』ミネルヴァ書房、二〇〇一年。）

小森宏美『エストニアの政治と歴史認識』三元社、二〇〇九年。

仙石学「中東欧諸国の家族政策――『新しい社会的リスク（NSRs）』の視点から」『西南学

院大学法学論集』四一巻三・四合併号、二〇〇九年、一七一～一九五頁。

――「中東欧諸国における福祉枠組みの再編――政党政治の視点から」仙石学・林忠行編『体制転換研究の先端的議論』北海道大学スラブ研究センター、二〇一〇年、六三～九〇頁。

――「中東欧諸国におけるケア枠組みのジェンダー的側面――女性に期待される役割が国により異なるのはなぜか」日本比較政治学会編『ジェンダーと比較政治学』日本比較政治学会年報一三号、ミネルヴァ書房、二〇一一年a、一～二二頁。

――「ポスト社会主義の中東欧諸国における福祉制度の多様性――あるいは『体制転換研究』と『福祉政治研究』の架橋の試み」仙石学・林忠行編『ポスト社会主義期の政治と経済――旧ソ連・中東欧の比較』北海道大学出版会、二〇一一年b、二六三～二九九頁。

宮本太郎「福祉国家の再編と言説政治――新しい分析枠組み」宮本太郎編『比較福祉政治――制度転換のアクターと戦略』早稲田大学出版部、二〇〇六年、六八～八八頁。

文献案内

第1章

① 新川敏光・ジュリアーノ・ボノーリ編『年金改革の比較政治学』ミネルヴァ書房、二〇〇四年。

＊現代先進国の年金改革について、主要国の事例分析と比較分析を行う論文集。年金制度の制度的経路依存性と非難回避戦略・信頼獲得戦略の選択の関係に注目したアプローチを採用している。

② Palier, Bruno (ed.), A Long Godbye to Bismark?: The Politics of Welfare State Reform in Continental Europe, Amsterdam: Amsterdam University Press, 2010.

＊いわゆる「ビスマルク型」福祉国家の改革硬化症について、各国の詳細な分析を踏まえた論文集。ビスマルク型諸国が多様な変化を辿っている一方で、ビスマルク型の根幹的特徴は根強いことを指摘する。

③『生活経済政策』一二三号、二〇〇七年。

＊日本と英独仏伊の年金改革に関する最近の変化について、各国別分析と全体的課題を指摘した特集号。年金政策の専門家により、年金制度と近年の年金政策の改革について実践的解説が行われている。

第2章

① Esping-Andersen, Gøsta, avec Brano Palier, *Trois leçons sur l'État-providence*, Seuil et la République des Idées, 2008.（エスピン-アンデルセン／京極高宣監修、林昌宏訳、B. パリエ解説『アンデルセン、福祉を語る——女性・子ども・高齢者』NTT出版、二〇〇八年。）

＊女性・子ども・高齢者をめぐる福祉国家の課題と対応策について、エスピン・アンデルセンの近年の主張がわかりやすく書かれている。フランスでの講演がもとになっているため、フランスへの言及が多く見られる。

② Esping-Andersen, Gøsta, *The Incomplete Revolution: Adapting to Wemen's New Roles*, Polity Press, 2009.（エスピン-アンデルセン／大沢真理監訳『平等と効率の福祉革命——新しい女性の役割』岩波書店、二〇一一年。）

＊①よりも理論的に書かれており、格差の問題やジェンダー平等、社会投資戦略など近年の福祉国家を取り巻く環境に対して議論を展開する。大沢真理・難波早希による解題もレジーム論から日本の議論に引きつけて論じられており、本文の不足部分を補っている。

③ 富永健一『社会変動の中の福祉国家』中公新書、二〇〇一年。

*現代の福祉国家を、「解体しつつある家族の中に国家が入っていく制度」として社会学の立場から家族と福祉国家の関係を描く。これまでの比較福祉国家研究の議論や日本の福祉国家形成についても整理されている。

④ 江口隆裕『「子ども手当」と少子化対策』法律文化社、二〇一一年。

*二〇一〇年に日本で成立した子ども手当について、少子化対策としての意義と課題を示しており、日本の家族手当の現状を把握することができる。また、比較対象としてフランスの家族手当の発展過程を詳細に分析している。

⑤ Barbier, Jean-Claude et Theret, Bruno, *Le nouveau system français de protection sociale*, La Décourerte, 2004.（バルビエ、ジャン・クロード、テレ／中原隆幸ら訳『フランスの社会保障システム――社会保護の生成と発展』ナカニシヤ出版、二〇〇六年。）

*フランス福祉国家における家族政策が他の制度と比べてわかりやすく位置づけられている。一九七〇年代後半からのフランス福祉国家の動向を基本的な用語を確認しながら追っていくのには最適である。

第3章

① 増田雅暢編著『世界の介護保障』法律文化社、二〇〇八年。

*世界一〇カ国の高齢化の現状や高齢者介護保障システムを紹介。本章で取り上げたような西欧諸国のみならず、中国、韓国、台湾、シンガポールといった東アジア諸国の現状もリポートしている。

② 和田勝編著『介護保険制度の政策過程』東洋経済新報社、二〇〇七年。

*日本、ドイツ、ルクセンブルグの介護保険制度を比較。詳細な制度分析・比較がなされているが、白眉は厚生省介護対策本部事務局にて事務局長を務めた編著者による日本の介護保険導入過程の叙述。内部事情が克明に記されている。

③ OECD. *Long-term care for older people*. Paris: OECD Publishing, 2005.

*経済協力開発機構がまとめた加盟国の高齢者介護の現状および分析。国家による介護サービス供給のテーマにとどまらず、公的・私的セクターにおける消費者の選択、ケアサービスの品質保証など、幅広いテーマをバランスよくカバーしている。

第4章

① Beck, Ulrich, *Risikogesellschaft: Auf dem Weg in eine andere Moderne*, Suhrkamp Verlag, 1986.（東廉・伊藤美登里訳『危険社会――新しい近代への道』法政大学出版局、一九九八年。）

*階級対立を超えた危険に曝される現代社会では、破局的事件のもつ政治の潜在的可能性が少しずつ、そして一気に出現する。エコロジーのテーマ化の過程で、理論的にも実践的にも多大な影響を与えた本書は、ますますアクチュアル。

② Esping-Andersen, Gøsta, *Social Foundations of Postindustrial Economies*. Oxford University Press, 1999.（渡辺雅男／渡辺景子訳『ポスト工業経済の社会的基礎――市場・福祉国家・家族の政治経済学』桜井書店、二〇〇〇年。）

*福祉国家論の泰斗が、『福祉資本主義の三つの世界』以降の状況変化をふ

まえて自説を再検討。既存の三類型論を踏襲しつつも、「脱家族主義」の概念化をはじめ、ポスト工業時代の福祉を読み解く新たな理論的枠組みを提示する。

③ Fitzpatrick, Tony, *Freedom and Security: An Introduction to the Basic Income Debate*, Palgrave Macmillan, 1999.（武川正吾・菊地英明訳『自由と保障——ベーシック・インカム論争』勁草書房、二〇〇五年。）

＊身分や就労の如何を問わず、すべての人に無条件に支払われるベーシック・インカム。単なる最低限所得保障を超え、既存の労働観や社会秩序を問い直す。本書は、多義的なベーシック・インカムを理解する最良の入門書。

④ Inglehart, Ronald, *Culture Shift in Advanced Industrial Society*, Princeton University Press, 1990.（村山皓・富沢克・武重雅文訳『カルチャーシフトと政治変動』東洋経済新報社、一九九三年。）

＊戦後西欧社会の変容の背後にある脱物質主義的価値観を概念化した『静かなる革命』はあまりにも有名。そこでの仮説を、欧米諸国で継続的に行われる世論調査に基づき検証した本書は、今なお示唆に富む基本書である。

⑤ 広井良典『生命の政治学——福祉国家・エコロジー・生命倫理』岩波書店、二〇〇三年。

＊経済が成熟し、人々の消費や欲望が飽和する定常型社会。そこでは、経済成長によらない「持続可能な福祉国家」も構想できるようになる。環境と福祉の今後のあり方を論じた大胆な問題提起の、出発点をなすのが本書である。

第5章

① 青木紀『現代日本の貧困観——「見えない貧困」を可視化する』明石書店、二〇一〇年。

＊アンケートおよびインタビューで得られた情報に基づいて、貧困の表象について、貧困の責任の所在について、そして生活保護について、といった切り口から、日本人の貧困観を探る書。

② 武川正吾編『福祉社会の価値意識　社会政策と社会意識の計量分析』東京大学出版会、二〇〇六年。

＊国際比較可能な形に設計された世論調査により、福祉国家を支える日本人の価値意識を探った書。本章脱稿後、続編も刊行された（武川正吾・白波瀬佐和子編『格差社会の福祉と意識』東京大学出版会、二〇一二年）。

③ 山口二郎・宮本太郎「世論調査　日本人はどのような社会経済システムを望んでいるのか」『世界』三月号、二〇〇八年。

＊「ポスト構造改革」期の政策選好についての世論調査に基づき、社会経済システムをめぐる対立軸を探った論文。「行政不信に満ちた福祉社会志向」をもつ有権者が増えていることを指摘した。

第6章

① Dror, Yehezkel, *Pubic policy making reexamined*, new material this ed, Transaction Publishers, 1983.（足立幸男監訳・木下貴文訳『公共政策決定の理論』ミネルヴァ書房、二〇〇六年。）

＊公共政策学の古典の一つ。国や地方自治体の政策過程・公共政策決定システムを分析・評価し改善するための包括的な理論を提示している。本章との関係では、政策評価の意義と困難について論じている第Ⅱ部が特に重要

である。

② 松下圭一『政策型思考と政治』東京大学出版会、一九九一年

＊わが国の公共政策学の古典の一つ。現代社会において政治や政策が持つ意義、国や自治体に求められる改革や政策、政治家や行政職員や市民が果たすべき役割などが広範に論じられている。本章との関係では、政策評価と政治の関係についての議論が重要である。

③ 三好皓一編著『評価論を学ぶ人のために』世界思想社、二〇〇八年

＊政策評価論の現状と課題についてまとめたもので、評価について概観するのに適している。定量的評価、定性的評価、業績測定など手法に着目してまとめた第Ⅰ部と府省の政策評価、自治体評価、大学評価、環境評価など評価が行われる分野に着目してまとめた第Ⅱ部からなる。

第7章

① Korpi, Walter, *The Democlatic Class Struggle*, Routledge & Kegan Paul, 1983.

② Esping-Andersen, Gøsta, *Politics Against Market*, Princeton University Press, 1985.

＊福祉国家の形成・発展期を説明する代表的な理論枠組である「権力資源動員論」の初期の代表的な著作。労資の階級間の権力バランスの差異が福祉国家発展の差異を説明することを前提として、左派・労働勢力の主体性に注目して分析を行う。エスピン-アンデルセンの『福祉資本主義の三つの世界』の理論的基礎となっている。本文中で言及したように、左派・労働勢力に注目する点が批判されてきたが、権力資源の短期的・直接的行使だけでなく、長期的・間接的投資に注目することによって、政治アクターの重要性を強調する視点は現在でもなお有効といえる。

③ Pierson, Paul, *Dismantling the Welfare States?*, Cambridge University Press, 1994.

④ Pierson, Paul (ed.), *The New Politics of the Welfare States*, Oxford University Press, 2001.

＊福祉国家の持続・縮減期を説明する代表的な理論枠組である「福祉国家の新しい政治論」の代表的な著作。福祉国家の拡大から縮減へという政策目標の変化、および、受益者団体の台頭や人々の福祉国家へのロックインという政治的文脈の変化のために、福祉政治が大きく変容していることを主張する。福祉国家発展の差異を説明する上では、プログラム構造など、制度が重要となることを指摘する。福祉国家の成熟化という「制度の歴史性」の重要性を説き、現代政治学における歴史的制度論の代表的な業績となっている。

⑤ Blyth, Mark, *Great Transformations*, Cambridge University Press, 2002.

⑥ Schmidt, A. Vivien, *The Futures of European Capitalism*, Oxford University Press, 2002.

＊新制度論における制度変化の説明が静態的なものになっていることを批判し、制度変化プロセスにおけるアイデア的要因の果たす役割に注目する「言説的制度論」の代表的な著作。福祉国家再編については、政治アクターが、改革案の合理性や適切性を示すことによって、他のアクターの利益・選好を変容させ、支持調達を実現していく政治プロセスが分析される。そのため、福祉国家発展の差異はアイデア的要因をめぐる政治プロセスに

よって説明されることになる。

第8章

① Ehrenreich, Barbara, *Nickel and Dimed*, Metropolitan Books, 2001.（曽田和子訳『ニッケル・アンド・ダイムド――アメリカ下流社会の現実』東洋経済新報社、二〇〇六年）

＊一九九六年の福祉大改革によって労働市場に送り込まれるシングルマザーたちは、時給六ドルの仕事でどうやって食べていくのか。この問いに答えるべく、著者がウェイトレス、掃除婦、ウォルマートの店員として実際に働き、低賃金労働の実態を克明に描く潜入ルポ。

② 小林勇人「冗談でも、本気ならなおさら、"Don't Kill Me!"――ニューヨークのワークフェア政策の『現実』」『VOL』二号、二〇〇七年。

＊ニューヨーク州K市（仮名）の社会サービス課と、市から委託を受けて就労支援を行う民間の営利団体と非営利団体。これら三カ所での視察を基に、臨場感とユーモアを交えながら、ワークフェアの深刻な実態を明らかにしたエッセイ。

③ 根岸毅宏『アメリカの福祉改革』日本経済評論社、二〇〇六年。

＊本書は、就労促進と分権化という二つの視角から、現金扶助を中心に制度的変遷を丹念に描き出すことによって、アメリカの福祉改革の本質の解明に迫る。税控除を含む様々な関連領域にも目配りがなされていて、アメリカの福祉改革を包括的に知るのに格好の著。

④ 杉本貴代栄『アメリカ社会福祉の女性史』勁草書房、二〇〇三年。

＊アメリカの福祉を考えるためには、「貧困の女性化」現象や、結婚による両親家族の形成を奨励する政策など、貧困と福祉とジェンダーの関連性に留意しなければならない。本書は、ジェンダーの観点からアメリカの社会福祉を読み解くための基本文献。

⑤ Wilson, William Julius, *The Truly Disadvantaged: The Inner City, the Underclass, and Public Policy*, Chicago: The University of Chicago Press, 1987.（青木秀男監訳『アメリカのアンダークラス――本当に不利な立場に置かれた人々』明石書店、一九九九年。）

＊本書は、都市の黒人スラム街における婚外子出産や「福祉依存」、犯罪などの問題を、産業構造の変容や福祉政策など多角的な観点から考察し、貧困問題への解決策を提示する。アメリカの福祉改革の根底に横たわる人種問題を知る上で必読の書。

第9章

① 仙石学「ポスト社会主義の中東欧諸国における福祉制度の多様性――あるいは『体制転換研究』と『福祉政治研究』の架橋の試み」仙石学・林忠行編『ポスト社会主義期の政治と経済――旧ソ連・中東欧の比較』北海道大学出版会、二〇一一年。

② 仙石学「中東欧諸国におけるケア枠組みのジェンダー的側面――女性に期待される役割が国により異なるのはなぜか」『ジェンダーと比較政治学』（日本比較政治学会年報一三号）ミネルヴァ書房、二〇一一年。

＊本章の内容について専門的な視点からの議論を行っているのが、この二つの論文である。①では従来の福祉政治にかかわる議論の中東欧諸国への適用可能性について、②では体制転換に伴う経済構造および政治関係の変化

とケア制度との関係について、それぞれ本章の記述の元になる分析を行っている。

③　西村可明編著『移行経済国の年金改革——中東欧・旧ソ連諸国の経験と日本への教訓』ミネルヴァ書房、二〇〇六年。

＊ポスト社会主義国である中東欧、ロシア、および中央アジア諸国の、体制転換後の年金制度改革についての検討を行っている。必ずしも体系的な比較がなされているわけではないが、国ごとの現在の年金制度の概要、およびそれぞれの国で現在の制度が形成された理由について、一通り概観することができる。

④　『世界の社会福祉年鑑　各年版』旬報社、二〇〇一年より毎年刊行。

＊各国の福祉にかかわる制度の概要が、説明されている。ポスト社会主義国に関しては、二〇〇二年、二〇〇七年、二〇一〇年の各年版にポーランド、二〇〇四年版にロシア、二〇〇六年版にカザフスタン、二〇〇七年版にウズベキスタン、二〇〇八年版にハンガリーとタジキスタン、二〇一一年版にチェコ共和国の概要が、それぞれ掲載されている。

索　引

（＊は人名）

あ　行

アイデア
　——の因果的役割　145
　——の構成的役割　145
　——の政治　87
　——の政治論　5
アイデア中心アプローチ　138, 146, 147
赤字国債　99, 100
アクティベーション　1, 10, 27, 81-83
アジェンダ2010　77
＊麻生太郎　93, 94
新しい公共　19
新しい社会運動　69, 75
新しい社会的リスク　2, 4, 38, 139
新しい政治　28
安心社会実現会議　17
アンペイドワーク　55
＊石原慎太郎　104
一元化　27, 34
一体改革　18
移民家庭内ケアワーカー　62
＊岩国哲人　92
因果的役割　145, 146
因果メカニズム　63
インフォーマルケア　56
ウェイバー条項　157-160, 165
ウェルフェア・マザー　105
エストニア　180
＊エスピン-アンデルセン，G.　23, 70, 71, 86
＊枝野幸男　92
黄金の三十年　23
大蔵省　102
＊大嶽秀夫　97
＊小沢一郎　92
＊小渕恵三　93

か　行

改革硬化症　28, 33
階級交差連合論　136
会計検査院　121
介護手当制度　61
介護保険制度　114
介護保険法　58
格差社会　15, 104
確定給付　26
家族主義型　31
家族主義レジーム　25, 55
家族政策　78
＊加藤淳子　97
環境税　74
＊菅直人　91, 94, 100
官僚機構　65
基礎年金　22, 29
基礎保障型　174
行政刷新会議　101
行政評価・監視　121
共同決定の罠　28
拒否点　29
国の府省の政策評価制度　118
グリーン・ニューディール　79, 80, 82, 83
グローバル化　106
ケア　25
ケアレジーム類型論　63
景気対策　99, 100
経済企画庁　97
ケインズ主義的福祉国家　70, 74, 76
現金給付　60
言説政治　102, 134
言説政治論　138-141, 146
言説的制度論　5, 142-144
権力資源動員論　3, 29, 134-136, 146
＊小泉純一郎　86, 93, 103, 107
合意形成の政治　117, 129
合意指向　29
合意争点　97
後期高齢者医療制度　102, 103
公共事業　99
公共政策学　112
公共政策決定システム　113
厚生省　97
構成的役割　145, 146
厚生年金　97
厚生労働省の政策体系　114
構造改革　13, 93
公的介護保険　97
公的年金　22
＊河野勝　100
公費負担　59
高齢者介護支出　57
国民医療制度（NHS）　30
国民年金　97, 107
個人ケア勘定　61
子育て支援　39-42, 44
国家 - 教会関係　64
子ども手当　15, 16, 43, 91, 93, 101, 107
雇用戦略対話　17
雇用なき福祉　25
雇用保障　33
混合福祉　60

さ　行

財政赤字　98-100
財政危機　93, 99, 100
財政再建　95, 96, 99
最低限所得保障　22
最低生活保障制度　173
再編　32
財務省　95, 101, 102
＊坂本哲志　105

＊佐藤卓己　87
産業化論　134
ジェンダー平等　43, 44, 79, 83
ジェンダーレジーム論　64
事業仕分け　100, 101, 122
——の目的　122
仕事と家庭の調和　39, 40
支持調達　147
——局面　146
自治体評価　124
実施過程における政策の空間的変容　113
ジニ係数　172
資本主義の多様性　29
資本主義の多様性論　136
自民党　91, 92, 94, 95, 100, 102, 105
事務事業評価　124
社会主義型福祉　170
社会主義体制　171
社会的学習論　5
社会投資戦略　39, 40
社会パートナー　27
社会保険　26
社会保険国家　26
社会保障　33
——支出　21
——と税の一体改革　101
社会保障国民会議　17
社会民主主義　23
社民型　31
就業自由選択補足手当　48
集合行為　28
自由主義　23
自由選択　45-47
縮減　24, 28, 32
準ビスマルク型　24
消費税　91, 92, 94-97, 100-102, 107
女性の労働市場参加率　56
所得補償制度　172
自立支援手当　61
シングルマザー　154, 155
人口の高齢化　54
新自由主義　71-72, 76-78, 86, 88
新進党　95
信用獲得戦略　32
信頼獲得の政治　29
＊スヴァルフォルシ，S.　88
ステイクホルダー年金　30
スロヴァキア　178, 179
生活保障　25
政策アイデアに注目する論者　141
政策研究　130
政策トランスファー論　5
政策評価　112, 113, 123
——3つの主要な目的　130
政策評価制度における評価の基準　119
政策評価法　118
政治技術　127
成長の限界　72, 80
制度中心アプローチ　137, 138, 146, 147
制度的補完性　28, 33
＊世耕弘成　105
世代間扶養　26
世代間連帯　106
世論調査　85, 87, 89, 90, 94, 101, 106
＊仙石由人　91
潜在介護人口　55
選別型　174
増税なき財政再建　99
総理府　98

た　行

ターゲット化　60
第三号被保険者　107
第三の道　77-78, 81-83
大統領主義　33
第二臨調　99
＊高山憲之　97
多元化　59
多柱型　23
脱家族化　8
脱集権化　8
脱商品化　8, 70-71, 81
脱物質主義　75-77, 80
＊谷垣禎一　91
男性稼得者モデル　27
団体年金　22
単柱型　23
地域振興券　93
小さな政府　69, 73, 96, 97
チェコ　178
地方自治体の福祉政策　116
中央－地方政府間関係　64
長期疾病保険　61
長寿命化　55
調整型市場経済　29
貯金箱機能　6
付添い給付　62
強い社会保障　17
定額給付金　93
抵抗勢力　93
定常型社会　73, 83
ディスコース　32
＊土居丈朗　100
凍結した光景　26
特別会計　100, 101
年越し派遣村　104, 105
トリパルティズム　32
＊ドロア，Y.　113

な　行

＊長妻昭　93
南欧型　31
ネットカフェ難民　104, 105
＊野田佳彦　101

は　行

配偶者控除　91, 107
ハイロード・アプローチ　10
＊橋本晃和　94
＊橋本龍太郎　95
働くための福祉　25
ばらまき　92, 93, 95, 106
ハンガリー　181
半・新自由主義　12
比較政治経済学　146
東日本大震災　101
ビスマルク型　23, 25, 26
ビスマルク型福祉国家　65
非難回避　106, 107
——戦略　32
——の政治　3, 29, 92, 117, 129

評価研究　130
フードスタンプ　105
フォーディズム　70
フォーマルケア　57
賦課制　24, 26, 31
付加年金（ATP）　30
賦課方式　23
福祉　113
福祉依存　155, 156, 161, 164
福祉イメージの政治　105
福祉国家
——形成の政治　2, 3, 6
——再編の政治　5
——削減の政治　3, 4
——の新しい政治論　134, 137, 138, 146
——の黄金時代　139
福祉実験　153, 154, 157, 164, 165
福祉政策　113
福祉政治　117, 153, 154, 157-159, 165
福祉レジーム　23, 86, 88
*福田康夫　102, 103
*福地茂雄　105
負の所得税　11
普遍主義　22
旧い社会的リスク　2, 4, 22
*ブルックス, C.　88
フレーミングに注目　142
フレクシキュリティ　81
文化論　64
分権化　153, 156
分断戦略　177
ペイドワーク　56
ベヴァリッジ型　23, 24
ベーシックインカム　1, 10, 80-83
保育方法自由選択補足手当　48
包括保障型　174
ホームレス　105
ポーランド　180
保守主義　23
ポスト産業社会の福祉国家の時代　139
ポピュリズム　93
ポリティカル・ビジネス・サイクル　93, 101

ま　行

埋蔵金　99
*舛添要一　92
ミーンズテスト　93
三つの要件　123
*三宅一郎　96
民間年金　22
民主党　91, 92, 95, 100, 102, 103, 106
みんなの党　95
難しい争点　97, 99
名目的個人勘定　30, 31
メディア多元主義　102
メディケア　59
メディケイド　59
目標設定　147
——局面　146
——と支持調達　145

や・ら・わ行

やさしい争点　97
要扶養児童家族扶助（AFDC）　90, 105
*与謝野馨　92
*吉川洋　100
ライフスタイル　37, 41-43, 46, 47
——選択　37
ライフ・ポリティクス　19
ラトヴィア　180
リースター年金　31
リーマン・ショック　86
利益中心アプローチ　135, 136, 146, 147
*リップマン, W.　87
リトアニア　180
両立支援　39-42, 44
*レーガン, R.　158-160, 164
労働組合　175
ローロード・アプローチ　10
ロビンフッド機能　6
ワーキングプア　104, 105
ワーク・シェアリング　73, 81
ワークフェア　1, 9, 72, 78, 80-83
——改革　14
ワーディング　89, 99

堀江孝司（ほりえ・たかし）第5章

1968年　生まれ。
2002年　一橋大学大学院社会学研究科博士後期課程修了。
2002年　博士（社会学）（一橋大学）。
現　在　首都大学東京都市教養学部准教授。
主　著　『現代政治と女性改革』勁草書房，2005年。
『模索する政治――代表制民主主義と福祉国家のゆくえ』（共編著）ナカニシヤ出版，2011年。
Japanese Politics Today : From Karaoke to Kabuki Democracy,（共著）Palgrave Macmillan, 2011.

窪田好男（くぼた・よしお）第6章

1971年　生まれ。
1988年　京都大学大学院人間・環境学研究科博士後期課程単位取得満期退学。
2002年　京都大学博士（人間・環境学）。
現　在　京都府立大学公共政策学部准教授。
主　著　『日本型政策評価としての事務事業評価』日本評論社，2005年。
『公共政策学』（共著）ミネルヴァ書房，2003年。
『公共部門の評価と管理』（共著）晃洋書房，2010年。

加藤雅俊（かとう・まさとし）第7章

1981年　生まれ。
2008年　名古屋大学大学院法学研究科博士課程後期修了。
2008年　博士（法学）名古屋大学。
現　在　立命館大学産業社会学部准教授。
主　著　『福祉国家再編の政治学的分析』御茶の水書房，2012年。
『福祉レジームの収斂と分岐』（共著）ミネルヴァ書房，2011年。
『構成主義的政治理論と比較政治』（共著）ミネルヴァ書房，2009年。

小林勇人（こばやし・はやと）第8章

2008年　立命館大学大学院先端総合学術研究科先端総合学術専攻一貫制博士課程修了。
2008年　学術博士（立命館大学）。
現　在　日本学術振興会特別研究員ＰＤ。
主　著　「ワークフェアの起源と変容――アメリカにおける福祉改革の動態についての政策分析」立命館大学大学院先端総合学術研究科博士学位請求論文，2008年。
『アメリカ・モデル福祉国家Ⅰ――競争への補助階段』（共著）昭和堂，2010年。
『労働と生存権』（共著）大月書店，2012年。

仙石　学（せんごく・まなぶ）第9章

1964年　生まれ。
1994年　東京大学大学院総合文化研究科国際関係論専攻博士課程単位取得退学。
現　在　西南学院大学法学部教授。
主　著　『ポスト社会主義期の政治と経済』（共編著）北海道大学出版会，2011年。
『ジェンダーと比較政治学』（共著）ミネルヴァ書房，2011年。
『ヨーロッパの政治経済・入門』（共著）有斐閣，2012年。

執筆者紹介

宮本太郎（みやもと・たろう）**はしがき，総論**

奥付編著者紹介参照。

伊藤　武（いとう・たけし）**第1章**

1971年　生まれ。
1998年　東京大学大学院法学政治学研究科博士課程中退。
現　在　専修大学法学部准教授。
主　著　「現代ヨーロッパにおける年金改革」『レヴァイアサン』第49号，木鐸社，2011年。
『福祉レジームの収斂と分岐』（共著）ミネルヴァ書房，2011年。
『ヨーロッパのデモクラシー』（共著）ナカニシヤ出版，2009年。

千田　航（ちだ・わたる）**第2章**

1981年　生まれ。
2008年　北海道大学大学院法学研究科法学政治学専攻修士課程修了。
現　在　北海道大学法学研究科博士課程。
主　著　『働く——雇用と社会保障の政治学』（共著）風行社，2011年。
「フランス福祉国家研究における社会保険と家族政策の位置づけ」『新世代法政策学研究』第6号，2010年。

稗田健志（ひえだ・たけし）**第3章**

1977年　生まれ。
2010年　欧州大学院大学政治社会学部博士課程修了。
政治社会学博士（欧州大学院大学）。
現　在　大阪市立大学大学院法学研究科准教授。
主　著　「新しい社会的リスクの比較政治経済学——拒否権プレーヤーを用いた計量分析」『レヴァイアサン』第47号，木鐸社，2010年。
Political Institutions and Elderly Care Policy: Comparative Politics of Long-Term Care in Advanced Democracies, Basingstoke Hampshire, UK: Palgrave Macmillan, 2012.
"Comparative Political Economy of Long-Term Care for Elderly People: Political Logic of Universalistic Social Care Policy Development," *Social Policy & Administration*, 46(3), 2012.

小野　一（おの・はじめ）**第4章**

1965年　生まれ。
1998年　一橋大学大学院社会学研究科博士後期課程単位取得退学。
現　在　工学院大学基礎・教養教育部門准教授。
主　著　『ドイツにおける「赤と緑」の実験』御茶の水書房，2009年。
『現代ドイツ政党政治の変容』吉田書店，2012年。
『反核から脱原発へ』（共著）昭和堂，2012年。

《編著者紹介》

宮本太郎（みやもと・たろう）

1958年　生まれ。
1988年　中央大学大学院法学研究科博士後期課程単位取得退学。
　　　　ストックホルム大学客員研究員，立命館大学教授を経て，
現　在　北海道大学大学院法学研究科教授。
主　著　『福祉国家再編の政治』（講座・福祉国家のゆくえ１）（編著）ミネルヴァ書房，2002年。
　　　　『ポスト福祉国家とソーシャル・ガヴァナンス』（ガヴァナンス叢書２）（共編著）ミネルヴァ書房，2005年。
　　　　『福祉政治』有斐閣，2008年。
　　　　『生活保障』岩波書店，2009年。
　　　　エスピン - アンデルセン『福祉資本主義三つの世界』（監訳）ミネルヴァ書房，2001年，ほか。

福祉＋α②
福祉政治

2012年10月20日　初版第１刷発行　〈検印省略〉

定価はカバーに
表示しています

編著者　宮本太郎
発行者　杉田啓三
印刷者　中村知史

発行所　株式会社　ミネルヴァ書房
607-8494 京都市山科区日ノ岡堤谷町１
電話代表（075）581-5191
振替口座 01020-0-8076

中村印刷・新生製本

ISBN978-4-623-06275-1
Printed in Japan

—— **福祉の視点で世の中を捉える入門書シリーズ「福祉＋α」** ——

Ｂ５判・並製カバー・平均250頁・本体2500〜3500円

〈既　刊〉

①格差社会　　橘木俊詔 編著　　本体2500円

②福祉政治　　宮本太郎 編著　　本体2500円

〈続　刊〉

地域通貨　　西部　忠 編著

福祉財政　　伊集守直 編著

公的扶助　　埋橋孝文 編著

福祉と労働・雇用　　濱口桂一郎 編著

人口問題　　小川直宏 編著